Ellen Fehr

FREIZEITFÜHRER

REGION NORDHESSEN

Ausflugsziele, Freizeittipps,
Sehenswürdigkeiten, Freizeitsport, Kultur,
Feste, Veranstaltungen

Fotonachweis:
Sämtliche Fotos wurden uns von den Städten und Gemeinden mit ihren Fremdenverkehrsämtern, Tourismusbüros und Verkehrsvereinen zur Verfügung gestellt.

Alle Angaben ohne Gewähr.

Redaktion: Ellen Fehr
Satz und Layout: Kempken DTP-Service, Marburg
Druck und buchbinderische Verarbeitung: Thiele & Schwarz, Kassel

34281 Gudensberg-Gleichen, Im Wiesental 1; Tel. 0 56 03/9 30 50
www.wartberg-verlag.de
ISBN 3-8313-1165-X

Inhalt

Vorwort 5

1 000 Freizeittipps (alphabetisch nach Ortsnamen) 6

Ortsverzeichnis 245

Stichwortverzeichnis 246
– Galerien und Kunstsammlungen 246
– Golf 246
– Kirchen, Klöster und Friedhöfe 246
– Kutsch- und Planwagenfahrten 246
– Museen 246
– Naturlehr- und Erlebnispfade, naturkundliche Führungen 247
– Parks und Gärten 247
– Rad- und Wanderwege 247
– Reiten 248
– Schiffs-, Bootsfahrten und Segeln 248
– Schlösser, Burgen, Ruinen, Guts- und Herrenhäuser 248
– Schwimmbäder 249
– Seen 249
– Segel-, Motor-, Drachen-, Modellflüge und Ballonfahrten 249
– Stadtführungen 250
– Theater, Oper, Konzerte und Kleinkunst 250
– Wintersport 251
– Zoos, Wild- und Tierparks 251

Übersichtskarten 251
– Landkreis Hersfeld-Rotenburg 251
– Landkreis Kassel 252
– Schwalm-Eder-Kreis 253
– Landkreis Waldeck-Frankenberg 254
– Werra-Meißner-Kreis 255

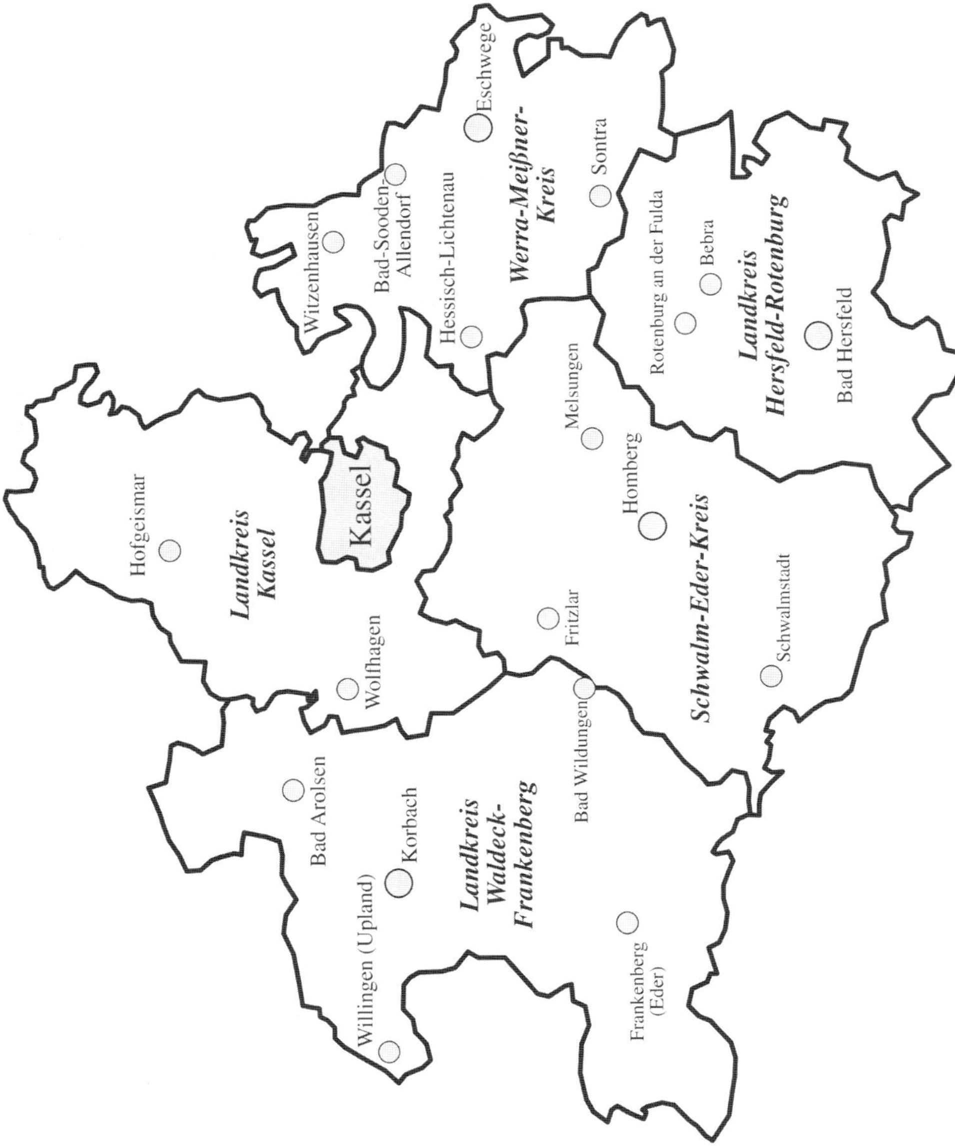

Übersichtskarte

Vorwort

Wohin beim nächsten Sonntagsausflug? Was tun bei Regenwetter?

Mit den hier zusammengestellten Tipps möchten wir Ihnen in Zukunft bei der Planung behilflich sein und Sie dazu anregen, mal wieder in der näheren Umgebung auf „Entdeckungsreise" zu gehen. Denn zu entdecken gibt es viel in Nordhessen.
Die Städte und Gemeinden der Landkreise Hersfeld-Rotenburg, Kassel, Waldeck-Frankenberg sowie des Schwalm-Eder- und Werra-Meißner-Kreises bestechen nicht nur durch ihre landschaftlich reizvolle Lage, sondern haben allesamt viel zu bieten: Von romantischen Fachwerkstädtchen über ein Netz von Spazier-, Rad- und Wanderwegen, Wild- und Freizeitparks bis hin zum Kulturprogramm unter freiem Himmel ... – da dürfte für die ganze Familie, für Groß und Klein, etwas dabei sein!

Der Freizeitführer stellt die Orte mit ihren Ortsteilen in alphabetischer Reihenfolge vor. Ein umfangreiches Orts- und Stichwortverzeichnis ermöglicht das schnelle Auffinden der Ziele und gibt Ihnen Anregungen für die individuelle Planung. Übersichtskarten helfen zusätzlich bei der Orientierung.

Bei allen Tipps haben wir uns bemüht, Ihnen genaue Adressen, Öffnungszeiten, Telefon- und Faxnummern sowie E-Mail- und Internet-Adressen anzugeben, um Ihnen unnötige Wege und Enttäuschungen zu ersparen. Sämtliche Informationen sind auf ihre Richtigkeit geprüft worden. Sollten sich dennoch Fehler eingeschlichen haben, bitten wir Sie, uns diese mitzuteilen, damit wir sie in einer neuen Ausgabe berichtigen können. Auch über Ihre Anregungen und Ergänzungen würden wir uns sehr freuen.

Unser besonderer Dank gilt den Fremdenverkehrsverbänden, Städten und Gemeinden, die uns freundlicherweise mit Informations- und Bildmaterial unterstützt haben.

Anmerkung des Verlages:
Die im nachfolgenden Text für Kommunikationsverbindungen verwendeten Symbole haben folgende Bedeutung:
☎ = Telefon · 📱 = Funktelefon („Handy") · 📠 = Fax · ✉ = E-Mail-Adresse · 💻 = Internet-Adresse.

Alheim

(Landkreis Hersfeld-Rotenburg)

EINWOHNER: 5 440. ORTSTEILE: Baumbach, Erdpenhausen, Heinebach, Hergershausen, Licherode, Niederellenbach, Niedergude, Oberellenbach, Obergude, Sterkelshausen.
Inmitten der reizvollen und vielgestaltigen Mittelgebirgslandschaft von Knüllgebirge und Stölzinger Gebirge erstrecken sich die zehn Ortsteile der Gemeinde Alheim zu beiden Seiten des Fuldatales. Ihren Namen entlehnte sich die Gemeinde von der in unmittelbarer Nähe gelegenen Höhe des „Alheimers".

ⓘ Information

Gemeinde Alheim, Alheimer Straße 2, 36211 Alheim, ☎ 0 6623/9200-0, 🖷 06623/9200-40, ✉ gemeinde@alheim.de, 💻 www.alheim.de

Natur und Landschaft

Aussichtspunkte
Vom Aussichtsturm des im Stölzinger Gebirge gelegenen, 549 Meter hohen *„Alheimers"* bietet sich dem Betrachter ein phantastischer Ausblick auf die umliegende Region. Von der nahe gelegenen *„Metzebacher Höhe"* genießen Sie einen schönen Ausblick auf das vor Ihnen liegende Gudetal.

Naturschutz-Lehrbiotop der „Wiesel"
Das Naturschutz-Lehrbiotop der Wiesel entstand in Eigenleistung und ist Teil des neu errichteten „Wasser-Erlebnispfades" im Gudetal.
Nähere Informationen erhalten Sie bei der Gemeindeverwaltung.

Lehrpfade
„Wasser mit seiner Vielgestaltigkeit von der Quelle bis zum Fluss" zu erleben, ist Thema des *„Wassererlebnispfades"* entlang des Gude-Baches.
Die Hauptstandorte, an denen die Reste des historischen Abbaus zu Tage treten, wurden zu einem *„Bergbauhistorischen Lern- und Erlebnispfad"* zusammengefasst.
Das Projekt *„Kunst in der Landschaft"* verdeutlicht die bewusste Auseinandersetzung und Verbundenheit der Menschen mit ihrer Kulturlandschaft.

Freizeit

Rad- und Wanderwege
In Alheim stehen dem Gast etwa 280 Kilometer Wanderwege zur Verfügung. Das markierte örtliche Rundwanderwegenetz eignet sich besonders für Tagestouren. Ergänzt werden die örtlichen Routen durch vier Weitwanderwege, die ganz Hessen durchziehen. Themenbezogene Wanderwege wie der „Kulturhistorische Wanderweg" bieten die Gelegenheit, die Geschichte der Region, aber auch die Natur und die Landschaft bewusst zu erleben.
Sorgfältig ausgeschilderte „Erlebnis-Radtouren" führen zu Sehens- und Wissenswertem in der Gemeinde. Sie erlauben die durch Alheim führenden Fernradwege R 1 und R 5 zu verlassen und die Seitentäler zu erkunden.
Entlang der Fulda und zahlreicher Bäche und Seen wird dabei auch der Ausflug mit Kindern zum Erlebnis.

Bad Arolsen

(Landkreis Waldeck-Frankenberg)

EINWOHNER: 18 200. STADTTEILE: Braunsen, Bühle, Helsen, Kohlgrund, Landau, Massenhausen, Mengeringhausen, Neu-Berich, Schmillinghausen, Volkhardinghausen, Wetterburg.

Im Jahre 1131 stiftete die Witwe Gepa von Itter an der Stelle des Schlosses das Augustinerinnenkloster „Aroldessen". Über ein Antoniter-Kloster wurde die Anlage 1526 zur Residenz der Grafen umgebaut und Bad Arolsen wurde die Residenzstadt der Fürsten zu Waldeck und Pyrmont und von 1918–1929 Hauptstadt des Freistaates Waldeck.

Die im Kurpark erschlossene Heilquelle „Schlossbrunnen" erhielt 1976 ihre staatliche Anerkennung. Seit 1977 ist Arolsen ein anerkanntes Heilbad und seit 1997 darf die Stadt die Bezeichnung „Bad Arolsen" führen.

ⓘ Information

Gäste- u. Gesundheitszentrum (GGZ), Landauer Straße 1, 34454 Bad Arolsen, ☎ 05691/89440, 🖷 05691/5121, ✉ ggz@bad-arolsen. de, 💻 www.badarolsen.de

☞ Stadtführungen

Treffpunkt für kostenlose Stadtführungen von Ostern bzw. Anfang April bis Ende Oktober am Stadtführungsschild Nähe Residenzschloss: Sa. 15.00 Uhr. Gruppenführungen können ganzjährig mit dem Gäste- und Gesundheitszentrum vereinbart werden.

Sehenswertes

Residenzschloss

In den Jahren 1713–1728 wurde das barocke Residenzschloss nach den Vorstellungen des Fürsten Friedrich Anton Ulrich zu Waldeck (1676–1728) erbaut. Das Schloss ist heute Teil des Museums Arolsen, das in vier historisch wie architektonisch sehr unterschiedlichen Gebäuden über die Stadt verteilt ist.

Residenzschloss Arolsen, erbaut 1713–1728

Sehenswert: der Steinerne Saal mit herrlichen Stuckarbeiten und Deckengemälden, das Pfälzische Zimmer, die Alhambra, der Weiße Saal mit Gemälden von Tischbein, Meytens und Aldegrever, der Musik-, Weiße Empire-, Rote- und Blaue Salon und das Kronprinzenzimmer.

Führungen bietet die Stiftung des Fürstlichen Hauses zu Waldeck und Pyrmont an (Zugang vom Hauptportal): Mai bis September täglich 10.00–16.15 Uhr (letzte Führung), April und Oktober täglich außer Mo. 10.00– 15.00 Uhr (letzte Führung) und nach Vereinbarung unter ☎ 05691/8955-0 und 8955-26.

Vorhof
Die beiden ältesten Gebäude des Schlossvorhofs, die *Orangerie* und die alte *Klosterscheune*, gehen auf die Klosterzeit zurück und haben in späteren Jahrhunderten – wiederholt umgebaut – verschiedenen Zwecken gedient. Das *Gärtnerhaus mit Uhrturm* und neuer Orangerie an der Ostseite sowie die *fürstliche Reitbahn* stammen aus der Fürstenzeit.

Neues Schloss
Das neue Schloss wurde von 1764–1778 als Witwensitz für Fürstin Christine erbaut und mit einer Rokoko-Innenausstattung versehen. Mitte des 19. Jahrhunderts wurde es nach Plänen von Wilhelm Braß durch Franz Curtze klassizistisch umgestaltet. Seit 1998 ist im Schloss und in einem angeschlossenen Neubau eine Tinitus-Klinik untergebracht. Der Schlosspark (heute Baumpark) wurde nach Abschluss des Schlossbaues angelegt und vor allem mit exotischen Nadelhölzern bepflanzt. Die Heilquelle „Schlossbrunnen" – ein Calzium-Magnesium-Sulfat-Wasser – wurde 1972/73 in einer Tiefe von ca. 400 Metern im Schlosspark erbohrt.

Heilquelle „Schlossbrunnen"
Das gesunde Heilwasser in der Trink- und Wandelhalle im Baumpark erhalten Sie täglich von 10.30–11.15 Uhr und von Mai bis Oktober auch von 16.00–16.45 Uhr.

Evangelische Stadtkirche
Die Kirche gilt als bau- und kunstgeschichtliche Sehenswürdigkeit. Der schlichte Barockbau mit harmonisch eingefügten klassizistischen Elementen wurde von 1735–1787 nach Plänen von Julius Ludwig Rothweil erstellt. Eine Besonderheit ist der Kirchturm, der regelwidrig im Osten als Schlusspunkt der Perspektive vom Schloss her steht. Sehenswert sind insbesondere der reich geschmückte Orgelprospekt mit Stadtwappen und die Rokoko-Stuckarbeiten im Deckengewölbe. Der südliche Eingang ist in den Sommermonaten von 10.00–18.00 Uhr geöffnet.

Palais Canstein
Das Palais in der Schlossstraße gilt als stilreines Beispiel barocker Architektur. Fünf symmetrische Fensterachsen, Mansardendach mit Zwerchhaus, gequaderte Ecklisenen, Oval des Oberlichts, Portal mit Fruchtgehängen und Rankenwerk. Etwa um 1740 dürfte das Palais fertiggestellt worden sein. Heute befindet sich in dem Gebäude die Volksbank/ Kasseler Bank.

Hofbrauhaus
Der Ursprung des westlich des Schlosses gelegenen Brauereigeländes geht auf das Brau- und Waschhaus des Antoniterklosters zurück. Der Brauereibetrieb wurde nach der 1526 erfolgten Auflösung des Klosters als gräfliche und später als Fürstliche Brauerei fortgesetzt. Seit 1981 besteht hier die Privatbrauerei Brüne mit angegliedertem Restaurant und Hotel.

Wasserkunst im Ortsteil Landau
Das Quellwasser wird mit Hilfe eines Mühlrades, das die Pumpen antreibt, durch „Pfeiffen" (Holzrohre) zu einem Kump auf dem Marktplatz gepumpt. Die historische Trinkwasserförderanlage hat von 1535 bis 1981 als Wassergewinnungsanlage zur Versorgung der 65 Meter höher gelegenen Bergstadt Landau gearbeitet. Nach der Sanierung durch den

Förderverein bietet sie jetzt als technisches Denkmal einen Einblick in die Trinkwasserversorgung der vergangenen Jahrhunderte.
ÖFFNUNGSZEITEN: Mai bis Oktober So. 10.00– 12.00 Uhr und nach Vereinbarung unter ☎ 05691/4961.

Wetterburg
Auf einer Bergzunge zwischen Twiste und Aar ließ Graf Heinrich IV. von Waldeck im Jahre 1306 eine Burg errichten, in die die Bewohner des nahen Dorfes Wetter umsiedelten. Nachdem die Burg mehrfach verpfändet und verkauft worden war, wurde sie Anfang des 16. Jahrhunderts abgetragen. Von den auf der Vorburg errichteten Gebäuden wurde das Haupthaus „Die Wetterburg" restauriert und zum Restaurant umgebaut.

Alte Burg Mengeringhausen
Die aus dem 14. Jahrhundert stammende ehemalige Wasserburg der Waldecker Grafen ist das markanteste Gebäude der Stadt. Sie beherbergte 1687–1728 die Landkanzlei und die waldecksche Regierung. Heute ist die Burg Hotel und Restaurant.

Obelisk
Der vier Meter hohe Sandstein steht auf der Matzenhöhe. Hier kreuzten sich früher die Postkutschenwege. Von der „Warte" kann man einen schönen Rundblick genießen.

Museen

Museum Bad Arolsen
Das Museum befindet sich in vier historisch und architektonisch sehr unterschiedlichen Gebäuden: *Residenzschloss*, *Schreibersches Haus*, Schlossstraße 24; *Kaulbach-Haus*, Kaulbachstraße 3; *Christian Daniel Rauch Haus*, Rauchstraße 6. Im Westflügel des Residenzschlosses werden wechselnde Kunstausstellungen geboten.
ÖFFNUNGSZEITEN: Ostern bzw. Anfang April bis Ende Oktober Mi., Sa., So. 14.30–17.00 Uhr oder nach Vereinbarung, ☎ 05691/801-194, 🖷 05691/801-189. Die Termine für die Kunstausstellungen sind ebenfalls unter dieser Telefonnummer zu erfragen bzw. der Presse zu entnehmen.

Schreibersches Haus
Das Gebäude zählt zu den drei ältesten Wohnhäusern der Schlossstraße. Es wurde 1717 vom Baumeister Julius Ludwig Rothweil als Muster für ein großes repräsentatives Beamtenhaus errichtet. Im Jahre 1785 erwarb es Fürst Friedrich und ließ zwei Seitenflügel im frühklassizistischen Stil anfügen. Die wertvolle Innenausstattung des Hauses ist dem Hofbildhauer Friedrich Valentin zu verdanken. Das Museum „Schreibersches Haus" informiert über die Entstehung und Entwicklung der Residenz der Waldecker Fürsten.

Kaulbachhaus
Das Gebäude entstand 1721 als eines der ersten in der so genannten „Handwerkergasse" (heute Kaulbachstraße). Der Hoftrompeter und Hoffourier Anton Borowitz ließ das ursprünglich eingeschossige Haus erbauen. Später wurde es aufgestockt. Durch seinen Schwiegersohn kam eine Schreinerei ins Nebengebäude. Dessen Schwiegersohn, Johann Wilhelm Kaulbach (1749–1829) war ebenfalls Schreiner. Er übernahm 1790 Haus und Werkstatt. Drei Kunstschreinerfamilien Kaulbach lebten und arbeiteten hier. Danach übernahm ein früherer Lehrling und Geselle die Werkstatt und betrieb sie über 30 Jahre lang weiter. Heute befindet sich das Haus in privatem Besitz. Das Museum stellt die Geschichte des Hauses dar.

Chr. D. Rauch-Haus
Als „Hoppehof" bezeichnet, lag das Anwesen am Rande der Hopfengärten. Das 1699, 20 Jahre vor der Stadtgründung, erwähnte Gebäude wurde als Lakaienhaus bezeichnet. Der Lakai Johann Georg Rauch bekam das Anwesen 1771 vom Fürsten für seine treuen Dienste geschenkt. Hier wurde Christian Daniel Rauch als fünftes von sechs Kindern am 2. Januar 1777 geboren, der bedeutendste deutsche Bildhauer des Klassizismus. Die Stadt Arolsen erwarb das Haus noch zu Lebzeiten des Künstlers um hier ein Armenhaus einzurichten. Das 1973 eingeweihte kleine Museum möchte die Besucher mit Leben und Werk des Bildhauers vertraut machen. Durch einen im September 2001 mit der Stiftung Preußischer Kulturbesitz geschlossenen Kooperationsvertrag wird im Bad Arolser Rauch-Museum nun unter Einbeziehung von zahlreichen originalen Gipsmodellen wieder der künstlerische Nachlass Rauchs der Öffentlichkeit zugänglich gemacht, der seit dem Zweiten Weltkrieg nicht mehr dauerhaft und in seiner Gesamtheit zu sehen war. Zugleich erhellen Marmor-, Bronze- und Zinkfassungen von Bildwerken Rauchs und aus seinem künstlerischen Umfeld – von Mitstreitern, Lehrern, Schülern – das Schaffen Rauchs.

Kultur

Kirchenmusik
Jeweils mittwochs um 20 Uhr finden in den Monaten Juni, Juli und August 14-tägig Konzerte statt. Neben heimischen Gruppen und Musizierenden treten auch internationale Spitzenkräfte auf. Auskünfte erteilt der Bezirkskantor Jan Knobbe, Rosenweg 3, 34454 Bad Arolsen, Tel und 05691/5798.

Barockfestspiele
Die Arolser Barockfestspiele rücken in jedem Jahr ein anderes europäisches Land in den Mittelpunkt. Interpreten des jeweiligen Landes, aber auch regionale Musiker stellen ihr Können unter Beweis. Nähere Auskünfte erteilt das Gäste- und Gesundheitszentrum.

Freizeitangebote

Schwimmbäder
Freibad „Arabella", Bad Arolsen, ☎ 05691/806200, 🖳 www.arobella.de *Freibad Burgkampweg*, Bad Arolsen-Mengeringhausen, ☎ 05691/3193, *Freibad Burggrund*, Bad Arolsen-Landau, ☎ 05696/243.

Blick auf den Twistesee

Twistesee
Der Twistestausee ist ein Eldorado für alle, die es ans Wasser zieht. Das *Strandbad* lockt mit echtem Nordseesand, zahlreichen Spielmöglichkeiten für Kinder, Volleyballfeld, Freiluftschach und Tischtennisplatten.

Das von Mai bis September geöffnete *Wasserski-Zentrum* steht Anfängern wie Fortgeschrittenen offen. Nähere Auskünfte erteilt Herr Brauer, ☎ 05691/40320. *Segeln, Rudern, Paddeln* und *Surfen* sind von den Bootseinlassstellen und dem *Bootsverleih „Seeschwalbe"* aus gestattet. Bootssteg ☎ 05691/50233 ab 9.00 Uhr. Surfkurse ☎ 05691/2587. Zudem lädt ein sieben Kilometer langer Rundweg zum Wandern und Radfahren ein.

Golf
„Golfluft" können Sie auf der öffentlich zugänglichen 9-Loch-Golfanlage am Twistesee schnuppern. Leihschläger und erste Anleitungen erhalten Sie kostenlos.
ADRESSE: Golf- und Landclub, Golfplatz, Zum Wiggenberg 33, Bad Arolsen-Wetterburg, ☎ 05691/97950.

Reiten
Reithalle, Königsberg, Bad Arolsen, ☎ 05691/1522.

Feste und Veranstaltungen

Twistesee-Triathlon (Juli)
Kram- und Viehmarkt (Anfang August)
Marathon (Samstag vor dem ersten Advent)
Weihnachtsmarkt (erstes Adventswochenende)

Bad Emstal

(Landkreis Kassel)

EINWOHNER: 6 412. ORTSTEILE: Balhorn, Merxhausen, Riede, Sand.
Die im Naturpark Habichtswald, ca. 25 Kilometer westlich von Kassel gelegene Gemeinde Bad Emstal kann auf eine lange Siedlungsgeschichte zurückblicken. So bewies ein Werkzeugfund im Jahre 1936, dass im ältesten Ortsteil der Gemeinde, in Balhorn, schon 40 000 v. Chr. Menschen gelebt haben und handwerklich tätig waren. Die Ernennung zum staatlichen Erholungsort im Jahre 1972 legte den Grundstein für die Entwicklung der Gemeinde als Kur- und Fremdenverkehrsort in den folgenden Jahrzehnten. Seit 1992 kann sich die Gemeinde mit dem Titel „Heilbad" schmücken.

ⓘ Information

Tourist-Information, Kurverwaltung, Karlsbader Straße 4, 34308 Bad Emstal-Sand, ☎ 05624/999726, 🖷 05624/2278, ✉ kurverwaltung@bad-emstal.de, 💻 www.bad-emstal.de

☞ Stadtführungen

Geführte Ortsrundgänge können mit der Tourist-Information vereinbart werden.

Das mittelalterliche Schloss in Riede

Sehenswertes

Schloss Riede
Das mittelalterliche Schloss am Rande des OT Riede, dessen herrlicher Park mit seinen Bäumen direkt in den Wald übergeht, fiel 1826 in den Besitz der Familie von Buttlar, die noch heute Eigentümer ist. Nach Absprache mit Frau von Buttlar ist eine Besichtigung möglich.

Die Klostermauern des Klosters Merxhausen mit ihrer langen Geschichte

Kloster Merxhausen
Gegründet wurde das Kloster im Jahre 1213 unter dem Schutz des Erzbistums Mainz. Doch bereits 1485 wurde das Kloster aufgrund öffentlichen Ärgernisses durch Landgraf Wilhelm II. im Zeichen der Reformation aufgelöst. Im Jahr 1533 erfolgte dann die Umwandlung in ein Landeshospital für Sieche und Kranke. Seit 1957 dient es als psychiatrisches Krankenhaus und heilpädagogische Einrichtung.

Amüsantes Sommertheater auf der Freilichtbühne Merxhausen

Kultur

Galerien
Atelier Merxhausen, Am Eingang des Psychiatrischen Krankenhauses, Bad Emstal-Merxhausen, Besichtigung nach Rücksprache Mi. und Do. von 9.00–17.30 Uhr, ☎ 05624/ 60343

Freilichtbühne Klostergarten
Auf der Freilichtbühne im Klostergarten, dem herrlich gelegenen Park mitten im „Zentrum für Soziale Psychiatrie Kurhessen“, wird seit 1983 Theater gespielt. Die Mitglieder des Theatervereins erarbeiten alljährlich unter Einbeziehung einiger Bewohner der Heilpädagogischen Einrichtung Merxhausen neue Theaterstücke, die hier zur Aufführung gebracht werden. Nähere Informationen zur Arbeit des Vereins erhalten Sie bei Frau Brabsche,

Schwalbenstraße 30, 34466 Wolfhagen, ☎ 05692/1744, oder im Internet unter 💻 www.klosterspiele-merxhausen.de

Volksbühne Bad Emstal
Aufführungsort der Volksbühne Bad Emstal ist der Kur- und Festsaal im Ortsteil Sand. Nähere Informationen zum Programm erhalten Sie bei der Tourist-Information und bei der Volksbühne in Bad Emstal, Bruchstraße 10, Bad Emstal-Balhorn, Kartentelefon ☎ 05652/1863 oder 5528.

Kurkonzerte
Alljährlich vom 1. Juni bis zum 30. September können Sie sonntags um 15.00 Uhr im Musikpavillon im Kurpark bekannten Melodien lauschen.

Natur und Landschaft

Aussichtsturm „Klauskopf"
Vom Aussichtsturm des oberhalb des Ortsteils Riede gelegenen „Klauskopfes" genießt man einen schönen Ausblick auf die nähere Umgebung.

Aussichtsturm „Klauskopf" bei Riede

Freizeitangebote

Thermalbad
Hallen- und Außenbecken, Sauna- und Solarienwelt, Bistro und Restaurant. Zu den Angeboten zählen u. a. Wassergymnastik, Familienbadespaß u. v. m.
ADRESSE: Thermalbad Bad Emstal, Karlsbader Straße, Bad Emstal, 05624/1515, www.thermalbad-bad-emstal.de. ÖFFNUNGSZEITEN: Mo. bis Fr. 10.00–22.00 Uhr, Sa., So. und an Feiertagen 9.00–17.00 Uhr.

Heilendes Wasser im schön gelegenen Thermalbad von Bad Emstal

Schwimmbäder
ADRESSE: Freibad an der B 450, ☎ 05624/1744.
ADRESSE: Freibad Balhorn, Am Diestelberg, Bad Emstal-Balhorn, ☎ 05625/7411.

Rad- und Wanderwege
Bedingt durch sein Lage im Naturpark Habichtswald, bietet die Gemeinde Bad Emstal dem Wanderer naturgemäß vielfältige Möglichkeiten Landschaft und Natur auf gut ausgebauten und markierten Wegen zu erkun-

Idyllische Wanderwege laden zum Erholen ein

Winterlandschaft in Bad Emstal

den. Ein über 100 Kilometer umfassendes Wegenetz bietet Wanderern und Radfahrern viel Abwechslung. Letztere sollten jedoch bedenken, dass die Erkundung der Mittelgebirgslandschaft mit der einen oder anderen Anstrengung verbunden ist.

Reiten
Reitschule Heinrich Wilhelm, Bahnhofstraße 16, Bad Emstal-Sand, ☎ 05624/1827.
Reithalle, ☎ 05624/1435 (Urlaub mit dem eigenen Pferd, Boxenplätze vorhanden, Termine auf Anfrage).

Kutsch-/Planwagenfahrten
Liebhabern von Planwagen- und Kutschfahrten vermittelt die Kurverwaltung gern eine gemütliche Tour durch den Naturpark Habichtswald. Informationen erhalten Sie auch bei *„Emstaler Jagdhütte", H. Mütze*, Fritzlarer Straße 21, Bad Emstal-Balhorn, ☎ 05625/5959 und bei *„Mit Pferd und Wagen", Pferdehof Mütze*, Fritzlarer Straße 6, Bad Emstal-Balhorn, ☎ 05625/7449 und 7206.

Rollschuh- und Natureisbahn
Im Sommer *Rollschuhbahn* und im Winter *Natureisbahn*, auf der auch *Eisstockschießen* betrieben werden kann. Die Bahn befindet sich in der Feriendorfstraße im OT Sand.

Wintersport
Die entsprechende Witterung vorausgesetzt, können Freunde des nordischen Skisports im Winter auf einer gespurten Loipe ihre Runden durch den Habichtswald ziehen.

Bad Hersfeld

(Landkreis Hersfeld-Rotenburg)

EINWOHNER: 31 047. STADTTEILE: Allmershausen, Asbach, Bad Hersfeld, Beiershausen, Heenes, Kathus, Kohlhausen, Petersberg, Sorga.
Im Jahr 769 stiftet Bischof Lullus von Mainz das Benediktinerkloster Hersfeld als Gegengewicht gegen die Klostergründung Fulda durch Sturmius. Um die Abtei entstand

nach und nach eine Siedlung. Etwa 400 Jahre später, 1170, erhält Hersfeld als „civitas“ die Marktrechte. 1761, im Siebenjährigen Krieg, vernichtete ein Großbrand die gesamten Klosteranlagen. In ihrer überstürzten Flucht hatten französische Besatzungstrupps alle Futtervorräte, die in der Klosterkirche lagerten, angezündet. Die Stadt aber blieb erhalten und die Ruine der Abtei prägt bis heute das Stadtbild Hersfelds.

Luftaufnahme der Bad Hersfelder Innenstadt mit Stiftsruine

ⓘ Information

Tourist-Information, Am Markt 1, 36251 Bad Hersfeld, ☎ 06621/201-274, 🖷 06621/201-244, ✉ Touristikinfo@bad-hersfeld.de, www.bad-hersfeld.de
Stadtverwaltung Bad Hersfeld, Weinstraße 16, 36251 Bad Hersfeld, ☎ 06621/201-0, 06621/201-343.

☞ Stadtführungen

Die Tourist-Information bietet für Gruppen nach Vereinbarung Stadt-, Kirchturm- und Katharinenturmführungen an.

Sehenswertes

Romanische Stiftsruine

Die Baugeschichte der Kirche und des Benediktinerklosters St.Wigbert, St. Simon und Judas Thaddäus blieb lange Zeit im Unklaren. Forschungsergebnisse datieren die Anlage in karolingische Zeit. Im Jahre 831 erfolgte die Grundsteinlegung unter Abt Brun. Die Gesamtweihe erfolgte 1144. Im Siebenjährigen Krieg wird die Kirche endgültig zur Ruine. Von den einstigen Klostergebäuden sind der Ostflügel, in dessen Obergeschoss sich Dormitorium und Abtskapelle befanden, die Fachwerkhäuser Stift 8 und 9 sowie das so genannte Abteischlösschen erhalten geblieben. Im Norden und Westen finden sich zudem gut erhaltene Teile der alten Klostermauer.
Alljährlich im Juli und August bildet die größte romanische Kirchenruine Europas die eindrucksvolle Kulisse für die Bad Hersfelder Festspiele. Während dieser Zeit ist eine Besichtigung der Stiftsruine nicht möglich. Außerhalb der Festspielzeit kann sie von März bis Oktober täglich außer Montag besichtigt werden.

Katharinenturm mit Lullusglocke

Die älteste datierbare Glocke Deutschlands, die Lullusglocke, wurde von Abt Meginher im Jahre 1038, noch vor dem großen Brand der Brun-Kirche, in Auftrag gegeben. Sie wird jedes Jahr zu Weihnachten, Ostern, Pfingsten und zu Beginn des Lullusfestes geläutet.

Ansichten der Stiftsruine

Rathaus

Das ursprünglich im Stil der Gotik errichtete Rathaus wurde um 1600 mit Renaissanceschmuck versehen. Im Innern ist insbesondere der Sitzungssaal sehenswert. Stuckdecke, getäfelte Wände und reichhaltige Intarsien nehmen den Blick des Betrachters gefangen. Ein Kunstwerk besonderer Art ist aber auch das reich geschnitzte und bemalte Portal mit je zwei Säulen auf beiden Seiten und dem Löwen mit dem Doppelkreuz.

Gotische Stadtkirche

Die Ursprünge der evangelischen Pfarrkirche am Kirchplatz liegen im 10. Jahrhundert. Der größte Teil des Bauwerks – das Langhaus und die unteren Geschosse des Westturms – stammen jedoch aus dem 14. Jahrhundert. Das dritte und vierte Geschoss wurden im 15. Jahrhundert aufgesetzt, die beiden oberen Etagen ein Jahrhundert später.

Fachwerkhäuser im Altstadtkern

Gut erhaltene historische Fachwerkbauten finden sich noch an vielen Stellen im Stadtkern. So stößt man am Kirchplatz auf das älteste Fachwerkhaus – das Küsterhaus – der Stadt. Aber auch in der Weinstraße, der Klausstraße, der Johannes- und der Oberen Frauenstraße findet sich so manch sehenswertes Gebäude, ebenso am Hanfsack und am Neumarkt.

Küsterhaus

Das älteste Fachwerkhaus der Stadt (Kirchplatz 5) wurde Mitte des 15. Jahrhunderts gebaut. Seine vorkragenden Obergeschosse ruhen auf einem zweigeschossigen Unterbau. Der einst spitzbogige Eingang wurde Mitte des 16. Jahrhunderts mit einer hölzernen Mittelsäule versehen.

Schloss Eichhof

Der Bau des südwestlich von Bad Hersfeld gelegenen Wasserschlosses der Hersfelder Äbte „zu den Eychen“ – des Eichhofs – wurde unter Abt Ludwig v. Mansbach 1328 begonnen und von Abt Berthold von Völkershausen 1372 vollendet. Abt Ludwig Landau ließ 1572 das Schloss völlig umgestalten, mit

Das historische Rathaus von Bad Hersfeld

viel Fachwerk versehen und die Vorderfront mit dem prächtigen Renaissancegiebel ausstatten. Mit dem Wappenstein am Eingang zum Innenhof setzte sich Ludwig Landau selbst ein Denkmal. Seit 1965 ist der Eichhof Sitz der „Hessischen Lehr- und Forschungsanstalt für Grünlandschaft und Futterbau".

Museen

Museum (Im Stift)
Das Museum bietet Zeugnisse aus der Stadt- und Stiftsgeschichte und hat eine volkskundliche Abteilung. Der Kapitelsaal zeigt ständig wechselnde Ausstellungen.
ÖFFNUNGSZEITEN: täglich 10.00–12.00 und 15.00–17.00 Uhr, in der Festspielzeit zusätzlich 19.00–20.30 Uhr. Mo. geschlossen. Näheres unter ☎ 06621/75774.

Konrad-Duden-Museum
ADRESSE: Neumarkt 31, Bad Hersfeld. ÖFFNUNGSZEITEN: So. 15.00–17.00 Uhr oder nach Vereinbarung unter Tel: 06621/918160 oder 75932.

Kultur

Festspiele
Die Bad Hersfelder Festspiele sind *das* Freilicht-Theaterereignis. Allein schon die riesige und beeindruckende Bühne in Europas größter romanischer Kirchenruine machen sie so besonders. Informationen zu den Bad Hersfelder Festspielen erhalten Sie unter: ☎ 06621/201-313, 🖷 06621/201-346, festspiele@bad-hersfeld.de und im Internet unter 💻 www.bad-hersfelder-festspiele.de

Buchcafé
Das Buchcafé in der alten Druckerei bietet wechselnde kulturelle Veranstaltungen.
ADRESSE: Badestube 20, 36251 Bad Hersfeld, ☎ 06621/75202. Ein ausführliches Programm ist bei der Tourist-Information erhältlich.

Freizeitangebote

Schwimmbad
Hallenbad AQUA FIT Freizeit- und Erlebnisbad, ☎ 06621/76496

Reiten
Reiterhof Steinhoff, Auf dem Tageberg 1, Bad Hersfeld, ☎ 06621/3894.

Rad- und Wanderwege
Wanderfreunde können zwischen einer Vielzahl von markierten Wanderwegen, Kurterrainwegen und Radwanderwegen wählen. Eine Umgebungskarte von Bad Hersfeld mit

eingezeichneten Wander- und Radwanderwegen ist im örtlichen Buchhandel erhältlich.
Fahrradverleih: Fahrrad-Romantik, Wallengasse 5a, Bad Hersfeld, ☎ 06621/916077.
ÖFFNUNGSZEITEN: täglich 9.00–20.00 Uhr.

Feste und Veranstaltungen

Ostermarkt (mittwochs vor Ostern)
Pfingstmarkt (mittwochs vor Pfingsten)
Lullusfest (Oktober)
Herbstmarkt (an Buß- und Bettag)
Weihnachtsmarkt (in der Adventszeit)

Bad Karlshafen

(Landkreis Kassel)

EINWOHNER: 4 504. STADTTEILE: Bad Karlshafen, Helmarshausen.
Bad Karlshafen besteht seit der Zusammenlegung aus der über 1 000-jährigen Klosterburgstadt Helmarshausen und der im Jahre 1699 durch den Landgrafen Carl zu Hessen im schlichten bürgerlichen Barock erbauten Stadt Karlshafen. Die ersten Siedler der Stadt waren Hugenotten, die in Karlshafen eine neue Heimat fanden. 1730 entdeckte der Arzt Galland die erste Solequelle. Die heilkräftige Sole dient seit 1838 dem Bade- und Kurbetrieb. Im Jahr 1977 wurde der Stadt dann auch die amtliche Bezeichnung „Bad“ verliehen. Bad Karlshafen verfügt heute über ein modernes Kurzentrum.
Der heutige Stadtteil Helmarshausen war im Mittelalter durch die klösterliche Malschule und Goldschmiede weltberühmt. Hier wurde u. a. das einzigartige Evangeliar Heinrich des Löwen geschaffen. Das Original der Bibel wurde 1983 bei Sotheby's für 32 Millionen Mark versteigert und gilt seither als teuerstes Buch der Welt. In der Helmarshäuser Stadtkirche ist die Faksimile-Ausgabe des Evangeliars zu besichtigen.

ⓘ Information

Kurverwaltung/Touristinformation Bad Karlshafen, Hafenplatz 8, Rathaus, 34385 Bad Karlshafen, ☎ 05672/9999-22, 🖷 05672/9999-25, ✉ Kurverw.Bad-Karlshafen @t-online.de, 💻 www.bad-karlshafen.de

☞ Stadtführungen

Die Touristinformation bietet eine einstündige Stadtführung „Auf den Spuren der Hugenotten“ an.
Information und Anmeldung bei der Touristinformation.

Sehenswertes

Rathaus Bad Karlshafen
Das Rathaus – ein ehemaliges Packhaus – ist Mittelpunkt der planmäßig angelegten Barockstadt und wurde 1715 in Anlehnung an Schlossbauten von Friedrich Conradi errichtet. Der Bau umfasst zwei Außenflügel und einen dreiachsigen Mittelbau mit Bogenöffnungen und ovalen Fenstern im Erdgeschoss. Der Festsaal im ersten Stock des Gebäudes ist mit Stukkaturen von Andreas Gallasini ausgestattet. Ein zweites ehemaliges Packhaus ist das 1766/67 erbaute Zollhaus, Ecke Hafenplatz.

Invalidenhaus
Das Invalidenhaus, von 1704–1718 als südlicher Eckpfeiler der Stadt erbaut, ist ein vierflügeliger Komplex mit rechteckigem Binnenhof. Er war das erste öffentliche Gebäude der Stadt.

Blick auf Bad Karlshafen und seinen Hafen

Das Rathaus in Bad Karlshafen

Bädern zugeführt wird, die Grundlage für den guten Ruf des Heilbades. Das neu errichtete Gradierwerk (30 Meter lang und 8 Meter hoch) wurde 1986 auf der Kurpromenade in Betrieb genommen und dient ausschließlich medizinischen Zwecken.

Benediktinerabtei St. Maria und Petrus Helmarshausen
997 durch Kaiser Otto III. gegründet, erlebte die Abtei im 11. und 12. Jahrhundert ihre Blütezeit. Im Jahre 1536 erfolgte die Aufhebung des Klosters, von dem heute noch die Reste der Benediktinerabtei St. Petrus sowie Rundbogenarkaden und romanische Tierkapitelle in den Erdgeschossräumen der östlichen Klausurgebäude zeugen. In der klösterlichen Malschule und Goldschmiedewerkstatt entstanden bedeutende Werke der Goldschmiedekunst, wertvolle Handschriften und Buchmalereien. Das bedeutendste hier entstandene Werk dürfte wohl das Evangeliar Heinrich des Löwen sein.

Posthof Thurn und Taxis
Der schlichte Bau am Hafenplatz 7 wurde 1786 mit zwei Stockwerken errichtet. Das dritte Stockwerk wurde im 19. Jahrhundert aufgesetzt.

Gradierwerk
Seit vielen Jahrzehnten bildet die Bad Karlshafener Sole, die aus 36 Metern Tiefe den

Ruine Krukenburg
Von der um 1220 oberhalb des Ortes Helmarshausen gelegenen Burg sind heute nur noch der hohe Bergfried (Aussichtsturm mit herrlichem Ausblick auf das Diemeltal und den Reinhardswald) und einige Türme und Teile der Mauer erhalten. Innerhalb der Burganlage befindet sich die Johanniskapelle aus den Anfängen des 12. Jahrhunderts.

Blick auf die Klosterburgstadt Helmarshausen

Ansicht der Krukenburg-Ruine

Museen

Deutsches Hugenotten-Zentrum
Das Deutsche Hugenotten-Museum befindet sich in einem Häuserkarree des barocken Stadtkerns. Anhand von Karten, Kupferstichen, Urkunden und zeitgenössischen Gegenständen wird die Geschichte der französischen Protestanten – Hugenotten genannt – auf zwei Museumsetagen dokumentiert. ADRESSE: Deutsches Hugenotten-Zentrum, Hafenplatz 9 a, Bad Karlshafen, ☎ 05672/1433 und 1410. ÖFFNUNGSZEITEN: Di. bis Sa. 10.00–12.00 und 14.00–18.00 Uhr, So. 11.00–18.00 Uhr.

Kultur

Konzerte
Der Landgrafensaal des Rathauses verleiht den monatlich stattfindenden Konzerten einen festlichen Rahmen. Programminformationen erhalten Sie bei der Touristinformation. Zudem finden von Mai bis September regelmäßig Kurkonzerte statt.

Kunstherbst
Gemälde, Plastiken, Skulpturen etc. – alljährlich im September steht Bad Karlshafen ganz im Zeichen der Kunst.

Natur und Landschaft

Bergzoo
Der romantische Bergzoo liegt unterhalb der Ruine der Krukenburg im Stadtteil Helmarshausen. Sie finden hier zwar keine Elefanten, Löwen oder Tiger, dafür ist die heimische Tierwelt aber in größerem Umfang vertreten. Bezüglich der genauen Öffnungszeiten wenden Sie sich bitte an die Touristinformation.

Freizeitangebote

Schifffahrt
Bei einer gemütlichen Schiffsrundfahrt in Bad Karlshafen fahren Sie durch die Bundesländer Hessen, Niedersachsen und Nordrhein-Westfalen. Linienfahrten sind nach Höxter und Hann. Münden möglich.

Auch Sonder- und Charterfahrten werden angeboten. Selbst Trauungen werden auf dem Schiff durchgeführt. Auskünfte erteilt die Kurverwaltung/Touristinformation Bad Karlshafen.

Rad- und Wanderwege
Hessische Fernradwege R 1 und R 4, Fernradweg Weser und Diemelradweg. Gut ausgeschilderte Wanderwege in Reinhardswald und Solling. Interessant und abwechslungsreich ist eine Wanderung auf dem „Märchenlandweg".

Schwimmbäder
Das direkt an der Weser gelegene *Sole-Mineral-Freibad* hat von Mitte Mai bis Mitte September geöffnet. Das *Hallenbad im Bürgerhaus Helmarshausen* öffnet von Mitte September bis Mitte Mai die Pforten für seine Besucher.

Boot-/Kanufahren
Kanutouren auf der Weser: Busch Freizeit GmbH & Co. KG, Postweg Nord 7, 37671 Höxter, ☎ 05271/921363, 🖷 05271/921364, ✉ info@busch-freizeit.de, 💻 www.busch-freizeit.de
Kanutouren auf der Diemel: Kanutouren-Kanuverleih, Gerda Schuhmacher, Wethener Straße 83, 34414 Warburg, ☎ 05642/7682, 🖷 05642/5677, ✉ kanuverleih-schumacher @t-online.de, 💻 www.kanu-touristik.de

Kutsch-/Planwagenfahrten
Mit 2 PS durchs Dreiländereck ist das Motto dieser Fahrt, die jeweils (nach Voranmeldung) am Di. 14.30 Uhr startet. Gruppen auf Anfrage auch zu anderen Zeiten möglich. Auskunft und Anmeldung bei der Touristinformation.

Freizeitanlage
Bahnengolf, Hindernisbillard, Kinderland – Auskunft unter ☎ 05672/1740 und 2650. ÖFFNUNGSZEITEN: März bis November.

Feste und Veranstaltungen

Eröffnungsfahrt der Personenschifffahrt (Mai)
Hafenbeleuchtung (Pfingstsamstag)
Hugenotten-Fest (Juli)
*„Steinmetztage" (*Juli)
„Marktschreier-Tage" (33. Kalenderwoche)
Weihnachtsmarkt (erstes Adventswochenende)

Sonstiges

Glashütte
Glashütte, Glasschleiferei, Glasgravur, Glaskunst, Glasgalerie, Glasfachhandel – möchten Sie einmal den Glasbläsern bei ihrem traditionellen Handwerk über die Schulter schauen? Dann wenden Sie sich an die *Glashütte, Weserstraße 43, Bad Karlshafen,* 05672/1414. Gruppen können auf Voranmeldung auch eine Führung vereinbaren.

Bad Sooden-Allendorf

(Landkreis Werra-Meißner)

EINWOHNER: 9 454. STADTTEILE: Bad Sooden-Allendorf, Ahrenberg, Dudenrode, Ellershausen, Hilgershausen, Kammerbach, Kleinvach, Oberrieden, Orferode, Weiden.
Erstmals erwähnt wird der Name Allendorf im Jahre 1218 in einer Urkunde des thüringischen Landgrafen Ludwig IV., als dieser dem Katharinenkloster zu Eisenach unter an-

derem die Pfarrkirche zu Allendorf schenkte. Im Dreißigjährigen Krieg brannten im Jahre 1637 abziehende Kroaten die Stadt völlig nieder. Noch während des Krieges begann der Wiederaufbau der Stadt. Aufgrund des wirtschaftlichen Rückhaltes durch die Saline, die 1906 ihren Betrieb einstellte, konnte die Stadt Holz aus städtischen Forsten auf spätere Rechnung zur Verfügung stellen, so dass die Häuserzeilen bald neu entstanden. Und da vielfach die gleichen Handwerkergruppen jahrelang daran beteiligt waren, entstand ein Straßenbild von großer Einheitlichkeit, welches sich bis heute erhalten hat.

Romantische Gassen und bunte Straßen prägen das Bild der Stadtteile Sooden und Allendorf

ⓘ Information

Gästedienst/Touristinformation, Landgraf-Philipp-Platz 1–2, 37242 Bad Sooden-Allendorf, ☎ 05652/9587-18 und -19, 🖷 05652/9587-13, 💻 Touristinfo.BSA@t-online.de, www.bad-sooden-allendorf.de

☞ Stadtführungen

Treffpunkt für die jeden Fr. um 14.00 Uhr beginnende Stadtführung ist der Marktplatz im Stadtteil Allendorf. Gruppenführungen können mit dem Gästedienst/Touristinformation vereinbart werden.

Der historische Marktplatz ist das pittoreske und sympathische Zentrum von Bad Sooden-Allendorf

Sehenswertes

Zimmersbrunnen

Ja, der „Brunnen vor dem Tore“ steht vor den Toren der Allendorfer Altstadt. Von dem stattlichen Lindenbaum, der sein Blätterdach über dem steinernen Brunnentrog ausbreitet, heißt es, dass er vor neunzig Jahren an jener Stelle gepflanzt wurde, wo die vom Sturm geknickte uralte Linde gestanden hat, der in den Versen dieses Volksliedes ein Denkmal gesetzt worden ist.

Der „Löwe“

Hinter dem im Volksmund der „Löwe“ genannten Haus verbirgt sich einer der schönsten Fachwerkbauten im Hessenland – das Bürgersche Haus. Zwei Jahre nach dem großen Brand im Jahre 1637 im Zuge des raschen Wiederaufbaus fertiggestellt, ist es bis heute unverändert erhalten geblieben. Kunstvolle

Der „Brunnen vor dem Tore“ ist durch die gleichnamige Volksweise in allen Landen bekannt

Schlucht der Ufergasse eiserne Stege mit der Straße hinter der Mauer. Diese kleinen Brücken führen zu den im Obergeschoss befindlichen Haustüren.

Gradierwerk

Das nahe dem Kurpark gelegene Gradierwerk ist das letzte von ehemals vielen seiner Art, die sich über eine weite Fläche im Raum des mittelalterlichen Salzwerkes verteilten. Vor über 300 Jahren gegründet, diente es dazu, den Salzgehalt der aus der Zechsteinformation geförderten Sole durch das Verdunsten des Wassers zu erhöhen und dadurch den nachfolgenden Siedeprozess durch Einsparung von Brennholz und Braunkohle zu verbilligen. Noch heute arbeitet das Leckwerk nach diesem Prinzip, nur der Zweck ist heute ein medizinischer – die Sole-Inhalation.

Schnitzereien am Gebälk geben sein besonderes Gepräge und zeugen zugleich vom Wohlstand der alteingesessenen Pfännerfamilien, der sich auf ihren Anteilen am Salzwerk in Sooden gründete.
ADRESSE: Haus Bürger, Ecke Kirchstraße/Bahnhofstraße, Allendorf.

Im historischen Gradierwerk rieselt heilsame Sole über Schwarzdorn

Fischerstad

Die niedrigen Fachwerkhäuschen stehen dicht zusammengedrängt nebeneinander. Einst lebten hier die Werra-Fischer, außerhalb der mittelalterlichen Wehrbefestigung, die ihnen in Notzeiten aber dennoch Schutz gewährte. Noch heute liegen die Hausgärten der Bewohner auf der über mannshohen Mauer und sind nur über eine Sprossenleiter erreichbar. Einzelne Häuser verbinden hoch über der

Hospitalkapelle

Die Kapelle des 1363 n. Chr. erstmals erwähnten „Hospitals zum Heiligen Geist“ im Stadtteil Allendorf enthält kostbare Wandmalereien aus dem 14. Jahrhundert, die 1959 freigelegt und restauriert wurden.

Kunsthaus
Das im Kurpark gelegene Kunsthaus war einst als Wachstube und Wohnung der „Kunstwärter“, die die Aufsicht über die „Wasser-Rollkunst“ hatten, erbaut worden. 1929 wurde eine elektrisch betriebene Solepumpe eingeführt. Die stillgelegte „Wasser-Rollkunst“ wurde 1946 abgerissen, womit auch das letzte große Wasserrad im sogenannten Solegraben verschwand.

Kurmittelhäuser
Bereits im Jahre 1818 gab das Hessische Baudepartement in Kassel seine Einwilligung zum Bau eines mit drei Wannen ausgestatteten Badehauses, dessen Benutzung allerdings nur den Salinenbediensteten vorbehalten war, um dem Bad Nauheimer Badebetrieb keine Konkurrenz erwachsen zu lassen. Das im klassizistischen Stil errichtete kleine Gebäude ist bis heute unversehrt erhalten geblieben und weist auf die Ursprünge des Kurbetriebes in Bad Sooden-Allendorf zurück. Erst über ein halbes Jahrhundert später, im Jahre 1881, wurde das erste kommunale Badehaus der Öffentlichkeit übergeben. Das neue Kurmittelhaus wurde Ende 1989 in Betrieb genommen.

Pfennigstube
Die neben der Städtischen Kurverwaltung (ehemaliges Salzamt) gelegene sogenannte Pfennigstube lenkt aufgrund einer architektonischen Besonderheit die Blicke auf sich. Auf dem Renaissance-Unterbau thront ein Fachwerkgeschoss. Den Eingang zur Pfennigstube, in der sich früher die Kasse des Salzwerkes befand, schmücken die Initialen ihres Erbauers Wilhelm Landgraf zu Hessen und die Jahreszahl 1631 als Hinweis auf den Zeitpunkt ihrer Entstehung.

Rathaus
Wie die gesamte Stadt, so wurde auch das Rathaus im Dreißigjährigen Krieg zerstört. Doch bereits ein Jahr später erwarb ein Allendorfer Bürger ein Soodener Fachwerkhaus, um es auf den Grundmauern des um 1500 erbauten gotischen Rathauses wieder aufzubauen. Der östliche Anbau, das sogenannte Tuchhaus, entstand im Jahr 1690. Im vorderen Untergeschoss befand sich bis 1937 der Ratskeller. Am Turm des Rathauses erklingt täglich um 11.00 und um 17.00 Uhr ein Glockenspiel, welches je nach Jahreszeit bekannte Weisen erklingen lässt.

Das historische Rathaus in Bad Sooden-Allendorf

Söder Tor
Das 1705 erbaute Tor, früher einziger Zugang zur Saline, diente ursprünglich zur Verhinderung des Salzschmuggels. Hier wurden die

schweren Planwagen der Salzfuhrleute noch einmal kontrolliert, ehe sie ihre Ware in alle Richtungen beförderten. Heute beherbergen die Räume des Torhauses die reichhaltigen Sammlungen des *Heimat- und Salzmuseums*, die von der Geschichte des Bades, der über 1 000-jährigen Salzgewinnung und der alten Pfännerstadt erzählen.
ADRESSE: Heimat- und Salzmuseum, im Söder Tor, Bad Sooden-Allendorf. ÖFFNUNGSZEITEN: So. und Feiertage 14.00–17.00 Uhr (in den Sommermonaten auch Sa.), Gruppen nach Vereinbarung.

St.-Bonifatius-Kirche
Der eindrucksvolle Kirchenbau zeigt, wie sich die klare Linienführung der Gegenwartsarchitektur mit der einem Sakralbau innewohnenden Symbolik zu einer Aussage unserer Zeit zu verbinden vermag. Als beherrschende Grundform des Baus wählte der Baumeister die Idee des Zeltes.
ADRESSE: Wahlhauser Straße/Ecke Waldisstraße, Allendorf.

St.-Crucius-Kirche
Der aus dem Jahre 1325 stammende mächtige Bau der evangelischen Kirche im Stadtteil Allendorf wurde im gotischen Stil errichtet. Sie ist eine der selten anzutreffenden zweihalligen Kirchen des Mittelalters. Der trutzige Turm wurde dem Kirchenschiff etwa hundert Jahre später zur Seite gestellt und ist seither ein markantes Wahrzeichen der Allendorfer Altstadt. Die schöne Barockkanzel ist ein Meisterstück aus dem Jahre 1687. ADRESSE: Kirchstraße/Steinstraße, Allendorf.

St.-Marien-Kirche
In dem am Hang des Hegeberges gelegenen, im Stil der Gotik angelegten und im Barock erneuerten Gotteshaus predigte vor 400 Jahren der berühmte Pfarrer und Salzgrebe Johann Rhenanus, der mit seiner „Salzbibel“ ein für damalige Zeiten erschöpfendes und bis heute erhalten gebliebenes Geschichtswerk und Fachbuch über das mittelalterliche Salzwerk in Sooden geschaffen hat. ADRESSE: Kirchweg, Sooden.

Weinreihe
Die einzellig bebaute Straße, die sich wie ein halbseitiges Hufeisen an den Kurpark schmiegt, nimmt eine Sonderstellung unter den Straßen und Gassen der Altstadt ein. Auf diesem Pflaster spielt sich ein Großteil des Lebens im Kurviertel ab, sie ist sozusagen der Kurfürstendamm Bad Sooden-Allendorfs. Ihr Name weist noch heute in vergangene Zeiten zurück, in denen die Siedeknechte die Rebstöcke an den Häuserfassaden pflanzten und das Rankwerk als natürliche Sprossenleiter benutzten, um zu später Stunde trotz versperrter Haustür durch ein Fenster in ihr Haus zu gelangen.

Museen

Grenzmuseum „Schifflersgrund“
In den Ausstellungsräumen des Museums in Asbach/Sickenberg kann sich der Besucher anhand von Originaldokumenten, Bildern, Karten und vielfältigen anderen Darstellungsformen über die Geschichte der deutschen Teilung und deren Auswirkungen auf die Menschen im ehemaligen Grenzgebiet, über Vertreibung, Isolation und die hermetische Abriegelung des Staates DDR informieren. Im Mittelpunkt der Freianlagen steht ein viereckiger Beobachtungsturm.
Nähere Auskünfte erteilt der Arbeitskreis Grenzinformation e. V., Egerländer Straße 44, 37242 Bad Sooden-Allendorf, ☎ 0 56 52/32 16.

ADRESSE: Grenzmuseum „Schifflersgrund", 37318 Asbach-Sickenberg, ☎ 036087/98409, 🖷 036087/98414, ✉ GreMu1991@aol.com, 💻 www.grenzmuseum.de. ÖFFNUNGSZEITEN: November bis Februar Mo. bis Fr. 10.00–16.00 Uhr, Sa./So. 13.00–16.00 Uhr; März bis Oktober Mo. bis So. 10.00–17.00 Uhr. Führungen für Gruppen ab 15 Personen nach Absprache.

Freizeitangebote

Kutsch-/Planwagenfahrten

Nähere Informationen erhalten Sie bei *Otto Schill*, Bad Sooden-Allendorf, ☎ 05657/1049, *Scharf*, Bad Sooden-Allendorf, ☎ 05652/2362, *Fischers Ponyexpress*, Bad Sooden-Allendorf, ☎ 05652/4627, *Reit- und Fahrverein „Sickenberg Pferdefreunde e. V."*, ☎ 05652/3306 und *Connemara-Gestüt „Werratal"*, ☎ 05652/1849 oder 2815.

Schwimmbäder

„Wasserratten" kommen das ganze Jahr über auf ihre Kosten. So lockt im Sommer das in herrlicher Hanglage gelegene *Freibad* im Stadtteil Allendorf, ☎ 05652/4057 die Besucher ins kühle Nass. Im Stadtteil Sooden können sich die Besucher im *Wellenbad* des Sole-Bewegungszentrums, ☎ 05652/9587-80, ganzjährig austoben.

Reiten

Reit- und Fahrverein „Sickenberger Pferdefreunde e. V." Bad Sooden-Allendorf, F. Grabing, ☎ 05652/3306, *Reit- und Fahrverein Bad Sooden-Allendorf e. V.*, R. Escher, ☎ 05652/2584 und *Connemara Gestüt „Werratal"* an der Schlossgärtnerei Schloss Rothestein, W.-A. Tewes, ☎ 05652/1849 oder 2815. Informationen hält auch der Gästedienst/Touristinformation bereit.

Angelvergnügen an der Werra

Radfahren

Der Gästedienst/Touristinformation bietet jedes Jahr ab April dienstags (außer an Feiertagen) um 14.30 Uhr geführte Radwanderungen an. Treffpunkt ist die Kuranlage in der Rosenstraße 9 a. Anmeldungen werden ab dem vorhergehenden Freitag entgegengenommen.

Fahrradverleih: *„Zweirad-Schülbe"*, Eschweger Landstraße 5, ☎ 05652/95580, *„Gästehaus Axt"*, Königsberger Straße 15, ☎ 05652/4416 oder 4800, *„Fahrradvermietung Eichenberg"*, Am Haintor 12, ☎ 05652/2900 oder 📱 0171/4172900.

Wandern

Geführte Kurgastwanderungen werden vom Gästedienst jeden Do. (außer an Feiertagen) um 14.00 Uhr angeboten. Treffpunkt ist das Kurtheater (Kino).

Pedalritter jeden Alters können auf den beliebten Fernradwegen entlang der Werra auf Entdeckungsfahrt gehen

Feste und Veranstaltungen

Märchenwoche (ab Ostern)
Brunnenfest (Pfingsten)
Erntedank- und Heimatfest in Allendorf (drittes Augustwochenende)

Bad Wildungen

(Landkreis Waldeck-Frankenberg)

EINWOHNER: 20 181. STADTTEILE: Bad Wildungen, Altwildungen, Reinhardshausen, Reitzenhagen, Albertshausen, Armsfeld, Bergfreiheit. Braunau, Frebershausen, Hüddingen, Hunsdorf, Mandern, Odershausen, Wega.

Um das Jahr 800 findet sich die erste Erwähnung des im Wildetal gelegenen Dorfes „villa wildungun" im Güterverzeichnis des Klosters Hersfeld. Um 1200 lässt Graf Friedrich, der aus dem Hause der Thüringer Landgrafen stammt, auf dem Berg hoch über der Wilde eine Burg mit befestigten Burgmannenhöfen anlegen. Sie wurde zur Keimzelle der Stadt Alt-Wildungen. Das Jahr 1242 ist das überlieferte Gründungsjahr der Stadt Niederwildungen, die auf dem der Burg gegenüberliegenden Hügel durch die thüringisch-hessischen Landgrafen angelegt und mit allen Rechten versehen wird. Im 13. und 14. Jahrhundert blühte die Stadt auf und entwickelte sich zu einem wohlhabenden Gemeinwesen. In diese Zeit fällt die erste Nennung „der beiden Städte Wildungen" (1358), der Bau der mächtigen gotischen Stadtkirche und der Stadtbefestigung sowie die Umleitung des Wassers des Sauerbrunnens in die Stadt (1378). Das Wissen um dessen heilende Wirkung lockt bereits im Jahre 1506 die ersten Kurgäste nach Wildungen. Ein regelrechter Kurbetrieb entwickelt sich jedoch erst in der zweiten Hälfte des 19. Jahrhunderts mit der Gründung der Wildunger Mineralquellen-Aktiengesellschaft und der Entdeckung weiterer Quellen.

ⓘ Information

Tourist-Info, Kur- und Verkehrsverein, Bürgerbüro im Rathaus, Am Markt 1, Bad Wildungen, ☎ 05621/701-320, 🖷 05621/701-462, gebührenfreies Info-Telefon ☎ 0800/7910100, ✉ tourist@bad-wildungen.de, 💻 www.bad-wildungen.de
Gästedienst, Kurverwaltung Hessisches Staatsbad, Langemarckstraße 2, Bad Wildungen, ☎ 05621/704-113, 🖷 05621/704-126, ✉ Kur-BadWildungen@t-online.de

Der Fürstenhof in Bad Wildungen

der zum Verweilen einladenden künstlerisch gestalteten Anlage bildet eine Gruppe von Menschen, die antiken Plastiken nachempfunden ist.

Wehrturm „Roter Hahn“
Der um 1300 errichtete Wehrturm ist der älteste der Stadt. Einst diente er als Gefängnis. Seinen Namen erhielt er wahrscheinlich von dem roten, kegelförmigen Ziegeldach mit einer Hahnenspitze, das sich ursprünglich auf ihm befand.

☞ Stadtführungen

Regelmäßige Stadtführungen zu Fuß (Altstadt) oder mit dem Bus (Stadtrundfahrt) im wöchentlichen Wechsel. Termine im bzw. im monatlichen Veranstaltungskalender „Bad Wildungen aktuell“. Stadtführungen oder -rundfahrten für Gruppen nach Absprache (☎ 05621/701-320).

Sehenswertes

Stadtkirche
Der Bau der dreischiffigen spätgotischen Stadtkirche fällt in die erste Blütezeit der Stadt im 13./14. Jahrhundert. Im Innern der Kirche findet der interessierte Besucher den berühmten Flügelaltar (Christusaltar) des Meisters Conrad von Soest aus dem Jahre 1403.

„Kurschatten“-Brunnen
Der an der Nahtstelle zwischen Altstadt und Kurviertel gelegene „Kurschatten-Brunnen“ sorgte bei seiner Einweihung 1987 für großes Aufsehen in den Medien. Den Mittelpunkt

Rondell am Kirchplatz
Das Rondell war ein Teil der Stadtbefestigung und zur Sicherung der Stadtmauer nach Westen hin ausgerichtet. In seinem Innern befand sich ein Magazin. Heute ist das Rondell ein beliebter Aussichtspunkt.

Altstadtkern
In den Gassen der gut erhaltenen und gepflegten Altstadt gibt es vieles zu entdecken. Da finden sich die gotische Stadtkirche, enge Gässchen, malerische Winkel und Reste der früheren Befestigungsanlagen. Ein reicher Bestand mittelalterlicher Fachwerkhäuser und Gebäude im verspielten Jugendstil stehen einträchtig nebeneinander.

Museen

Museum Schloss Friedrichstein
Das Schloss entstand in den Jahren 1704–1717 und beherbergt ein Jagd- und Militärmuseum.
Zu sehen ist zum einen eine umfangreiche Ausstellung zur hessischen Militärgeschichte, die die Sammlung historischer Waffen

Das Schloss in Bad Wildungen

und Orden einschließt, und zum anderen eine wertvolle Sammlung alter Jagdgeräte aus landgräflichem Besitz. Weitere Räume sind dem einstigen Fürstentum Waldeck gewidmet. Im Erdgeschoss ist die sogenannte „Türkenbeute" untergebracht, prachtvolle Stücke, die um 1700 von hessischen Truppen aus der Schlacht um Belgrad mitgebracht wurden.
ADRESSE: Museum Schloss Friedrichstein, Schlossstraße, Altwildungen, ☎ 05621/6577. ÖFFNUNGSZEITEN: täglich außer Mo. von 10.00–13.00 und 14.00–17.00 Uhr; Gruppenführungen können unter ☎ 05621/701-323 vereinbart werden.

Lapidarium
Die Gesteins-Ausstellung im Kellergewölbe von Schloss Friedrichstein gibt einen Überblick über die geologische Entwicklung des Wildunger Raumes. Besonders interessant sind die im Stein eingeschlossenen Fossilien.
ADRESSE: Lapidarium, Schlossstraße, Altwildungen. ÖFFNUNGSZEITEN: jeden ersten Mi. im Monat von 14.30–16.00 Uhr; Gruppenführungen können unter ☎ 05621/701-323 vereinbart werden.

Kurmuseum
Das städtische Kurmuseum vermittelt einen Einblick in die Geschichte der Kur und die von ihr nachhaltig beeinflusste Entwicklung der Badestadt. Der Besucher kann in einer Art Zeit-Erlebnisreise die Entwicklung von den Anfängen bis in die Gegenwart hautnah erleben.
Die dem Museum angegliederte Schauhalle ist Ort wechselnder Ausstellungen.
ADRESSE: Kurmuseum, Brunnenallee 1, Bad Wildungen, ☎ 05621/72942, 05621/701-461. ÖFFNUNGSZEITEN: täglich 14.00–17.00 Uhr; Gruppen nach Absprache unter ☎ 05621/701-323.

„Lebendiges" Museum, Odershausen
Das Museum zeigt eine Ausstellung liebevoll ausgewählter Gegenstände zur Landwirtschaft und zum dörflichen Leben in alter Zeit. Regelmäßige Vorführungen mit ständig wechselnden, der Jahreszeit angepassten Aktivitäten wie Brotbacken, Buttern, Flachsbearbeitung, Dreschfest, Spinnen u. v. m. ergänzen die Ausstellung.
ADRESSE: „Lebendiges" Museum, Wildunger Straße 13, Bad Wildungen-Odershausen, 05621/2104. ÖFFNUNGSZEITEN: Besichtigungen nach Absprache. Gruppenführungen bitte unter ☎ 05621/701-323 anmelden. In den Monaten Mai bis November finden die Vorführungen an jedem dritten Sonntag im Monat 11.00–17.00 Uhr statt.

Kultur

Naturbühne Bergfreiheit

Die idyllisch gelegene Naturbühne des Stadtteils Bergfreiheit ist alljährlich Schauplatz verschiedener Märchenaufführungen. Nähere Informationen erhalten Sie bei der Tourist-Information.

Spritzenhaus

Wie heute noch am Schlauchturm erkennbar ist, war hier einst die Feuerwache untergebracht. Heute beherbergt das Gebäude das städtische Jugend- und Kulturzentrum und ist Treffpunkt und Veranstaltungsort für *Workshops*, *Konzerte* und die *Bad Wildunger Kleinkunstreihe*.

Natur und Landschaft

Kurpark

Die weiträumigen, gepflegten Kurparkanlagen können als Visitenkarte Bad Wildungens angesehen werden. Die von der Europäischen Gemeinschaft im Rahmen des Projektes „Wald und Gesundheit" geförderte Kurparkverbindung zwischen den Anlagen des traditionellen Heilbades Wildungen und den modernen Anlagen im Stadtteil Reinhardshausen hat Europas größten Kurpark entstehen lassen, der es wert ist entdeckt zu werden.

Sehenswert sind auch die Kurparkanlagen an Königsquelle (unterhalb des Schlossberges), Helenenquelle und an der Reinhardsquelle in Reinhardshausen.

Naturpark Kellerwald

Der südlich des Edersees gelegene Naturraum „Kellerwald" gilt als eines der ökologisch wertvollsten und bedeutendsten zusammenhängenden Buchenwaldgebiete Europas. Diese einzigartige Landschaft mit urwüchsigen, jahrhundertealten Baumbeständen ist nun als „Naturpark Kellerwald" unter Schutz gestellt. Zahlreiche Einrichtungen und Informationsangebote erschließen dem Besucher die Naturschönheiten und wecken Verständnis und Einsichten.

Freizeitangebote

Schwimmbad

ADRESSE: Hallen- und Freibad, Freizeitanlage Heloponte, Das Bad von Bad Wildungen, Stresemannstraße 2, ☎ 05621/1600. Bitte erkundigen Sie sich unter der angegebenen Telefonnummer nach den Öffnungszeiten.

Eisbahn

ADRESSE: Eisbahn, Freizeitanlage Heloponte, Das Bad von Bad Wildungen, Stresemannstraße 2, ☎ 05621/1600. ÖFFNUNGSZEITEN: Di. bis Fr. 14.00–20.30 Uhr, Sa. 14.00– 17.00 und 17.30–19.30 Uhr, So. und Feiertag 10.00–13.00, 14.00–17.00 und 17.30–19.30 Uhr.

Gleitschirmfliegen

AFS-Flugschule GmbH, Fritzlarer Straße 12, ☎ 05621/9690-150, 🖷 05621/9690-151, ✉ afs-flugschule@t-online.de

Hochseilgarten

Der höchste Hochseilgarten Deutschlands ist eine ganz besondere Attraktion: Eine Serie von künstlichen Hindernissen aus Seil- und Stahlkabeln lädt ein, sich unter professioneller Anleitung gut gesichert auf Seilen, Schlingen, Balken, Holztreppen und Netzen zu bewegen. Auskünfte beim OUTDOOR CLUB, Hufelandstraße 14, 34537 Bad Wildungen, ☎ 05621/802940, 🖷 802945, ✉ bad-wildungen@outdoor-club.de

Reiten
Ferien- und Reiterhof Funkenmühle, Berliner Straße 1, Bad Wildungen, ☎ 05621/1714, *Reithalle am Schützenplatz (Reiterverein)*, Talquellenweg 2, Bad Wildungen, ☎ 05621/5124, *Reitstall Sattelrad*, An der Tritt 11, Altwildungen, ☎ 05621/72769, *Reithalle Thekla Pfeiffer (auch Therapeutisches Reiten)*, Mutterweg 1, ☎ 05621/ 73049.

Rad-und Wanderwege
Die Lage Bad Wildungens auf etwa 330 Metern über dem Meeresspiegel an den Ausläufern des Kellerwaldes, dessen Höhenzüge auf gut 600 Meter ansteigen, bietet vielfältige Möglichkeiten sich in der Natur zu bewegen. Die großen zusammenhängenden Mischwaldgebiete der Region sind durch ein gut markiertes und beschildertes Wegenetz von einer Länge von mehr als 500 Kilometern erschlossen. Detaillierte Karten sind zuverlässige Begleiter; mehrmals wöchentlich werden geführte Wanderungen angeboten.

Feste und Veranstaltungen

Rosenmontagsumzug (Februar)
Altstadt-Jazz-Musik-Festival (Juni)
Traditioneller Kram- und Viehmarkt (Mitte Juli)
Folkfest auf Schloss Friedrichstein (Ende Juli)
Festival der Salon- und Caféhaus-Musik (Anfang August)
Traditioneller Weihnachtsmarkt (Mitte Dezember)

Sonstiges

Kurhessische Spielbank Kassel – Bad Wildungen

Die Anfänge des Glückspiels in der Badestadt reichen bis in das Jahr 1616 zurück, 1724 wurde das Spiel „insbesondere zur Unterhaltung der Brunnengäste" ausgedehnt. Ab 1856 unterlag das Spiel – mit fürstlicher Genehmigung – einem strengen Reglement. Nach der Schließung der Spielbank im Jahre 1872 dauerte es bis zum Jahr 1994, ehe in dem zu neuer Jugendstil-Pracht erblühten „Quellenhof" wieder eine Dépendance der Spielbank Kassel einzog.
ADRESSE: Brunnenallee 54, im Treff-Hotel „Quellenhof", Bad Wildungen, ☎ 05621/960056.

Bad Zwesten

(Schwalm-Eder-Kreis)

EINWOHNER: 4 300. ORTSTEILE: Bad Zwesten, Betzigerode, Niederurff, Oberurff-Schiffelborn, Wenzigerode
Am Fuße des Kellerwaldes gelegen, einem rund 600 Quadratkilometer umfassenden Waldgebiet zwischen Edersee und Schwalm, hat sich die Gemeinde Bad Zwesten zu einem kleinen Juwel unter den Touristikanbietern im Gesundheitswesen entwickelt, ohne dabei den Charme seines dörflichen Charakters zu verlieren.
Im Jahr 1914 wurde die Mineralquelle, die den Namen „Löwensprudel" erhielt, erstmals gefasst. Sechs Jahre später begann die gewerbliche Nutzung durch die Firma Zwestener Löwensprudel. Es entwickelte sich der Kurbetrieb, der 1972 und 1977 durch die Einweihung der beiden Hardtwaldkliniken

gestärkt wurde. Neben dem Prädikat „Luftkurort“ wurde der Gemeinde 1992 das Prädikat „Heilbad“ verliehen und es erfolgte die Namensänderung in „Bad Zwesten“.

ⓘ Information

Kurverwaltung Bad Zwesten, Postfach 730, 34596 Bad Zwesten, ☎ 05626/773, 🖷 05626/999326, ✉ Kurverwaltung@badzwesten.de, 💻 www.badzwesten.de

Heilbad und Luftkurort Bad Zwesten

Das Rathaus von Bad Zwesten

Gesundheitszentrum

Neben den geographischen und klimatischen Vorteilen des Heilbades und Luftkurortes Bad Zwesten stehen den Gästen eine Fülle von Therapieformen sowohl im Kurhaus mit Kurmittelpraxis als auch in den Krankengymnastikpraxen zur Verfügung. Diese Einrichtungen und Anwendungen stehen dabei nicht nur den Kurgästen, sondern allen offen.

Das *Hallenbad* im Kurhaus ist täglich geöffnet. Die Wassertemperatur beträgt 29° C; an den Warmbadetagen am Di. und Fr. mit 32° C ist das Bad sogar durchgehend von 10.00 bis 21.00 Uhr geöffnet. Ein zusätzliches 7½-Meter-Rundbecken mit einer ständigen Wassertemperatur von 34° C und Unterwassermassagedüsen, wie im großen Becken sowie einer Nackenschwallbrause und Bodensprudlern ergänzen das Angebot. Ebenfalls im Kurhaus befindet sich ein Trinkbrunnen der Heilquelle „Löwensprudel“ mit ganzjährigen Trinkstunden (Heilanzeigen: Erkrankungen des Magens, Darms, der Leber, Galle und der harnabführenden Wege).

Sehenswertes

Schloss Zwesten

Das Schloss wurde 1782 als Herrenhaus in der zurückhaltend-vornehmen Architektur des 18. Jahrhunderts errichtet. Dem Schloss schließt sich ein kleiner Landschaftspark an. Im Nebengebäude befinden sich ein Hotel-Garni und eine Wellnessfarm. Da sich die Anlage in Privatbesitz befindet, ist der Park leider nicht öffentlich zugänglich.

Wehrkirche Niederurff

1085 erstmalig urkundlich erwähnt, bildete sie mit der gegenüberliegenden Burg eine

Links oben: *Klinikum Bad Zwesten;* Fotos rechts: *Einrichtungen im Kurhaus Bad Zwesten: Hallenbad* (oben) *und Trinkbrunnen der Heilquelle „Löwensprudel“* (unten)

Die Wehrkirche in Niederurff

Verteidigungseinheit. Interessant ist die Sonnenuhr an der südöstlichen Ecke des Langhauses sowie die spätmittelalterliche Totenleuchte am Portal. Auch findet sich am Turm der „Waldecker Stern“, der darauf hindeutet, dass Niederurff einige Zeit zum Fürstentum Waldeck gehörte.

Burg Niederurff

Ehemalige Wasserburg und Stammsitz der Herren von Urff. Der „Lange Bau“ wurde im Jahr 1500, das Fachwerkobergeschoss 1672 errichtet. Der ehemalige Burggraben ist trockengefallen. Ein schöner Park schließt sich der Anlage an.

Ruine Löwenstein

Hoch über dem größten Bad Zwestener Ortsteil, Oberurff-Schiffelborn, thronte einst die mächtige Burg Löwenstein, Sitz eines der wichtigsten Adelsgeschlechter Niederhessens. Von der einstmals größten Burg im

„Löwensteiner Grund“ sind heute nur noch der Bergfried, Teile der Kellergewölbe, Teile des Walls und des Burggrabens erhalten. Seit September 2001 ist der Bergfried, von dem man einen herrlichen Blick über den Löwensteiner Grund bis hin zur Schwalmpforte hat, wieder besteigbar.

Jagdschloss Oberurff
Das Schloss wurde 1860 in neubarocker Form erbaut und diente Prinz Philipp von Hanau, einem Sohn des letzten hessischen Kurfürsten, als Jagdschloss.
Heute gehört es dem Christlichen Jugenddorf Werk Deutschland e. V., das dort ein privates Gymnasium und Internat – die Jugenddorf-Christophorusschule Oberurff – betreibt.

Museen

Heimatmuseum
Das direkt neben dem Rathaus gelegene Heimatmuseum ist jeden Do. sowie jeden ersten und dritten So. im Monat von 15.00 bis 16.30 Uhr geöffnet.
Neben vielen Dingen, die von früheren Zeiten aus dem ländlichen Raum erzählen, zeigt das Heimatmuseum eine Ausstellung hessischer Trachtenpuppen. Angeschlossen ist eine Gemäldegalerie des Malers Hans Otto (1900– 1968, Dresden und Zwesten).
Gruppenführungen können mit der Kurverwaltung vereinbart werden. ☎ 05626/773.

Kultur

Kunst erleben
In Nordhessen hat sich als Plattform für Künstler die *„Alte Pfarrei Niederurff“* etabliert. Wechselnde Ausstellungen und begleitende Vorträge locken jährlich zahlreiche Besucher in den Bad Zwestener Ortsteil Niederurff. Doch war dies dem Initiator zu wenig und so entstand unter dem Motto „Natur fühlen und dabei Kunst erleben“ die Idee des „ART G**ART**EN“. Die 2 000 Quadratmeter große Freiluftausstellungsfläche lädt ein zur Muße und zum Verweilen. Durch den Präsentationsort thematisiert der „ART G**ART**EN“ das Spannungsverhältnis: Kunst-Natur, Landschaft und Kunst-Ländlicher Raum.

Der idyllisch gelegene Kurpark am Kurhaus in Bad Zwesten

Natur und Landschaft

Kurparkanlagen
Ein Spaziergang durch den *Kurpark am Kurhaus* mit Fontänenteichen, dem Rosen-, Duft- und Kräutergarten, zu den Hardtwaldkliniken und dem nahegelegenen Wald lohnt sich immer. Von dort haben Sie bei gutem

Zahlreiche Rad- und Wanderwege laden rund um Bad Zwesten zur Erholung ein

Wetter einen herrlichen Blick in die schöne Mittelgebirgslandschaft am Fuße des Kellerwaldes und auf die Schwalmpforte.
Im *„Kurpark am Löwensprudel"* findet man den Ursprung des Kurbetriebes in Bad Zwesten, die „Heilquelle Löwensprudel".
Neben einem alten Baumbestand und einem Fontänenteich mit Treibsandquellen hat man Gelegenheit sich nach einem Kneippgang im Wassertretbecken in der Liegehalle zu entspannen. Von Ostern bis Oktober ist der Brunnentempel der Heilquelle von Mo. bis Sa. in der Zeit von 10.00 bis 10.45 Uhr geöffnet und man kann das gute „Bad Zwestener Heilwasser" direkt an der Quelle probieren.

Freizeitangebote

Rad- und Wanderwege
15 Rundwanderwege mit einer Gesamtlänge von 150 Kilometern sind für Sie markiert. Die Startpunkte mit Übersichtstafeln befinden sich an der Bushaltestelle zwischen den Hardtwaldkliniken sowie am Waldrand beim Campingplatz an der Schwalm.

Feste und Veranstaltungen

Waldgottesdienst (Christi Himmelfahrt)
Parkfest (Pfingstmontag)
Lichterfest (letzter Samstag im Juli)
Teichfest (erstes Augustwochenende)
Reiterfest (August/September)
Weihnachtsmarkt (Dezember)

Battenberg/Eder

(Landkreis Waldeck-Frankenberg)

EINWOHNER: 5 700. STADTTEILE: Battenberg, Dodenau, Laisa, Frohnhausen, Berghofen.
Battenberg, auch „Bergstadt im Walde" genannt, kann auf eine jahrhundertealte geschichtliche Vergangenheit zurückblicken. Bereits ca. 500 v. Chr. erfolgte eine erste Besiedelung des Gebietes. Das Schloss Battenberg – Grafensitz der Herren von Wittgenstein – wird im Jahre 1214 erstmals erwähnt. Seit diesem Zeitpunkt nennen sich die Söhne der Wittgensteiner „Grafen von Battenberg".
Der Ort Battenberg findet erstmals im Jahre 1232 urkundliche Erwähnung; bereits 1234 erscheint er als Stadt. Mit dem Tod des letzten regierenden Grafen im Jahre 1310 starb die Familie Battenberg aus. Ihr Name jedoch wurde im 19. Jahrhundert vom Großherzog von Hessen wieder für Verwandte durch Erlass aktiviert und lebt noch heute im englischen Königshaus als „Mountbatten" weiter.

ⓘ Information

Stadtverwaltung Battenberg (Eder), Hauptstraße 58, 35088 Battenberg (Eder), ☎ 06452/9344-0, 🖷 06452/9344-19, ✉ info@battenberg.de, 💻 www.battenberg-eder.de

☞ Stadtführungen

Informationen und Terminabsprache bei Peter Lein: ☎ 06452/3352.

Sehenswertes

Kellerburg
Von der im Jahre 1238 erstmals genannten und bereits 1463 wieder aufgegebenen Burg ist heute nur noch eine Ruine erhalten geblieben. Zu sehen sind ein restaurierter Bergfried, Reste der Umfassungsmauer und der Wallgraben. Vom 17 Meter hohen Turm hat man eine gute Rundsicht.

Evangelische Kirche
Das Gotteshaus ist ein frühgotischer Hallenbau aus dem 13. Jahrhundert.

Amtshaus
Im 17. Jahrhundert von Landgraf Ludwig VI. erbaut, wurde es später als Sitz des Landrates, als Rentamt und als Forstamt genutzt. Seit 1983 ist es in Privatbesitz.

Alte Burg
Bis 1312 Sitz des Grafengeschlechts der Battenberger. Um 1780 wurden die letzten Häuser der Burg abgebrochen. Lediglich ein Keller und eine hohe Mauer sind heute noch erhalten. Heute befindet sich dort das evangelische Gemeindehaus.

Neuburg
Der 1732 errichtete Bau wurde von Landgraf Ludwig VIII. als Jagdschloss genutzt. Seit 1971 ist er Sitz der Stadtverwaltung.

Hirschsteine
Denkmäler, die auf Veranlassung von Landgraf Ludwig VIII. an den Stellen errichtet wurden, wo ihm ein besonders starker Hirsch vor die Flinte gekommen war. Zu sehen sind die Hirschsteine noch in Elbrighausen und in der „Linderhardt“.

Museen

Stadtmuseum
Die thematischen Schwerpunkte des städtischen Museums liegen zum einen auf den Jagdaufenthalten der Landgrafen von Hessen-Darmstadt, die im 17./18. Jahrhundert durch die Errichtung herrschaftlicher Häuser die Stadt prägten. Zum anderen wird die Geschichte der Namensverwandtschaft zwischen den Vorfahren des englischen Königshauses und Battenbergs dargestellt. Zudem werden die bürgerliche Geschichte und die Stadtgeschichte dokumentiert.
ADRESSE: Stadtmuseum, im Alten Rathaus, Battenberg, ☎ 06452/3872. ÖFFNUNGSZEITEN: Sa. 9.00–12.00 Uhr sowie So. 14.00–17.00 Uhr.

Heimatmuseum Laisa
Das Museum wurde im ehemaligen Rathaus des Battenberger Stadtteils Laisa eingerichtet. Veranschaulicht wird das dörfliche Leben im letzten Viertel des 19. und zu Beginn des 20. Jahrhunderts. Zu sehen ist u. a. eine voll funktionsfähige Backstube mit gemauerten Steinöfen.
ÖFFNUNGSZEITEN: nach telefonischer Absprache mit Frau Wagner, ☎ 06452/3029.

Besucherbergwerk „Burgbergstollen“
Nähere Informationen und die genauen Öffnungszeiten erhalten Sie unter ☎ 06452/934418.

Natur und Landschaft

Wildgehege Dodenau
Damwild, Rot- und Schwarzwild sowie Muffelwild sind dort aus unmittelbarer Nähe zu beobachten. Das Wildgehege im Stadtteil Dodenau ist ganzjährig geöffnet.

Aussichtspunkte
Bei einem Spaziergang rund um den *Burgberg* und zum Aussichtspunkt *Hügelchen* eröffnen sich dem Betrachter immer wieder schöne Aus- und Rundblicke.

Ederaue/Reidgraben/
Elbrighäuser Grund
Die weite, zum Teil unter Naturschutz stehende Ederaue sowie die Seitentäler Reidgraben und Elbrighäuser Grund sind mit ihrem großen Artenreichtum an Tieren und Pflanzen zu jeder Jahreszeit ein lohnendes Ausflugsziel.

Freizeit

Rad- und Wanderwege
Ein 130 Kilometer umfassendes Netz von markierten Wanderwegen in den waldreichen Höhen des Rothaargebirges, die teilweise durch Naturschutzgebiete führen, bietet Wanderern wie Radfahrern viel Abwechslung.

Schwimmbäder
ADRESSE: Hallen- und Freibad Battenberg, Senochesstraße 2, Battenberg, ☎ 06452/3366. ÖFFNUNGSZEITEN HALLENBAD: Mo. geschlossen, Di. bis Fr. von 8.00–12.00 und 15.00–21.00 Uhr, Sa. 9.00–18.00 Uhr sowie So. 9.00–17.00 Uhr. ÖFFNUNGSZEITEN FREIBAD: Mo. bis So. 10.00–19.30 Uhr.
ADRESSE: Freibad Dodenau, Elsoffer Straße 18, Battenberg-Dodenau, ☎ 06452/6414.
ÖFFNUNGSZEITEN: In den Sommermonaten Mo.–Do. 10.00–19.30 Uhr.

Drachenfliegen
Auf dem Drachenflugplatz am Eisenberg beim Stadtteil Dodenau bilden die dahinschwebenden Drachenflieger und Paraglider ein farbenfrohes und lebendiges Bild am Himmel. Wer es selbst einmal probieren möchte, wende sich für nähere Informationen an den Drachenfliegerclub Ederbergland e. V., Ernst Wetter, Burgbergstraße 14, Battenberg, ☎ 06452/8484.

Motor-/Segelfliegen
Verkehrslandeplatz Allendorf (Eder), ☎ 06552/1227 oder Luftsportverein Ederbergland e. V., Frank Schmitt, ☎ 06452/20173.

Kutsch-/Planwagenfahrten
Interessenten können sich an das *Hotel Ederblick* in Battenberg-Dodenau, ☎ 06452/6462 und an die *Pension Arnold* in Battenberg-Dodenau, ☎ 06452/6612 wenden.

Ponyreiten
Auskunft erteilt das Hotel Ederblick, Battenberg-Dodenau, ☎ 06452/6462.

Wintersport
Im Winter laden – Schnee vorausgesetzt – zwei gespurte Loipen von acht bzw. vier Kilometern Länge zum Langlauf ein. Start und Ziel ist der Parkplatz des Wildgeheges im Stadtteil Dodenau. Aktueller Schneebericht: Städtisches Verkehrsamt Battenberg.

Feste und Veranstaltungen

Maifest Dodenau (30. April bis 2. Mai)
Heimatfest Battenberg (Juni)
Weihnachtsmarkt Battenberg (Dezember)
Weihnachtsmarkt Laisa (Dezember)

Baunatal

(Landkreis Kassel)

EINWOHNER: 28 500. STADTTEILE: Altenbauna, Altenritte, Kirchbauna, Großenritte, Hertingshausen, Rengershausen, Guntershausen. Baunatal erstmals als „Rittahe" durch Bischof Lullus im Jahre 775 urkundlich erwähnt, ist die größte Stadt im Landkreis Kassel und eine Stadtgründung unserer Zeit, entstanden durch den Zusammenschluss der ehemals selbstständigen heutigen Stadtteile als Folge der Ansiedlung eines Werkes der Volkswagen AG im Jahre 1957. Die einzelnen Stadtteile können auf eine jahrhundertealte Geschichte zurückblicken. Funde aus mehreren Siedlungsperioden, die bei Erdarbeiten gemacht wurden, verweisen auf eine Besiedlung des fruchtbaren Baunatales in vor- und frühgeschichtlicher Zeit.

ⓘ Information

Verkehrsverein Baunatal, Servicezentrum, Marktplatz 14, 34225 Baunatal, 0561/4992-210, 0561/4992-180, kultur@stadt-baunatal.de, www.baunatal.de

☞ Stadtführungen

Stadtführungen (Dauer 2 fi Std.) werden auf Anfrage vom Verkehrsverein vermittelt.

Sehenswertes

Knallhütte

Das historische Gebäude aus dem Jahr 1752 im Stadtteil Rengershausen ist die Geburtsstätte der Märchenerzählerin Dorothea Viehmann.
Die Knallhütte, Firmensitz der Hütt-Brauerei, ist mittlerweile in der achten Generation im Familienbesitz.

Kirchen

Einen Besuch wert sind die *Wehrkirche im Stadtteil Kirchbauna* (1773) und die *Wehrkirche im Stadtteil Großenritte*. In Großenritte können Sie auch noch auf einen Peststein stoßen.

Hünstein

Der Hünstein im Stadtteil Großenritte, ein etwa zwei Meter hoher Menhir aus Quarzit, ist das älteste Kulturdenkmal Baunatals.

Museen

Stadtmuseum

Seit Mai 1999 ist das in einem 1825 erbauten ehemaligen Wohnhaus mit Wirtschaftsgebäuden eingerichtete Stadtmuseum der Öffentlichkeit zugänglich und gibt den Besuchern Einblicke in die Geschichte Baunatals im 20. Jahrhundert. Die Schwerpunkte der Ausstellung liegen dabei auf der Industrialisierung der Region und die damit eng verbundene Entwicklung der Stadt Baunatal.
ADRESSE: Stadtmuseum, Mühlenweg 4, Baunatal-Altenritte. ÖFFNUNGSZEITEN: So. 14.00–16.00 Uhr und nach Vereinbarung. Kontakt über das Stadtarchiv, ☎ 0561/4992-137.

Museum „Hessenstube“
Heimatmuseum im Stadtteil Altenritte, Ritterstraße 4, Baunatal-Altenritte. Kontakt über das Stadtarchiv, ☎ 0561/4992-137.

Kultur

Skulpturenpfad
Im 50 Hektar großen Stadtpark stößt der interessierte Besucher entlang der Bauna auf Skulpturen der Moderne, die größtenteils während eines Bildhauersymposiums im Jahre 1996 entstanden sind. Ein Wegweiser führt Sie durch den Park und gibt weitere Erläuterungen.

Baunataler Sommer
Alljährliche Veranstaltungsreihe mit Musik, Kleinkunst, Kabarett etc. Ausführliche Programminformationen erhalten Sie beim Verkehrsverein.

Natur und Landschaft

Waldschadenspfad
Der fünf Kilometer lange Rundweg am Baunsberg informiert über die aktuellen Probleme der Forst- und Waldwirtschaft.

Freizeitangebote

Schwimmbad Aqua-Park
ADRESSE: Aqua-Park, Altenritter Straße, Baunatal, ☎ 0561/49993-0. ÖFFNUNGSZEITEN vom 1. September bis 31. Mai: Mo. von 12.00–22.00 Uhr, Di. bis Fr. von 8.00–22.00 Uhr sowie Sa., Sonn- und Feiertage von 8.00–18.00 Uhr. ÖFFNUNGSZEITEN vom 1. Juni bis 31. August: Mo. von 12.00–20.00 Uhr sowie Di. bis So. und Feiertage von 8.00–20.00 Uhr.

Stadtpark
Der 50 Hektar große Stadtpark im Stadtteil Altenbauna ist Zentrum unterschiedlichster Sport- und Freizeitaktivitäten. Hierzu zählen Joggen, Tennisspielen, eine *Rollschuhbahn*, *Inline-Skating*, Fußball, Freiluftschach u. v. m. Gegen geringe Gebühr wird auch *Minigolf* angeboten.

Rad- und Wanderwege
Der insgesamt 380 Kilometer lange Märchenlandweg „Wandern und Radwandern im Märchenland der Brüder Grimm“ führt u. a. durch die waldreichen Gebiete der Stadtteile Rengershauen, Altenritte und Altenbauna.

Leiselsee
Der See im Naherholungsgebiet Leiselpark (Altenbauna) lädt zum Entspannen und Erholen ein.

Feste und Veranstaltungen

*Stadtfest Baunatal (*Mai)
Dorothea Viehmann Wandertag und Hütt-Brauereifest (Fronleichnam)
Baunataler Sommer (August)
Nikolausmarkt (Dezember)

Bebra

(Landkreis Hersfeld-Rotenburg)

EINWOHNER: 15 799. STADTTEILE: Asmushausen, Bebra, Blankenheim, Braunhausen, Breitenbach, Gilfershausen, Iba, Imshausen, Lüdersdorf, Rautenhausen, Solz, Weiterode.
Mit Bebra verbindet sich meist der Gedanke an den berühmten Eisenbahnknotenpunkt im Herzen Nordhessens. Die Eisenbahn und die Stadt sind seit 150 Jahren fest miteinander

verbunden. Doch das war nicht immer so. Bebra findet erstmalig in einem Güterverzeichnis des Klosters Hersfeld Erwähnung. Aus der Eintragung lässt sich ableiten, dass der Ort bereits vor der Gründung des Klosters, also vor 769, existiert hat. Bis weit in das 19. Jahrhundert bildeten die Landwirtschaft sowie der Flachsanbau und die Leineweberei die Lebensgrundlage der Bevölkerung. Erst mit dem Bau der Eisenbahnstrecke setzte ein wirtschaftlicher Aufschwung ein.

ⓘ Information

Touristik Service, Rathausmarkt 1, 36179 Bebra, ☎ 06622/501-138 und 139, 🖷 06622/501160, ✉ andreas.noelke@bebra.krgz-kassel.de, 💻 www.bebra.de

☞ Stadtführungen

Auskunft erteilt der Touristik-Service Bebra.

Sehenswertes

Wasserturm

Das technische Denkmal auf dem „Stolzer Berg“ überhalb des Bahnhofs ist heute das Wahrzeichen der Stadt Bebra. 1985 erwarb die Stadt das Bauwerk mit Kugelbehälter samt der umliegenden Parzelle an der Oststraße für den symbolischen Betrag von 1,– DM von der Deutschen Bundesbahn, die es im Jahr zuvor stillgelegt hatte. Der Wasserturm hatte zunehmend an Bedeutung verloren, nachdem die Lokomotiven auf Dieselkraftstoff und Elektrizität umgestellt worden waren. Im Innern des Turmes kann sich der Besucher anhand von Erläuterungstafeln ein Bild von dem enormen Aufwand der Wasserversorgung der Dampflokmaschinen und Feuerlöscheinrichtungen in der Vergangenheit machen. Im Wasserturm befindet sich auch das Eisenbahnmuseum.

Das Wahrzeichen der Stadt Bebra – der Wasserturm

Friedrichshütte

1732–1735 ließ Landgraf Friedrich – durch Heirat zugleich schwedischer König – die Friedrichshütte als Kupferschmelzanlage bauen. 1886 erfolgte die Stilllegung des Betriebs, mehrere Versuche zur Wiederaufnahme scheiterten. Schließlich verfiel die Anlage. Im Jahr 1919 erwarb der Müllermeister Ludwig Trieselmann die Friedrichshütte. Entgegen der Verkaufsauflage, die Gebäude abzureißen, gelang es ihm, die Reste zu erhalten und wiederherzustellen. 1920 gründete er hier das *Ausflugslokal* Friedrichshütte,

Ausflugslokal „Friedrichshütte" in Bebra-Iba

das bis heute zu den beliebtesten Ausflugslokalen der Region zählt.

Ehemaliges Kloster Blankenheim
Die eigentliche Gründung des Klosters erfolgte 1190 in der Abtei Hersfeld. Erst 1229 wurde es nach Blankenheim verlegt. Von der Klosterkirche, einer einschiffigen Basilika über einem kreuzförmigen Grundriss, ist der östliche Teil erhalten geblieben. Das Querhaus ist mit Rundbogenfenstern, der Chor mit spitzbogigen Fenstern versehen. Die Säulen des nördlichen Querhausportals sind mit frühgotischen Kapitellen verziert.

Pfarrkirche Weiterode
Der Chorturm der frühgotischen Kirche wurde im 15. Jahrhundert verändert. Der Helm stammt aus dem Jahre 1827. Das Schiff wurde mehrfach umgebaut und erhielt 1719 dreiseitige Emporen und Tonnenwölbung. Die Ausmalung entstand zwischen 1719 und 1739.

Museen

Spielzeugmuseum
Das Spielzeugmuseum in der Trottenburg in Solz verfügt über einige einzigartige Ausstellungsstücke. Schwerpunkt sind traditionelle Holzspielzeuge aus dem Erzgebirge, Thüringen, Ostpreußen sowie aus Berchtesgarden, Viechtau und Gröden. ADRESSE: Burgring, Bebra-Solz, ☎ 06627/776. ÖFFNUNGSZEITEN: Sa. 15.00–17.00 Uhr, So. 10.00–12.00 und 15.00–17.00 Uhr sowie nach telefonischer Vereinbarung.

Eisenbahnmuseum im Wasserturm
Im Wasserturm Bebra sind verschiedene Exponate der Eisenbahngeschichte des Bebraer Raumes ausgestellt. So können u. a. eine komplette Fahrkartenausgabe, Telefonanlagen, ein Fahrdienstleiterplatz, ein Streckenblock mit mechanischer und elektrischer Verriegelung sowie Exponate aus der Fernmelde- und Signaltechnik besichtigt werden. Informiert wird zudem über den ICE und die Schnellbahnstrecke.
Das Museum ist von April bis Oktober jeden ersten So. im Monat sowie am 3. Oktober von 10.00–17.00 Uhr geöffnet. Zur gleichen Zeit fährt auch die *Museumseisenbahn* im Viertelstundentakt. Bei Dauerregen ist kein Fahrbetrieb möglich. Nikolausfahrten am 6. Dezember von 14.30–17.30 Uhr. Für Gruppen ab 10 Personen öffnet das Museum und/oder fährt der „Wachturm-Express" nach Voranmeldung auch an allen anderen Tagen. Ansprechpartner ist der Touristik-Service Bebra oder der Verein „Eisenbahnfreunde Bebra e. V.", Postfach 1221, 36172 Bebra.

Kultur

Kabarettveranstaltungen im Alten Rathaus

Programminformation: „kulturzug bebra e. V.“, Friedrichsrodaer Straße 10 a, Bebra, ☎ 06622/6912, ✉ kulturzug@gmx.de, 💻 www. kulturzug.de

Stadtgalerie Bebra – Kunst in der Stadt

Seit 1995 entsteht jährlich ein Objekt, das in der Innenstadt Bebras eine Gebäudefläche oder einen Platz hervorhebt. Ziel ist es im Laufe der Jahre eine Sammlung zeitgenössischer Werke zu erhalten, die den Charakter einer Galerie im Freien hat und jederzeit für alle zugänglich ist. Nach Fertigstellung wird das jeweilige Werk der Stadt Bebra übereignet. Idee und Organisation des Projekts liegen in den Händen des Vereins „kulturzug bebra e. V.“ (Adresse s. o.).

Natur und Landschaft

Kräutergarten

Der vom Heimatverein Weiterode e. V. im alten Klosterstil angelegte Kräutergarten im Burgkopfweg/Stadtteil Weiterode umfasst Gewürzpflanzen, Heilpflanzen, Wildkräuter, Schmuckpflanzen sowie ein Kalkbiotop. Die Mitte des Gartens schmückt ein Zierbrunnen. Für Gruppen ab 10 Personen besteht die Möglichkeit zu einer Führung mit anschließendem „Kräuterschmaus“ in der Schutzhütte der Erholungsanlage Burgrainplatz. Der angrenzende *Waldlehrpfad* schlängelt sich auf vier Kilometern Länge durch den Seulingswald und informiert über die heimische Flora und Fauna. Nähere Informationen sind über den Touristik-Service Bebra zu beziehen.

Natur-Erlebnis-Weg-Iba

Entlang des elf Kilometer langen Rundweges findet man nicht nur Interessantes und Kurioses über Tiere und Pflanzen, sondern auch heimatkundliche Informationen. Um diese Entdeckungen zu erleichtern findet man in den hölzernen Naturbüchern Beobachtungstipps, die im jahreszeitlichen Rhythmus ausgewechselt werden. Geführte Wanderungen ab acht Personen können mit Carmen Hobert, ☎ 06623/917714 vereinbart werden. Ausführliche Informationen erhalten Sie auch beim Touristik-Service Bebra oder im Internet unter 💻 www.naturerlebnisweg.de

Das Naherholungsgebiet „Breitenbacher Seen“

Freizeitangebote

Naherholungsgebiet „Breitenbacher Seen“

Zwischen dem Stadtteil Breitenbach und der Kernstadt in der Fuldaaue gelegen, bietet die Naherholungsanlage dem Besucher Möglichkeiten zum *Baden*, *Segeln*, *Surfen* und *Angeln*.

Schwimmbäder
Im Sommer laden die beiden Freibäder der Stadt ihre Gäste zum Baden und Planschen ein. Das *Freibad Bebra* in der Annastraße 17, ☎ 06622/44173, ist täglich von 9.00–20.00 Uhr geöffnet. Das *Freibad* im Stadtteil *Asmushausen* öffnet seine Pforten von 13.00–19.00 Uhr für seine Besucher.

Reiten
Reit- und Fahrverein Waldhessen-Bebra, E. Kindler, Oststraße 15, Bebra, *Reitverein Bebra*, H. Kopschütz, Am Bünberg, Bebra, *Reitverein Braunhausen-Solz*, F. Polak, Kupferstraße, 36214 Nentershausen.

Kutsch-/Planwagenfahrten
Eine Kutschfahrt durch Wald und Flur? – Der Touristik-Service Bebra informiert Sie gern über die Möglichkeiten.

Floßfahrten
Die reizvolle Fuldalandschaft lässt sich auch bei einer romantischen Floßfahrt entdecken. Von April bis Oktober gleitet das 50 Personen fassende Floß gemächlich zwischen Bebra und Rotenburg a. d. Fulda dahin. Interessenten wenden sich an den Touristik-Service Bebra.

Rad- und Wanderwege
Ein Netz markierter Rad-, Wander- und Spazierwege ermöglicht reizvolle Touren für den geübten Wanderer und Ausflüge für die ganze Familie. Wer mit dem Rad auf den Radwegen R 1, R 5 und R 15 unterwegs ist, für den lohnt sich ein Abstecher auf die „Natur erleben – Flußauen-/Bachauenroute“, die Sie zu den ausgewiesenen Naturschutzgebieten der Umgebung (s. o. Natur und Landschaft) führt. Der Touristik-Service hält Kartenmaterial und Tourenvorschläge für Sie bereit.

Berkatal

(Werra-Meißner-Kreis)

EINWOHNER: 1 842. ORTSTEILE: Frankenhain, Frankershausen, Hitzerode.
Die Gemeinde liegt am nördlichen Rand des Altkreises Eschwege im Quellgebiet der Berka inmitten des hügeligen Meißnervorlandes. Ältester Ortsteil der Gemeinde und Sitz der Gemeindeverwaltung ist Frankershausen, dessen urkundliche Ersterwähnung aus dem Jahr 876 datiert. Ausschlaggebend für die wirtschaftliche Entwicklung der Orte am Meißner war die Nähe der Saline in Sooden. Denn nachdem Landgraf Philipp von Hessen diese im Jahre 1541 gepachtet und das Salzmonopol in Hessen eingeführt hatte, wurde der Fuhrhandel zu einem einträglichen Erwerbszweig für die Bewohner des Meißnervorlandes. Noch heute zeugen die gut erhaltenen Hofanlagen aus dem 18. Jahrhundert von dem Wohlstand der Salz- und Weinhändler.

ⓘ Information

Tourist-Information Berkatal und Heimat- und Verkehrsverein Berkatal e. V., Berkastraße 54, 37297 Berkatal-Frankershausen, ☎ 05657/9891-13, 🖷 05657/9891-21, ✉ tourismus@berkatal.de, 💻 www.werra-meissner.de/berkatal/

Museen

Heimatmuseum
Die Sammlung umfasst Gegenstände aus den Bereichen Landwirtschaft, Haushalt, Stoff-Webereien und Meißner-Bergbau sowie Schlösser, Türbeschläge und Feierabendziegel. Besichtigung nach Vereinbarung mit Frau Erika Mildner, ☎ 05657/7178.

ADRESSE: Dorfmuseum in der Gemeindeverwaltung Frankershausen, Berkastraße 54, Berkatal-Frankershausen.

Kultur

Hängnichrum
Kleinkunst, Kabarett, Stand up Comedy, Theater, Musik und Konzerte. Soweit nicht anders angegeben, finden die Veranstaltungen in der Kneipe Öx in Berkatal-Frankershausen, Neue Straße 9, statt. Karten- und Programmtelefon ☎ 05657/1098.

Natur und Landschaft

Bilstein mit Aussichtsplattform
Der zur Berka hin senkrecht abfallende Felsen des Bilsteins liegt 284 Meter über N. N. und ca. 100 Meter über der Talsohle. Seit 1960 ist der Bilstein mit seinem charakteristischen Hainbuchen- und Eichenwald sowie dem Eichen-Elsbeerenwald am Südhang Naturschutzgebiet, das besonderen Pflegemaßnahmen unterliegt. Von der einstigen Burg Bilstein sind nur noch wenige Mauerreste erhalten geblieben. Von einer Plattform des ehemaligen Burggeländes aus kann man einen schönen Ausblick über das Tal der Berka bis hin zum Meißner genießen.

Frau-Holle-Teich
Der in einer Senke auf dem Meißner liegende Teich ist Ausgangspunkt so mancher Sage über Frau Holle. In seinen flachen Uferzonen wächst Rohrkolben Typhia latifolia, der die Wasserfläche immer mehr eingrenzt. Versteckt am sumpfigen Waldrand findet man das schneidige Wollgras Eriophorum vaginatum. Den Flurnamen „Frau-Holle-Teich" gibt es nachweislich schon seit mindestens 300 Jahren.

Hie- und Kripplöcher
Das durch größere und kleinere, flache oder tiefe Einstürze geformte Karstgebiet ist als Naturschutzgebiet ausgewiesen. In den sensiblen Biotopen einer Karstlandschaft mit Erdfällen findet sich zwischen den interessanten Dolomit- und Zechsteinformationen eine einmalige Pflanzenwelt. Seltene Orchideen und Enziane, viele Wildkräuter und Heilpflanzen wachsen auf den herbschönen Wachholdertriften der Magerrasenlandschaft und werden im Bioverbundsystem mit einem Nutzungs- und Pflegekonzept durch Schafbeweidung erhalten. Von Frankershausen aus ist es über Feldwege gut zu erreichen.
Unter dem Motto „Erst wandern, dann tafeln" werden geführte Wanderungen für Gruppen bis 30 Personen angeboten. Sachkundiger Führer ist Forstoberinspektor Marco Lenaduzzi, der auch die Anmeldungen entgegennimmt, ☎ 05657/913418.

Altes Römerlager
Das sogenannte Römerlager, ein von einem Graben umgegebenes Wallviereck mit abgerundeten Ecken, liegt am Nordhang des Ihringsberges, unweit des 243 Meter hohen Hirschenberges. Es handelt sich hierbei um die Reste einer frühmittelalterlichen germanischen Anlage. Etwa 400 Meter südlich des Römerlagers liegen entlang eines alten Salzweges fünf bis sieben Hünengräber.

Naturkundliche Führungen
Vereinbarung unter ☎ 05652/3687, Walter Hoffesommer.

Freizeitangebote

Rad- und Wanderwege
Die bei der Tourist-Information Berkatal erhältliche Broschüre „Radtouren im Werra-

Meißner-Land" informiert über die ausgeschilderten Radwege der Umgebung. Zudem ist eine Wanderwege-Karte mit Rundwanderwegen für die Gemeinde Berkatal erhältlich.

Reiten
Das Welsh-Pony-Gestüt Kossack im Ortsteil Hitzerode bietet Reitstunden für Kinder ab 3 Jahren an. Informationen erhalten Sie unter ☎ 05652/6272.

Feste und Veranstaltungen

Kirmes Hitzerode (erstes Juniwochenende)
Kirmes Frankershausen (zweites Septemberwochenende)

Borken

(Schwalm-Eder-Kreis)

EINWOHNER: 14 072. STADTTEILE: Arnsbach, Borken, Dillich, Freudenthal, Gombeth, Großenenglis, Haarhausen, Kerstenhausen, Kleinenglis, Lendorf, Nassenerfurth, Pfaffenhausen, Singlis, Stolzenbach, Trockenerfurth.
Die erste Erwähnung Borkens findet sich in einer Urkunde des ehemaligen Klosters Hersfeld, die auf den 5. Januar 755 datiert ist. Grabungsfunde lassen jedoch darauf schließen, dass der Ort um einiges älter ist. Eine günstige Lage hob den Ort unter den Siedlungen und Dörfern des Umlandes hervor. Bereits Anfang des 14. Jahrhunderts übte Borken als Sitz von Amt und Gericht eine Mittelpunktfunktion für das Umland aus. Dennoch blieb die Gemeinde ein Ackerbürgerstädtchen. Erst die Erschließung und Verstromung der örtlichen Braunkohlevorkommen in Tief- und Tagebau Anfang der zwanziger Jahre des letzten Jahrhunderts bildete den Ausgangspunkt einer anhaltenden industriellen Entwicklung, eine Ära, die mit dem tragischen Grubenunglück am 1. Juni 1988 und der Schließung von Bergbau- und Kraftwerk im März 1991 endete.

ⓘ Information

Tourist-Info, Bahnhofstraße 33, 34582 Borken, ☎ 05682/801-160, 🖷 05682/801-165, ☎ touristinfo@borken-hessen.de, 💻 www.borken-hessen.de

☞ Stadtführungen

Die Tourist-Info bietet zahlreiche Pauschalangebote inklusive eines geführten Museumsbesuches an.

Sehenswertes

Wasserturm
Das Wahrzeichen Borkens versinnbildlicht die Entwicklung der Großgemeinde. Nach Absprache mit der Tourist-Info kann man auch einen Blick von oben über Borken und die Region genießen. Am Fuße des Wasserturms befindet sich das Turmrestaurant.
ADRESSE: Wasserturm, Kellerwaldstraße 4, Borken.

Rathaus
Das ehemalige Gutshaus ist Sitz der Verwaltung und Stätte kultureller Veranstaltungen. Regelmäßig finden hier Ausstellungen und Konzerte statt.
ADRESSE: Stadtverwaltung Borken, Am Rathaus 7, Borken, ☎ 05682/808-0.

Wasserburg Nassenerfurth
Die bereits im 14. Jahrhundert erwähnte Burg steht für die Jahrhunderte überdauernde

Wehrtätigkeit der Patronatsherren. Bis in unsere Zeit bewohnte die seit 1598 dort ansässige Familie von Baumbach die Wasserburg in Borken-Nassenerfurth.

Schloss Dillich
Das Schloss, dessen Urspünge bis in das Jahr 1335 zurückreichen, befindet sich in Privatbesitz.
ADRESSE: Schloss Dillich, Erfurter Straße 7, Borken-Dillich

Museen

Bergbaumuseum
Im ehemaligen Amtsgericht, dem ältesten Gebäude Borkens untergebracht, dokumentiert das Museum 400 Jahre Geschichte des ältesten deutschen Braunkohlereviers. In eindrucksvoller Weise werden die Entwicklung des Reviers, der Bergbautechniken, der Verwendung der Braunkohle als Rohstoff und die soziale Situation der Bergleute dargestellt.
So können die Besucher im Rahmen einer Führung mit erfahrenen Bergleuten im *Besucherstollen in der Altstadt* Eindrücke von der schweren und gefahrvollen Arbeit der Bergleute unter Tage sammeln. Im *Freilichtbereich* wird ab dem Sommer 2003 auf einer Fläche von 30 000 Quadratmetern die Tagebausituation im Braunkohlebergbau Nordhessens sowie die Verstromung im Braunkohlekraftwerk Borken und die Rekultivierung dargestellt. Das in der ehemaligen Schule im Stadtteil Singlis untergebrachte *Bergbauarchiv* steht für die Forschung und wissenschaftliche Arbeiten zur Verfügung. Die *Museumsstraße* bildet mit ihren sieben Skulpturen und drei technischen Denkmälern die Verbindungsachse zwischen dem Bergbaumuseum in der Altstadt, dem Freilichtbereich und dem Restkraftwerk. Der

Bis 1991 spielte der Bergbau eine wichtige Rolle in Borken

Braunkohle-Rundweg verbindet die zwanzig ehemaligen Betriebe des Borkener Reviers mit dem Restkraftwerk und fasst diese in fünfzehn Stationen zusammen. Die *Gedenkstätte* an der Stelle der ehemaligen Tagesanlagen im Stadtteil Stolzenbach erinnert an alle Toten, die bei der Arbeit im Borkener Braunkohlebergbau umgekommen sind.
ADRESSE und Information: Bergbaumuseum, im Kulturzentrum „Altes Amtsgericht", Am Amtsgericht 2, Borken, ☎ 05682/808-194, 🖷 05682/808-165. ÖFFNUNGSZEITEN: Di., Do. 10.00–12.00 Uhr sowie Di. bis So. 14.00– 17.00 Uhr.

Kultur

„Altes Kraftwerk"
Das unter Denkmalschutz stehende Restkraftwerk ging in Privatbesitz über. Es dient

400 Jahre Bergbaugeschichte, dokumentiert im Bergbaumuseum

als Ort für Großveranstaltungen. Die gestaltende Kunst einschließlich Ausstellungen und Galerien hat bereits Fuß gefasst. An jedem ersten und dritten Sonntag im Monat wird ein Großflohmarkt veranstaltet. Ein Sportmuseum befindet sich im Aufbau. Außerdem befinden sich in dem Gebäudekomplex drei Diskotheken.

ADRESSE: Altes Kraftwerk, Altes Kraftwerk1, Borken, ☎ 05682/71200.

Natur und Landschaft

Naturschutzgebiet „Borkener See"

Der 139 Hektar große „Borkener See" ist Kernstück eines rund 350 Hektar großen Naturschutzgebietes von überregionaler Bedeutung. Das Wasser, das sich im ehemaligen Tagebau „Altenburg IV" gesammelt hat, ist ein besonderes Nass. Fast ohne Nährstoffe, leicht basisch getönt und kristallklar, quillt es aus dem ehemals geschundenen Untergrund. An den Ufern und in den Tiefen des Sees gelangt man zurück zur Ursprünglichkeit mitteleuropäischer Seenlandschaften, in eine Zeit, in der Mensch und Evolution die Gewässer und ihre Vegetation noch nicht ge- und verformt hatten. Die Tourist-Info Borken bietet in Zusammenarbeit mit dem Forstamt geführte Wanderungen an.

Freizeitangebote

Naturbadesee „Stockelache"

Auf dem Gelände des zwischen Altenburg und Kuhberg mitten in der Schwalmpforte gelegenen Naturbadesees bieten Sandstrand, Badeinseln, Nichtschwimmerbereich, 50-Meter-Wasserrutsche, Fontänen, vier Beach-Volleyball-Felder, *Tretbootverleih*, Abenteuerspielplatz, Grillplätze und eine riesige gepflegte Liegewiese sonnenhungrigen und sportlichen Gästen viel Abwechslung.

Borkener See

Naherholung rund um Borken

Und wenn im Winter Frost die Temperaturen sinken lässt, wird auf der gefrorenen Fläche bis tief in die Abendstunden *Schlittschuh gelaufen.*
ADRESSE: Eigenbetrieb „Borkener Seeland", Am Rathaus 7, Borken, ☎ 05682/808-100 oder -808-200. Öffnungszeiten Badesaison: 1. Mai bis 30. September täglich 9.00–19.00 Uhr.

„Singliser See"
Aufgrund optimaler Windverhältnisse hat sich der „Singliser See" einen Namen als *Surfparadies* weit über die Grenzen der Region hinaus gemacht. Die optimale Lage und die vorherrschenden konstanten Windverhältnisse sorgen dafür, dass von Frühjahr bis Herbst ständig die bunten Segel auf dem See zu sehen sind. Ein *Rundweg*, der vorbei an der Pflanzen- und Tierwelt in den Flachwasserzonen am nördlichen Ufer verläuft, gewährt Spaziergängern, Wanderern und Radfahrern einen Einblick in das Schutzgebiet der Schwalmauen. Am südlichen Ufer des Sees hat das ehemalige *Küstenwachboot „KW 18"* der Bundesmarine seinen endgültigen Liegeplatz gefunden und dient als Vereinsheim. Nach Anmeldung ist eine Besichtigung jederzeit möglich.

Schwimmbad
ADRESSE: *Hallenbad*, Westrandstraße 40, Borken, ☎ 05682/2512. ÖFFNUNGSZEITEN: Di. bis Do. 7.30–21.00 Uhr, Sa. 9.00–18.00 Uhr sowie So. 9.00–13.00 Uhr, Mo. geschlossen.

Feste und Veranstaltungen

Ostermarkt (März)
Altstadt- und Bergmannfest (zweites Juniwochenende)
Stadtparkfest (zweites Juniwochenende)
Heimatfest (zweites Septemberwochenende)
Kunsthandwerkermarkt (November)

Calden

(Landkreis Kassel)

EINWOHNER: 7 953. ORTSTEILE: Calden, Westuffeln, Meimbressen, Obermeiser, Fürstenwald, Ehrsten.
Das Dorf Calden wird erstmals urkundlich im Schenkungsregister des Klosters Helmarshausen erwähnt (1107–1125). Das erst vor wenigen Jahren entdeckte „Erdwerk" in der Gemarkung Calden lässt jedoch auf eine Besiedlung bereits im 3. Jahrtausend v. Chr. schließen. Die Gemeinde Calden in ihrer heutigen Gestalt mit ihren sechs Ortsteilen entstand im Rahmen der Gebietsreform 1972.

ⓘ Information

Fremdenverkehrsamt, Holländische Straße 35, 34379 Calden, ☎ 05674/702-0, 🖷 05674/ 702-36, ✉ gemeinde-calden@kgrz-kassel. de, 💻 www.calden.de

Sehenswertes

Schloss Wilhelmsthal

Schloss Wilhelmsthal, eines der schönsten Rokokoschlösser Deutschlands, liegt etwa zwei Kilometer südlich der Ortschaft inmitten eines 36 Hektar großen Parks. Noch bevor im Jahre 1750 mit dem Bau des Schlosses begonnen wurde, ließ Landgraf Wilhelm VIII. auf dem Gelände eines ehemaligen Gutshofes einen streng geometrischen Rokokogarten mit Wasserkünsten anlegen. Kanal und Grotte mit vergoldeten Figuren sind die wiederhergestellten Überreste. Den Entwurf für den später folgenden Schlossbau lieferte François Cuvilliés. Der schlicht gehaltenen Außenfront steht dabei der überschwängliche Formenreichtum des Innern gegenüber. Der Rokokogarten wurde im Jahre 1880 in einen englischen Landschaftsgarten umgestaltet, in dem nun in den Sommermonaten Wasserspiele zu besichtigen sind.

ADRESSE: Schlossverwaltung Wilhelmsthal, 34379 Calden, ☎ 05674/6898. ÖFFNUNGSZEITEN: März bis Oktober Di. bis So. 10.00–16.00 Uhr, November bis Februar Di. bis So. 10.00–15.00 Uhr, montags geschlossen. Führungen werden angeboten.

Jüdischer Friedhof Meimbressen

Von der Mitte des 14. Jahrhunderts an bis zu den Zeiten des Zweiten Weltkrieges war der Caldener Ortsteil Meimbressen ununterbrochen Heimat für Bürger jüdischen Glaubens. Der zeitweise überregional genutzte jüdische Friedhof ist heute ein Ort ständiger Erinnerung und Mahnung an die Verbrechen des Zweiten Weltkrieges.

Predigerhäuschen Westuffeln

Eine Rarität findet sich auf dem Friedhof des Caldener Ortsteils Westuffeln. Die offene Aussegnungshalle mit dem separat stehenden Predigerhäuschen (1694) ist eine der ganz wenigen erhaltenen Anlagen dieser Art.

Sternwarte Calden

Die Sternwarte Calden wird vom Astronomischen Arbeitskreis Kassel betrieben und steht allen Mitgliedern nach entsprechender Einweisung zu eigenen Beobachtungen zur Verfügung. Darüber hinaus finden jeden Freitag bei klarem Himmel öffentliche Führungen statt. Der Beginn ist im Winterhalbjahr um 20.30 Uhr, im Sommerhalbjahr um 21.30 Uhr. Sie können unter ☎ 05674/7276 erfahren, ob die Sternwarte besetzt ist.

Gruppen- und Schulklassenführungen nach Anmeldung bei K.-P. Haupt unter ☎ oder 0561/311116.

Weitere Infos im Internet unter 💻 www.astronomie-kassel.de/calden.htm.

Flughafen Calden

Flugzeug- und Flugsportbegeisterte sind hier an der richtigen Adresse, denn größere und kleinere Fluggeräte sind laufend zu bestaunen.

Flughafenführungen sind nach Terminabsprache möglich. Bei schönem Wetter besteht zudem die Möglichkeit, an einem Rundflug teilzunehmen.

ADRESSE: Flugplatz 1, Calden, ☎ 05674/ 9977-0, 🖷 05674/9977-41, 💻 www.flughafen-kassel.de

Kultur

Konzertscheune Calden

Die historische Scheune gilt heute als kultureller Geheimtipp unter den Kennern. Neben Events, Konzerten und Veranstaltungen jeglicher Art haben sich seit Jahren das Caldener Oster-Varieté und das Caldener Winter-Varieté als Höhepunkte etabliert.
Weitere Infos finden Sie im Internet unter www.konzertscheune.de

Natur und Landschaft

Koppensteine
Eine besonders markante landschaftliche Erscheinung sind die freistehenden Basaltsäulen am Weg zum Dörnberg.

Steinkistengrab
Am südlichen Ortsrand von Calden entdeckte man 1948 ein 12 Meter langes und 2 Meter breites Großsteingrab, aus dessen Steinkammer die Knochen von mindestens 40 Toten geborgen werden konnten. Diese Begräbnisstätte, die zum Typus der Galeriegräber zählt, wurde aus tonnenschweren Steinblöcken errichtet.
Weitere Infos im Internet unter 💻 www.jungsteinsite.de/calden/ca_g1/ca_g1.htm.

Freizeit

Schwimmbad
ADRESSE: Waldschwimmbad Calden, ☎ 05674/6262.
ÖFFNUNGSZEITEN: Mitte Mai bis Ende August Mo. bis So. 9.30–19.00 Uhr.
Weitere Infos im Internet unter 💻 www. waldschwimmbad-calden.de

Rad- und Wanderwege
Im Bereich des „Tiergartens“ steht Spaziergängern, Wanderern und Radfahrern ein ausgedehntes Wanderwegenetz zur Verfügung. Außerdem verläuft durch das Gemarkungsgebiet der Gemeinde Calden der Märchenlandweg.

Ballonfahren
Anfragen richten Sie bitte an den *Ballonclub Nordhessen e. V.*, ☎/🖷 0561/882923 oder an das *HotAir Ballonteam Kassel.* ☎ 0561/ 6026500, 🖷 0561/6026501, Bürozeiten: Mo. bis Fr. von 09.00–18.00 Uhr, ✉ info@ballonteam-kassel.de. Weitere Infos unter 💻 www.ballonteam-kassel.de

Fallschirmspringen
Der Flughafen Calden bietet ideale Voraussetzungen, um den „freien Fall“ zu üben. Zum Schnuppern kann man es zunächst einmal mit einem Tandemsprung versuchen.
Auskunft: Aero Fallschirmsport GmbH, Flughafen, Calden, ☎ 05674/9993-0, 🖷 05674/9993-33, ✉ info@skydive.de. Weitere Infos unter 💻 www.skydive.de

Ultraleicht-Fliegen
Rundflüge, Ausbildung, Gutscheine und Schnupperkurse bei der Ultraleicht-Flugschule Kassel-Calden, ☎ 05674/4941, 🖷 05674/ 5897, ✉ flugschule@ultraleicht.de, 💻 www. ultraleicht.de

Feste und Veranstaltungen

Kirmes Westuffeln (drittes Septemberwochenende)
Kirmes Meimbressen (zweites Oktoberwochenende)
Kirmes Calden (erstes Novemberwochenende)

Diemelsee

(Landkreis Waldeck-Frankenberg)

EINWOHNER: 6 009. ORTSTEILE: Adorf, Benkhausen, Deisfeld, Gierbringhausen, Flechdorf, Heringhausen, Ottlar, Rhenegge, Schweinsbühl, Stormbruch, Sudeck, Vasbeck, Wirmighausen.

Die flächengrößte Gemeinde des Landkreises Waldeck-Frankenberg liegt in einer reizvollen Landschaft, die geprägt ist von weiten Laub- und Nadelwäldern, klaren Bächen, hoch aufsteigenden bewaldeten Bergen und tief eingeschnittenen Tälern. Es ist also nicht weiter verwunderlich, dass die Gemeinde Diemelsee heute ein Fremdenverkehrsschwerpunkt des „Waldeck'schen Sauerlandes" ist. Wann genau der erste Mensch sich in dieser Gegend ansiedelte, ist nicht bekannt. Funde in der Umgebung des Ortsteils Adorf weisen eine Besiedlung in der jüngeren Steinzeit nach. Einzelne Flur- und Flussnamen erinnern noch heute an die Siedlungsperiode der Kelten.

Ortsansicht von Adorf

ⓘ Information

Tourist-Information Diemelsee, Kirchstraße 6, 34519 Diemelsee-Heringhausen, ☎ 05633/911-33, 🖷 05633/911-34, ✉ tourist-information-diemelsee@gmx.de, 💻 www.diemelsee.de

Sehenswertes

Diemeltalsperre

Erbaut in den Jahren von 1912–1923, hält die rund 42 Meter hohe und 142 Meter lange Sperrmauer über 20 Mio. Kubikmeter Wasser zurück. Mit seiner 1,65 Quadratkilometer großen Wasserfläche ist der Diemelsee zu einem beliebten Wassersport- und Erholungsziel geworden. Die Ufer sind für jedermann zugänglich, dennoch kommt hier auch die Natur zu ihrem Recht. 1965 wurde der *Naturpark Diemelsee* gegründet, der 33 000 Hektar umfasst.

Segelvergnügen auf dem Diemelsee

So bietet sich dem Besucher heute eine nahezu unberührte Tier- und Pflanzenwelt, in der sich zahlreiche Arten von Wasservögeln (u. a. Graureiher und Eisvogel) angesiedelt haben. Zudem ist der Diemelsee für seinen großen Fischreichtum bekannt.

Ansicht von der Kirche im OT Flechdorf

Kirchen

Einen Abstecher wert sind die Kirchen der Gemeinde, wobei die bedeutendste im *OT Adorf* steht. Die dreischiffige romanische Pfeilerbasilika mit ihrem quadratischen Westturm (einst Wehrkirche) wurde in der zweiten Hälfte des 12. Jahrhunderts erbaut. Die dreischiffige romanische Basilika im *OT Heringhausen* stammt aus den Anfängen des 12. Jahrhunderts. Sie verfügt über einen wuchtigen Westturm. Die einzige zweitürmige Pfeilerbasilika des Landkreises steht im *OT Flechdorf*. Die Abteikirche wurde im romanischen Stil errichtet.

Museen

Besucherbergwerk „Grube Christiane“ mit Bergwerksmuseum

Beim Rundgang durch den Karl-Ludwig-Erb-Stollen erklären Führer – ehemalige Knappen – die Techniken und Arbeitsbedingungen des hiesigen Bergbaus. Darüber hinaus ist dieser Thematik eine umfassende Dokumentation und Ausstellung im angeschlossenen Adorfer *Bergbaumuseum* gewidmet.

Auskunft und Anmeldung: Besucherbergwerk, ☎ 05633/5955, Knappenverein, Herr Willeke, ☎ 05633/5840, Verkehrsverein Adorf, ☎ 05633/233 oder bei der Tourist-Information.

Öffnungszeiten: April bis Oktober Mi. 14.00–17.00 Uhr, Sa. 13.00–17.00 Uhr sowie So. und an Feiertagen 10.00–17.00 Uhr. Außerhalb dieser Zeiten nach Vereinbarung, letzte Führung eine Stunde vor Schluss. Gruppen werden um Anmeldung gebeten.

Natur und Landschaft

Aussichtsturm auf dem Dommel

Eine Besteigung des höchsten Diemelseer Berges, des 738 Meter hohen Dommel beim OT Ottlar, wird mit einem herrlichen Blick über den Naturpark Diemelsee und die Berge und Täler des Sauerlandes belohnt.

Aussichtspunkt St. Muffart

Weitere lohnende Ausblicke bieten sich vom ca. 580 über N. N. gelegenen St. Muffart beim Ortsteil Heringhausen.

Lehrpfade
Historischer Dorfpfad und *Natur- und Technikpfad* im OT Adorf. *Landwirtschaftlicher Lehrpfad* („Grüner Pfad") und *Ornithologischer Lehrpfad* im OT Deisfeld. *Ökologischer Lehrpfad* am Uferrandweg im OT Heringhausen.

Zölestingrube
Mineraliensammler sollten sich einmal in der stillgelegten Zölestingrube in Wirmighausen umsehen.

Schiffstouren auf dem Diemelsee mit dem Fahrgastschiff „St. Muffert"

Freizeitangebote

Diemelsee/Wassersport
Der Diemelsee, der der Gemeinde ihren Namen gab, ist ein Eldorado für Wassersportler. Ob *Schwimmen*, *Segeln*, *Surfen*, *Ruder- oder Elektrobootfahren:* All dies ist auf dem Diemelsee mit seiner 166 Hektar großen Wasserfläche möglich. An seinem Ufer bei Heringhausen finden sich ein *Strandbad* sowie eine *Tret- und Segelbootverleihstation* und ein *Kanuverleih.*

Bootsverleih
Bootsverleih Reimann (Ruder-, Elektro-, Tretboote/Vermietung von Anglerbooten), Diemelsee-Heringhausen, ☎ 05633/992211, und *Bootsverleih Köster*, Marsberg-Helmighausen, ☎ 02991/6441.

Schiffstouren
Auf dem Diemelsee verkehrt ein kleines Fahrgastschiff, die „St. Muffert". Mit ihr können Sie von den Anlegestellen Helmighausen und Heringhausen aus gemütliche, 45 Minuten dauernde Rundfahrten unternehmen. Auskünfte erteilt Herr Josef Köster, Helmighausen, ☎ 02991/6441.

Schwimmbäder
ADRESSE: Bewegungsbad im Haus des Gastes, Kirchstraße 6, Diemelsee-Heringhausen, ☎ 05633/91135. ÖFFNUNGSZEITEN vom 1. April bis 30. September: Mo. bis Do. 9.00– 12.00 und 14.00–22.00 Uhr, Fr. 8.00–12.00 und 14.00–22.00 Uhr, Sa. 8.00–12.00 und 14.00–20.00 Uhr sowie So. und an Feiertagen 8.00–20.00 Uhr. ÖFFNUNGSZEITEN vom 1. Oktober bis 31. März: Mo. bis Fr. 9.00– 12.00 und 14.00–22.00 Uhr, Sa. 8.00–12.00 und 14.00–20.00 Uhr sowie So. und an Feiertagen 9.00–20.00 Uhr.
ADRESSE: Freibad Vasbeck, Am Freibad. Diemelsee-Vasbeck, ☎ 02993/1282.
ÖFFNUNGSZEITEN: Mo. bis Sa. 10.00–20.30 Uhr, So. 10.00–18.00 Uhr.

Rund um den Diemelsee bieten zahlreiche Rad- und Wanderwege Erholung und Entspannung

Rad- und Wanderwege
Über 350 Kilometer gut befestigte und markierte Wanderwege bieten Jung und Alt die Möglichkeit den Naturpark Diemelsee mit seiner pflanzlichen Vielfalt und den Wildreichtum dieser Gegend zu entdecken. Nicht von ungefähr führt der Europa-Fernwanderweg X 16 „Nordsee-Bodensee-Mittelmeer" durch die Gemeinde Diemelsee. Der Hessen-Wanderweg Nr. 1 und der Drei-Seen-Wanderweg haben hier ihren Ursprung. Radfahrer können u. a. auf der 120 Kilometer langen 4-Seen-Radtour die Schönheiten des Waldecker Landes „erradeln". Für ausführliche Tourenvorschläge und Kartenmaterial wenden Sie sich bitte an die Tourist-Information.
Fahrradverleih: *Treffhotel Diemelsee*, Diemelsee-Heringhausen, ☎ 05633/6080, sowie *Verkehrsverein Adorf*, ☎ 05633/233.

Reiten
Informationen erhalten Sie beim *Hof Brüne* (Reithalle u. Reitplatz) in Diemelsee-Adorf, ☎ 05633/5811 oder 378 und bei der *Reithalle mit Reitplatz in Diemelsee-Wirmighausen*, ☎ 05633/801.

Kutsch-/Planwagenfahrten
Nähere Auskünfte erhalten Sie bei Rudi Bernhard, Diemelsee-Wirmighausen, ☎ 05633/5299.

Wintersport
Gespurte Langlaufloipen finden Sie bei entsprechender Witterung in den OT Heringhausen (10 Kilometer) und Schweinsbühl (8 Kilometer).

Miniaturpark Heringhausen
Der Miniaturpark präsentiert zahlreiche Bauwerke des Waldeck-Frankenberger Landes in verkleinerter Form naturgetreu nachgebaut und liebevoll an einem Rundweg in einer Tallandschaft aufgestellt.
ADRESSE: Miniaturpark, Talweg, Diemelsee-Heringhausen. ÖFFNUNGSZEITEN: Mai bis Oktober täglich 10.00–18.00 Uhr.

Feste und Veranstaltungen

Ostermarkt im OT Adorf (jährlich am Samstag vor Ostern)
Kram- und Viehmarkt im OT Adorf (jährlich Ende Juli/Anfang August)

Edertal

(Landkreis Waldeck-Frankenberg)

EINWOHNER: 7 504. ORTSTEILE: Affoldern, Anraff, Bergheim, Böhne, Bringhausen, Buhlen, Gellershausen, Giflitz, Hemfurth, Kleinern, Königshagen, Mehlen, Wellen.

ⓘ Information

Edersee-Touristic GmbH, Bringhäuser Straße 14, 34549 Edertal, ☎ 05623/999820, 🖷 05623/4954, ✉ edersee-info@t-online.de, 💻 www.edertal.de. Infostand auf der Sperrmauer, ☎ 05623/999850.

Sehenswertes

Schloss Bergheim
Der im Ortskern gelegene Bau wurde im Jahre 1692 durch Graf Christian Ludwig im klassizistischen Stil erbaut.

Martinskirche
Mit ihrer prächtigen Ausmalung und ihrer seltenen Zweischiffigkeit ist die Bergheimer Kirche einen Besuch wert.

Sperrmauer
Die frei zugängliche Sperrmauer wurde in den Jahren 1908–1914 für 25 Millionen Goldmark bei Edertal-Hemfurth gebaut. Anlass war der Bau des Mittellandkanals. Mit einer Höhe von 47 Metern und einer Kronenlänge von 400 Metern umfasst der Stauraum der Edertalsperre maximal 202 Mio. Kubikmeter. In der Nacht zum 17. Mai 1943 wurde die Sperrmauer durch englische Wasserbomben zerstört. 68 Menschen kamen dabei ums Leben. Innerhalb von vier Monaten wurde die Lücke wieder gefüllt, 1953 endgültig wiederhergestellt.

Kavernenkraftwerk Edertal-Hemfurth
Das tief im Berg gelegene Wasserkraftwerk Waldeck II der Preussen Elektra ist eines von fünf Wasserkraftwerken am Edersee. Die ca. 100 Meter lange, 50 Meter hohe und 34 Meter breite Kaverne ist eine der größten von Menschenhand geschaffenen Höhlen. Im Informationszentrum können sich die Besucher über die Arbeitsweise des Kraftwerkes informieren. Besichtigungen sind ganzjährig möglich. Nähere Auskünfte erhalten Sie unter ☎ 05623/948390.

Standseilbahn
Von Hemfurth aus können Sie von Ostern bis Ende Oktober mit der Standseilbahn entlang der Druckrohre des Wasserkraftwerkes zum Hochspeicherbecken auf dem Peterskopf fahren. Nebenbei kann man von hoch oben den herrlichen Blick auf die Berge des Waldecker Landes genießen. Information und Anmeldung unter ☎ 05623/948390.

Die Waldecker Bergbahn – die kürzeste Verbindung zwischen dem Edersee und dem Ort Waldeck

Aquapark Hemfurth
Im direkt an der Sperrmauer gelegenen Aquapark können Sie den Edersee im Format 1 : 2 000 erleben. Ein Spielerlebnis für Groß und Klein: Wasserräder, Brücken, Seile, eine archimedische Spirale, Virbela-Schalen

u. v. m. Der Aquapark ist nur in den Sommermonaten in Betrieb. Besucher werden gebeten Hunde vom Wasser fernzuhalten.

Der Aquapark in Hemfurth-Edersee

Kirche Kleinern
Die barocke Kirche wurde in den Jahren 1681 bis 1686 von Graf Christian Ludwig an Stelle der alten, bereits baufälligen und für den Hof zu kleinen Kirche erbaut. Der Turm wurde von 1689 bis 1694 angefügt.

Museen

Dorfmuseum Wellen
Das kleine Museum im Ortsteil Wellen, Schuläckerweg 1, öffnet seine Pforten nach vorheriger Vereinbarung unter ☎ 05623/5320. Zentrale Punkte der Ausstellung sind das dörfliche Leben in der Ederseeregion sowie die Entstehungsgeschichte des Edersees.

Natur und Landschaft

Wildpark
Bei einem Rundgang über das 80 Hektar große Gelände können Sie Rehe, Hirsche, Luchse, Wölfe, Waschbären und Wisente beobachten. In der Greifvogelschau lassen sich die Könige der Lüfte bestaunen. Der Streichelzoo bietet insbesondere den Kleinen die Möglichkeit die Tiere hautnah zu erleben.
Weitere Auskünfte erhalten Sie über das Info-Telefon ☎ 05623/4370. Geöffnet ist der Wildpark täglich von 9.00–18.00 Uhr.

Ökologischer Dorferkundungspfad Kleinern
Anhand der mittels Metallschilder angebrachten Texte können Besucher die kleineren und größeren Besonderheiten des Ortsteils Kleinern entdecken. Der Weg führt Sie vom Bauerngarten an der Kirche über den Kirchenaltar und die Trockenmauer hin zum Backhaus, zum ehemaligen Schloss und der Obstwiese.

Ein Haltepunkt des ökologischen Dorferkundungspfades Kleinern – Texte auf Metallschildern liefern beim Rundgang viele interessante Informationen

Vogelschutzgebiet Affolderner See
Das mitten auf dem See gelegene Vogelschutzgebiet ist Heimat für eine große Anzahl von Sing- und Wasservögel.

Freizeitangebote

Edersee
Der Edersee ist ein wahres Eldorado für Wassersportler – egal ob *Segeln*, *Surfen*, *Tauchen*, *Wasserski fahren* oder *Schwimmen*, der 27 Kilometer lange und bis zu einem Kilometer breite Stausee bietet beste Voraussetzungen zur Ausübung und zum Erlernen dieser Sportarten.

Ausführliche Informationen erhalten Sie bei folgenden Schulen:
Segelschule Rehbach, T. Hennig, ☎ 05623/ 4445 oder 4779, *Wassersportcenter „Sun und Fun“*, Sperrmauer (Ost), S. Kipp, ☎ 05623/ 4901 oder 4425, *Segelschule Edersee*, Waldecker Bucht, F. Rudolph, ☎ 05623/6060.

Surfen
Windsurfschule „Windsurfing Edersee“, Edertal-Bringhausen, L. Kreh, ☎ 05623/ 2582. *Windsurfschule B. Strobrawa*, Eichenweg 6, Edertal-Hemfurth-Edersee, ☎ 05623/ 1666 oder 2553.

Segeltörn mit Skipper auf der „Sternchen vom Edersee“

Die Bringhäuser Bucht lädt mit dem flachabfallenden Strand zum Bade-, Surf- und Freizeitspaß ein

Segeln
Bei einer Segeltour auf dem Edersee finden Sie überall frei zugängliche Buchten zum Baden und Ausruhen. Ein Segelschein ist nicht vorgeschrieben. Segelkenntnisse sind aber nachzuweisen ebenso wie eine amtliche Zulassung bei Mitbringung des eigenen Bootes. Vor Ort bieten mehrere Segelschulen Kurse zum Erwerb von Segelscheinen an.

Tauchen
In den Monaten von Mai bis August sind Wasserstand und Sicht im Edersee in der Regel für das Tauchen sehr gut geeignet. Neben der Beobachtung des Fischreichtums des Sees bietet sich Tauchern die Möglichkeit, die in 8 bis 12 Metern Tiefe liegenden Reste eines alten Dorfes und die in Teilen noch auf dem Seegrund in Tiefen bis zu 32 Meter ru-

hende „Bericher Brücke", die einst die Eder überspannte, anzutauchen.
Information: *Tauchbasis Edersee*, Güldner Ort 8, 34513 Waldeck, ☎ 05623/60500 (Sa./ So. von Mai bis September), 🖷 05601/965445, *Tauchbasis Barakuda*, H. Schmalz, Am Buchholz 2, 34513 Waldeck-Höringhausen, ☎ 05634/91175.

Rad- und Wanderwege

Die Landschaft rund um den Edersee bietet auch abseits des Wassersports vielfältige Möglichkeiten. In allen Ortsteilen finden sich gut ausgeschilderte und markierte Wanderwege sowohl für Spaziergänger und Wanderer als auch für Radfahrer. Empfehlenswert ist u. a. der Rundweg um den Sengelsberg beim OT Böhne, in dessen Verlauf Sie einen schönen Panoramablick auf das gesamte Edertal mit Schloss Waldeck genießen können. Die Tourist-Information hält verschiedene Rad- und Wanderkarten für Sie bereit.
Fahrradverleih: *Schütte*, Hemfurther Straße 2, Edertal-Affoldern, ☎ 05623/1280 und 1347, *Campingplatz „Edertaler Hof"*, Edertal-Affoldern, ☎ 05623/2094, *Kanu- und Erlebnistouren A. Odenhardt*, Altwildunger Straße 11, Edertal-Anraff, ☎ 05623/4391.

Reiten

Reitsportinteressierte können sich an folgende Adressen wenden: *H. Kliem*, Peterkopfsweg 1, Edertal-Hemfurth-Edersee, ☎ 05623/ 1761 und *Talhof* (Reitpferde, Ponys, Reitunterricht, Reithalle), Obere Stiegel 9, Edertal-Wellen, ☎ 05621/2682.

Kutsch-/Planwagenfahrten

Auskunft erteilen *Peter Steffenhagen*, Heidehügel 4, Edertal-Bringhausen, ☎ 05623/1574, *Heinrich Born*, Bringhäuser Straße 15, Edertal-Hemfurth-Edersee, ☎ 05623/4221, und der *Talhof*, Obere Stiegel 9, Edertal-Wellen, ☎ 05621/2682.

Boot-/Kanufahren

Die gleichmäßig fließende Eder ist breit und nicht so tief, also auch für AnfängerInnen gut geeignet. Kanu- und Erlebnistouren Edertal bietet organisierte Kanutouren (Material, Einweisung, Schwimmwesten) auf der Eder an. Auch Kanuverleih.
Information: *Kanu- und Erlebnistouren Edertal*, Altwildunger Straße 11, Edertal-Anraff, ☎ 05621/74391, 🖷 05621/94726, ✉ edertouren@t-online.de, 💻 www.edertal.de/kanu
Kanuverleih:. *„Oh, nass is"*, Am Mühlengraben 16, Edertal-Affoldern, ☎ 05623/2944, *Windsurfschule „Windsurfing Edersee"*, L. Kreh, Edertal-Bringhausen, ☎ 05623/2582 und *Campingplatz Rehbach*, Edertal-Hemfurth-Rehbach, ☎ 05623/2049.
Bootsverleih: *Bornschein*, Edertal-Bringhausen, ☎ 05623/4301, *Campingplatz „Edertaler Hof"*, Edertal-Affoldern, ☎ 05623/2094, Sperrmauerbereich (Ostseite) *Kretschmann*, 05623/1666, *Monis Bootsverleih*, ☎ 05623/4708, und *Sun und Fun*, ☎ 05623/ 4901.

Golf

Der Golfplatz Waldeck bietet sowohl Anfängern als auch Könnern die Möglichkeit sich in dieser Sportart auszuprobieren. Auf dem öffentlichen 9-Loch-Kurzplatz mit seinen kurzen, breiten Spielbahnen können Einsteiger ohne Platzreife spielen. Der 18-Loch-Meisterschaftsplatz bietet mit seinem anspruchsvollen, stark hügeligen Gelände manch sportliche Herausforderung.
Weiterführende Auskünfte erhalten Sie beim Info-Telefon ☎ 05623/99890.

Schifffahrt
Jedes Jahr an Karfreitag heißt es „Leinen los" bei der weißen Flotte auf dem Edersee. Rundfahrten finden im Stundenrhythmus statt. Ab Ende Mai besteht die Möglichkeit jeden Mo., Fr. und So. ab Waldeck bzw. Edertalsperrmauer bis Herzhausen und zurück zu fahren, so lange der Wasserstand der Talsperre ausreicht, um Herzhausen zu erreichen. Fahrpläne erhalten Sie bei der Personenschifffahrt Edersee GmbH, Ederseerandstraße 8b, 34513 Waldeck, ☎ 05623/ 5415, 🖷 05623/ 5149.

Sommerlicher Schiffsausflug auf dem Edersee

Feste und Veranstaltungen

Michaelismarkt im OT Bergheim (September) und das *Backhausfest im OT Kleinern* (Pfingstsonntag)

Sonstiges

Töpferwerkstatt in Edertal-Affoldern
Schauen Sie dem Töpfer bei seiner Arbeit über die Schulter! Gelegenheit dazu haben Sie bei der Töpferei W. Gerhardt, Buhlener Straße 1, Edertal-Affoldern, ☎ 05623/ 4669.

Eschwege

(Werra-Meißner-Kreis)

EINWOHNER: 23 497. STADTTEILE: Eschwege, Albungen, Eltmannshausen, Niddawitzhausen, Niederdünzebach, Niederhone, Oberdünzebach, Oberhone.

974 wird Eschwege in einer Urkunde Kaiser Ottos II. (973–983) erstmals genannt, doch „Eskiniwach", so der alte Name, verweist auf die Existenz einer viel älteren germanischen Siedlung, die bereits um das Jahr 500 n. Chr. bestanden haben dürfte. Die „Siedlung bei den Eschen am schnell fließenden Wasser" – so die Deutung der ältesten Form des Ortsnamens – entwickelte sich auf der wirtschaftlichen Grundlage der Tuch- und Ledererzeugung bis in die frühe Neuzeit zu einem wichtigen Handelsplatz in Niederhessen. Nach Kassel war die aufblühende Stadt die wichtigste in der Landgrafschaft, wovon u. a. das Hochzeitshaus und das auf den Resten einer Burg entstandene Renaissanceschloss zeugen. Noch heute lädt die nahezu geschlossene Fachwerkfront am Marktplatz zu phantasievollen Reisen in die Vergangenheit der rund 1 000-jährigen Geschichte der Stadt ein.

ⓘ Information

Tourist-Information, Eschwege–Meißner–Meinhard – Wanfried, Hospitalplatz 16, 37269 Eschwege, ☎ 05651/331985 und 331986, 🖷 05651/

50291, ✉ tourist-information@eschwege.de, 💻 www.eschwege.de

Das Eschweger Rathaus – Fachwerkstolz im Herzen der Stadt

Stadtführung – hier am „bronzenen Ledermann“

☞ Stadtführungen

Regelmäßige Stadtführungen von Mai bis Ende September sind im Angebot des Sommerprogramms der Tourist-Information. Sie werden jeden Di. und So. angeboten. Treffpunkt ist um 10.00 Uhr an der Tourist-Information. Um Anmeldung wird gebeten.

Sehenswertes

Altstadt/Marktplatz
Da Eschwege im Zweiten Weltkrieg von Zerstörungen verschont geblieben ist, bietet die Altstadt noch heute ein schönes Bild alter Fachwerkbaukunst. Insbesondere rund um den Marktplatz bietet sich dem Besucher ein eindrucksvolles Bild baulicher Geschlossenheit. An der Schmalseite des Marktplatzes liegt das *alte Rathaus*, ein Fachwerkbau mit Flachschnitzereien aus dem Jahre 1660.

Dietemann
Dieser Name erinnert an das alte Rittergeschlecht derer von Diete, deren „Mannen“ die Bewohner Eschweges waren, als die Dietes die Salzstraße vom hohen Fürstenstein aus beschützten. Der Dietemann selbst ist Teil der Kunstuhr, die in der Dachlaterne des turmartigen Anbaus am Schloss integriert ist. Das Wahrzeichen Eschweges bläst noch heute tagsüber zu jeder vollen Stunde vom Schlossturm. Einmal im Jahr zum Johannisfest steigt er von seinem Turm und führt den Festzug an.

Landgrafenschloss
Unter den profanen Bauwerken der Stadt ist das Schloss (heute Landratsamt) wohl das bedeutendste. Landgraf Balthasar von Thüringen erbaute hier 1385 eine Burg, deren Naturwerk noch weitgehend im Nord- und Ost-Flügel erhalten ist. 1581 wurden unter Landgraf Wilhelm IV. an den Schmalseiten hohe Renaissance-Giebel und an der Hofseite Treppentürme errichtet. Den zweigeschossigen Erker an der Ostseite ließ Landgraf Philipp im Jahr 1552 anbauen.

Eschweger Markt – blühender Handel seit Jahrhunderten

Der in der Barockzeit für den katholischen Gottesdienst ausgebaute zweischiffige Rittersaal im Westflügel ist wieder hergestellt. Der in seiner Einfachheit harmonisch wirkende Südflügel des Schlosses mit Fachwerk-Obergeschoss wurde im 18. Jahrhundert ausgebaut, das Portal ist modern.

Nikolaiturm

Der Nikolaiturm gilt aufgrund seiner geschichtlichen, künstlerischen und städtebaulichen Bedeutung als Kulturdenkmal und wichtiges Zeugnis der mit-

Der Dietemann – das Wahrzeichen der Stadt steigt vom Turm

Ansicht vom Nikolaiturm

telalterlichen Bebauungsstruktur in der Altstadt. Ursprünglich war er der Kirchturm der St. Godehardi-Kirche, die bereits vor etwa 400 Jahren verfallen ist. 151 Stufen führen zum Laubengang, von dem man einen für Eschwege wohl einmaligen Blick über die Stadt genießen kann: Standort: Nikolaiplatz 13, Eschwege.
ÖFFNUNGSZEITEN: April bis September täglich 10.00–18.00 Uhr geöffnet. Er ist frei begehbar.

Altstädter Kirche
Die evangelische Marktkirche St. Dionys (Pfarrkirche der Altstadt) war bis in das Jahr 1340 alleinige Stadtkirche. Ihre ältesten Teile (im Turm) stammen aus dem 9./10. Jahrhundert. Die dreischiffige Halle der Kirche sowie der Chor wurden im 15. Jahrhundert errichtet. Der Turm wurde nach dem Krieg erneuert.

Schwarzer Turm
Die Eschweger Altstadt wird vom Cyriakusberg überragt, der das älteste Bauwerk der Stadt, den aus dem 12. Jahrhundert stammenden Schwarzen Turm, trägt. Einst stand hier eine mächtige Kirche, das Kanonissenstift St. Cyriakus.

Hochzeitshaus
Das Hochzeitshaus wurde vermutlich 1578 an der Stelle eines alten fränkischen Königshofes als zweigeschossiger stattlicher Bau um einen quadratischen Binnenhof (jetzt Lichthof) im Florisstil errichtet. Das Haus diente neben seiner eigentlichen Bestimmung als Hochzeitshaus auch den Gilden und Zünften als Aufenthaltsort und war nach 1637 einige Jahrzehnte lang Rathaus, nachdem das Rathaus auf dem Marktplatz beim großen Stadtbrand ein Raub der Flammen geworden war.

Detailaufnahme vom Hochzeitshaus

Fachwerkspeicher
An der Werra gelegene, bis zu fünfgeschossige Lagerhäuser in reiner Fachwerkkonstruktion, die zur Infrastruktur des Werrahafens gehörten. Ein für das hessische Bergland seltener Bautypus.

Raiffeisenhaus
Der viergeschossige, mit reichen ornamentalen und figürlichen Schnitzereien und einem Krüppelwalmdach versehene Bau aus dem 17. Jahrhundert hatte früher als Gasthaus „Krone" an der alten Mühlstädter Straße große Bedeutung. ADRESSE: Stad 44, Eschwege.

Neustädter Kirche
Die St. Katharinen-Kirche wird erstmalig 1340 urkundlich erwähnt. Vollendet wurde der Bau im Jahre 1520. Da die Kirche im Dreißigjährigen Krieg keinerlei Zerstörun-

Detailaufnahme vom Raiffeisenhaus, dem Glanz der Zünfte

gen erlitt, ist der schöne und harmonisch gegliederte, weiträumige gotische Hallenbau bis heute unversehrt erhalten geblieben. Der quadratische Westturm trug früher ein Barockdach. Erst 1862 erhielt er nach Plänen des aus Wanfried stammenden Kasseler Baumeisters und Künstlers G. G. Ungewitter die hohe Spitze.

Schäferhalle

Das Kulturdenkmal Schäferhalle ist ein Pavillonbau am Westabhang des großen Leuchtberges. Sie wurde 1913 nach Plänen des Stadtbaumeisters Großklaus zu Ehren von Gustav Schäfer errichtet. Über ein Rundwanderwegsystem am großen Leuchtberg ist die Schäferhalle vom Stadtzentrum aus in einem Fußmarsch von ca. 40 Minuten zu erreichen.

Dünzebacher Torturm

Die früher die Stadt umschließende Mauer ist nur noch an sehr wenigen Stellen, so in der Wallgasse, zu sehen. Der einzige noch erhaltene Turm der früheren Befestigungsanlage ist der Dünzebacher Torturm am Ende des Brühls. Er stammt aus dem 14. Jahrhundert und diente lange Zeit als städtisches Gefängnis.

Hospitalkapelle

Von dem ehemaligen Augustiner-Eremitenkloster, das 1278 gegründet, 1466 erneuert und 1527 säkularisiert wurde, sind nach einem Brand im Jahre 1637 nur das südliche Schiff der ehemaligen gotischen Klosterkirche und das untere Geschoss eines Konventshauses stehen geblieben.

Kemenate

Die Kemenate in der Hospitalstraße (genaues Entstehungsjahr unbekannt) ist wohl das älteste Gebäude der Stadt. 1366 wurde sie von den Landgrafen Otto und Heinrich II. von Hessen an das gegenüberliegende Augustinerkloster gegeben. Sie diente den Mönchen als „heimeliche Gemächer", also als Bedürfnisanlage.

Burg Fürstenstein

Auch wenn die erste urkundliche Erwähnung der spätmittelalterlichen Höhenburg in Albungen aus dem Jahr 1327 datiert, so ist doch erwiesen, dass die Burg bereits 1264 existierte. Die Landgrafen von Hessen besetzten die Burg mit Amtleuten oder verpfändeten sie an den Adel der näheren Umgebung. Von 1436 an saß die Ritterfamilie von Diede auf dem Fürstenstein. Mit Wilhelm Christoph erlosch die Linie der Diede zu Fürstenstein und die Besitzungen fielen an den Staat zurück. Heute ist Fürstenstein in Privatbesitz.

ADRESSE: Pommertor 3, 37269 Eschwege, ☎ 05651/21301 (Herr Bödiker).
ÖFFNUNGSZEITEN: März bis Oktober jeden zweiten und vierten Sonntag im Monat von 09.30–11.30 Uhr.

Burg Fürstenstein thront über dem Werratal

Natur und Landschaft

Bismarckturm
Auf dem höchsten Punkt des Leuchtbergs thront der Bismarckturm. Der quadratische, 26 Meter hohe Turm wurde 1903 zu Ehren des Fürsten Otto Bismarck (1815–1898) errichtet. Von seiner oberen Plattform hat man einen beeindruckenden Ausblick auf Eschwege und die angrenzenden Orte Niederdünzebach, Aue und Frieda. Der Blick reicht sogar über die Werratalseen bis zum Schloss Wolfsbrunnen. Jedes Jahr zum Johannisfest wird der Turm mit Scheinwerfern angestrahlt.

Museen

Heimatmuseum

Im Eschweger Heimatmuseum sehen Sie „Heimatliches aus Eschwege“, darunter Trachten aus dem Werraland, ein Modell des Eschweger Stadtbildes um 1750, alte Werkstätten, eine alte Apotheke und das komplette Fotoatelier des Ferdinand Tellgmann.
ADRESSE: Heimatmuseum Eschwege, Vor dem Berge 14a, Eschwege. ÖFFNUNGSZEITEN: Mai bis September So. 10.00–12.00 Uhr, Mi. 15.00–17.00 Uhr.

Eisenbahnmuseum
Ein besonderer Leckerbissen für jeden Eisenbahnfreund: das Eisenbahnmuseum der „Freunde der Eisenbahn“. Gezeigt werden z. B. Bilder aus früheren Zeiten, Gegenstände aus dem Eisenbahnbetrieb und historische Fahrkartendrucker.

Freizeitangebote

Rad- und Wanderwege
„Raus aus der Stadt, rein in die Natur“ heißt das Motto für Wanderer. Auf über 350 Kilometern markierter Wanderwege kommen Sie in der herrlichen Mittelgebirgslandschaft auf Ihre Kosten, ob mit oder ohne Gepäck. Die Wander- und Radwanderkarte Eschwege und Umgebung bietet zahlreiche Möglichkeiten zum Radeln für alle Konditionsstärken auf Radwegen, Wirtschaftswegen und wenig befahrenen Straßen.
Unter dem Motto „Die Werra erfahren“ hält die Tourist-Information in Eschwege die Werratal-Radkarte für den ca. 300 Kilometer langen Werratal-Radweg von den Quellen im

Eschwege: *Landgrafenschloss (oben); Tränenbrücke (links); Schloss Wolfsbrunnen (rechts)*

Eschwege: *„Kids" am Lohgerberbrunnen (oben); „Brückenhausen" – Blick vom Schulberg (unten)*

Frielendorf: *Abendstimmung über hessischer Landschaft*

Fritzlar: *Ansicht vom Fritzlarer Dom*

Radwandern entlang der Werra

Thüringer Wald bis zur Mündung in Hann. Münden bereit.

Radverleih: Zweiradhaus Ebert, Forstgasse 2 a, Eschwege, ☎ 05651/50590; Fahrradhaus Mangold, Neustadt 104, Eschwege, ☎ 05651/754020 sowie „Freizeittreff Werratal", Fritz-Neuenroth-Weg (Schwanenteich), Eschwege.

Schwimmbad

ADRESSE: Schwimmzentrum am Schwalbenpfad, Eschwege, ☎ 05651/807289. ÖFFNUNGSZEITEN Freibad: Mai bis September Mo. bis Fr. 7.00–20.30 Uhr, Sa. 8.00–19.00 Uhr, So. 9.00–19.00 Uhr. ÖFFNUNGSZEITEN Hallenbad: Oktober bis April Mo. 14.00–19.00 Uhr, Di. 7.00–20.00 Uhr, Mi. und Do. 7.00–13.00 und 15.45–20.00 Uhr, Fr. 7.00–22.00 Uhr, Sa. 8.00–18.30 Uhr, So. 8.00– 17.00 Uhr.

Boot-/Kanufahren

Sie können die Werra auf einer Tagestour erfahren oder aber auch in drei, vier oder fünf Tagen (als Komplettpaket bei der Tourist-Information zu buchen).

Bootsverleih: „Freizeittreff Werratal", Fritz-Neuenroth-Weg (Schwanenteich), Eschwege oder Fa. BUSCH Freizeit, ☎ 05271/921363.

Ballonfahren

Auskunft: *Hot Air Ballonteam*, W. von Canstein, ☎ 05651/952424, 💻 www.ballonteam-eschwege.de und *Ballonclub Werra-Meißner Eschwege e. V.*, ☎ 05651/5522.

Werratalsee

Der Werratalsee ist ein Eldorado für Wassersportler – *Segeln*, *Surfen* und *Baden*, jeder kann hier seiner Leidenschaft frönen. Wer den See mit dem eigenen Boot befahren möchte, muss sich beim Wasserski- und Segelclub Eschwege 1969 e. V. anmelden.

Segeln, surfen, baden, planschen auf dem Werratalsee

Segelfliegen

Rundflüge über das schöne Werratal und Thüringen sowie Burgenflüge und Überlandflüge mit selbstgestecktem Ziel bietet der Eschweger Luftsportverein e. V. an. Auskunft erteilt der Eschweger Luftsportverein e. V., Segelflugplatz Eschwege, Stauffenbühl (über Boyneburger Straße – Gut Friedrich), Zufahrt ist ausgeschildert, Postfach 1145, 37251 Eschwege, ☎ 05651/13939 oder 3460. Flugzeiten: Sa. ab 13.00 Uhr sowie So. ab 11.00 Uhr; in den Monaten November bis Februar ruht der Flugverkehr.

Reiten

Reiten auf dem Birkenhof – Reitunterricht in der Halle, Ausritte nach Absprache, Unterbringung von Gastpferden sowie Ferienlehrgänge Springen und Dressur nach Absprache möglich.

Auskunft: Sonja und Uwe Henkelmann, Im Herlesgrund, Eschwege-Eltmannshausen, ☎ 05651/13140; 🖷 05651/951340.

ÖFFNUNGSZEITEN: Mo. bis Fr. 8.00–22.00 Uhr, Sa./So. 8.00–12.00 Uhr.

Reithalle mit Reitanlage im Postweg – Reitunterricht (auch auf Schulpferden), Voltigieren, Planwagenfahrten, Kutschfahrten.

ADRESSE: Reithalle, Vor dem Brückentor, Eschwege, ☎ 05651/76810. ÖFFNUNGSZEITEN: Mo. bis Sa. 14.00–20.00, nach Absprache auch 9.00–12.00 Uhr.

Kutsch-/Planwagenfahrten

Die Werratal-Planwagentour ist ein besonderes Erlebnis für Kinder und Erwachsene. Die Tourist-Information organisiert gern ihr Wunschprogramm.

Wintersport

In den Wintermonaten bietet das Skigebiet auf dem nahegelegenen „Hohen Meißner" – die entsprechende Schneelage einmal vorausgesetzt – sowohl Alpin-Skifahrern als auch den Anhängern des Nordischen Skisports beste Bedingungen. Drei Abfahrtsstrecken mit Liftanlagen sowie mehrere gespurte Loipen machen den Hohen Meißner zu dem nordhessischen Skigebiet schlechthin. Informationen über den Liftbetrieb erhalten Sie unter ☎ 05602/2375, das Loipentelefon ist unter ☎ 05602/935617 (Forstamt Hessisch Lichtenau) erreichbar.

Feste und Veranstaltungen

Open-Flair Festival – Kulturfestival mit Musik, Kleinkunst, Theater (Juni)
Hessische Rudermeisterschaften (Juni)
Johannisfest in Eschwege mit *Altstadtfest* (Juni/Juli)
Wurstfest (September)
Puppenfesttage (zweites Wochenende im November)

Das Eschweger Johannisfest – vergnügliche Festtage mit Charme

Felsberg

(Schwalm-Eder-Kreis)

EINWOHNER: 12 200. STADTTEILE: Altenbrunslar, Altenburg, Beuern, Böddiger, Gensungen, Helmshausen, Hesserode, Heßlar, Hilgershausen, Lohre, Melgershausen, Neuenbrunslar, Niedervorschütz, Rhünda, Wolfershausen.
Die ersten urkundlichen Hinweise auf Orte, die heute zur Stadt Felsberg gehören, stammen aus dem 8. Jahrhundert. Doch belegen zahlreiche Bodenfunde aus vor- und frühgeschichtlichen Kulturen die wesentlich früher anzusetzende Besiedlung dieses Raumes.
Im Mittelalter lag Felsberg im Grenzgebiet zwischen dem Erzbistum Mainz und der Landgrafenschaft Hessen. Diese für beide Teile wichtige strategische Lage erklärt den Bau der Altenburg und der Felsburg auf hessischem Gebiet sowie den Bau der Burganlage auf dem Heiligenberg auf mainzischem Gebiet.
Im Jahr 1286 wird Felsberg urkundlich erstmals als „Stadt“ erwähnt. Die mittelalterliche Stadtanlage ist im alten Stadtkern noch in ihrer ursprünglichen Form erhalten. Noch heute wird der Stadtkern auf ca. 830 Metern Länge von der Stadtmauer umgeben.

ⓘ Information

Stadtverwaltung Felsberg, Vernouillet-Allee 1, 34587 Felsberg, ☎ 05662/502-0, 🖷 05662/ 502-49, ✉ stadtverwaltung @felsberg.de, 💻 www.hessennet.de/felsberg

Sehenswertes

Felsburg

Die Felsburg erhebt sich auf einem etwa 200 Meter hohen Basaltkegel, der schon sehr früh befestigt war, beherrschte man von hier aus doch den wichtigen, aus dem Siegerland nach Allendorf in den Sooden führenden „Sälzerweg“. Die ältesten Teile der Burganlage reichen in das 11. Jahrhundert zurück. Der sich an der höchsten Stelle des Bergkegels erhebende Bergfried ist mit seinem Umfang von ca. 30 Metern und einer ebensolchen Höhe einer der höchsten Burgtürme Hessens. In seiner Form ist er der einzige Butterfassturm Niederhessens. Das einzig erhaltene Gebäude der Burganlage ist die an der Südmauer gelegene, dem heiligen Pankratius geweihte Kapelle der Burg. Eine Besichtigung ist z. Z. wegen Bauarbeiten nur nach vorheriger Absprache möglich. Kontaktadresse: Stadtverwaltung Felsberg, ☎ 05662/502-0.

Burg Heiligenberg

Die Burg auf dem etwas außerhalb vom Stadtteil Gensungen gelegenen Heiligenberg wurde in den Jahren 1180–1186 auf Veranlassung des Erzbischofs von Mainz erbaut, wobei ihr besondere Bedeutung als Vorposten im Norden und Osten des erzbischöflichen Territoriums zukam. Zugleich fielen ihr bedeutende Schutzaufgaben für die mainzische Enklave Fritzlar zu. Die heute zu besichtigenden Ruinen geben noch einen guten Eindruck vom Aufbau der einstigen Anlage. Der zum Teil wieder aufgemauerte Bergfried liegt heute als Kronreif schon von weitem erkennbar über den Wipfeln. Auf der Burg stehend, blickt man auf die umliegenden Berggipfel und eine Vielzahl von Ortschaften, in deren Mitte sich die Felsburg und die Altenburg auf ihren sich über der Eder erhebenden Basaltkegeln besonders hervorheben.

Altenburg

Erstmals genannt wird die Altenburg im Jahre 1322, doch gilt es als sicher, dass sie wesentlich älter ist. Mit Bestimmtheit ist sie älter als die Felsburg, auf der die Felsberger Grafen 1072 einzogen. Als mutmaßliche Erbauer der Altenburg werden Angehörige eines Grafengeschlechts unbekannten Namens aus der Stauferzeit angegeben. 1537 gaben die Landgrafen die Altenburg an die Freiherren von Boyneburg, in deren Besitz sie sich bis heute befindet.

Nikolaikirche zu Felsberg
Die häufig auch als Stadtkirche bezeichnete spätgotische Kirche von 1320 ist seit der Reformation im Jahre 1526 evangelische Pfarrkirche. Sie wurde nach einem Brand im Jahr 1640 wieder aufgebaut und mehrfach im neugotischen Stil umgestaltet. Im Altarraum stößt der interessierte Besucher auf das Weihnachtsrelief des Kasseler Holzbildhauers Andreas Tollhopf. Das Werk aus dem Jahre 1998 verbindet die biblische Weihnachtsgeschichte mit der Legende von der Schlüsselfrau auf der Felsburg. Bei gutem Wetter ist die Kirche tagsüber geöffnet.

Friedenskirche zu Böddiger
Die Vorgängerkirche des Saalbaus aus dem Jahr 1799 ist vermutlich abgebrannt. Das Sandsteinrelief über der Eingangstür korrespondiert mit dem Negativrelief „Taube über der Weltkugel“ des von dem Holzbildhauer Andreas Tollhopf gestalteten Lesepultes.

Museen

Bienenkundezentrum Alte Kartause Gensungen
Das im Naturschutzgebiet gelegene Museum mit Zucht- und Lehrbienenbestand informiert umfassend über alle Aspekte der Imkerei – damals wie heute. Zu den Themen gehören u. a.: „Leben und Nutzen der Honigbiene“, „Kleine Honigkunde“, „Alter Klostergarten mit Bienenlehrpfad“ (ganzjährige Bienenweide in Einzelbiotopen) etc.
Ansprechpartner: Bezirks-Imkerverein Felsberg und Umgebung e. V., H. Schmidt, Schönbergstraße 19, Felsberg-Gensungen, ☎ u. 🖷 05662/4688. ÖFFNUNGSZEITEN: Führungen, Vorführung von Geräten und Techniken sowie Lehrer- und Schülerinformationen nach Vereinbarung möglich.

Kultur

Dr.-Blass-Theater
Das aktuelle Programm sowie die Veranstaltungstermine entnehmen Sie bitte der örtlichen Presse oder der Internetseite der Stadt. ADRESSE: Dr.-Blass-Theater, Restaurant Wagner, Saal, In der Hagengasse 2, Felsberg, ☎ 05662/4612, 🖷 05662/6171. ÖFFNUNGSZEIT am Veranstaltungstag: 19.30 Uhr, Beginn der Veranstaltung 20.00 Uhr.

Natur und Landschaft

Weinberg Böddiger
Der nahe des Ortsteils Böddiger gelegene Weinberg ist der nördlichste Weinberg Hessens. Er wird heute jedoch nur noch zu einem geringen Teil durch einen Förderverein bebaut und genutzt.

Freizeitangebote

Rad- und Wanderwege
Zahlreiche markierte Wege laden rund um Felsberg zu Entdeckungstouren ein. Wander- bzw. Radwanderkarten sind im Bürgerbüro der Stadtverwaltung erhältlich.

Schwimmbad
In den Sommermonaten lädt das Ernst-Schaake Freibad Felsberg zur Abkühlung ins kühle Nass. Die Öffnungszeiten erfahren Sie unter ☎ 05662/2848 oder im 💻.

Reiten
ADRESSE: Reithalle Felsberg, Zur Reithalle 2, Felsberg.

Boot-/Kanufahren
Die Eder eignet sich hervorragend für eine Boots- oder Kanutour. Kanus verleiht der Erste Edertaler Kanuverleih, An der Stadtmauer 3, Felsberg, ☎ 05662/6639, 🖷 05662/6212.

Feste und Veranstaltungen

Osterfeuer (Ostersamstag)
Maibaumaufstellung (Ende April)
Marktplatz- und Weinfest (Juni)
Felsberger Kabarett-Tage

Frankenberg/Eder

(Kreis Waldeck-Frankenberg)

EINWOHNER: 19 034. ORTSTEILE: Dörnholzhausen, Friedrichshausen, Geismar, Haubern, Hommershausen, Rengershausen, Röddenau, Rodenbach, Schreufa, Viermünden, Wangershausen, Willersdorf.
Der Berg, auf dem die Stadt Frankenberg errichtet wurde, spielte aufgrund seiner beherrschenden Lage an der mittleren Eder für den Ausbau einer Machtstellung in diesem Raum schon immer eine bedeutende Rolle. 1233/34 ließ der Landgraf von Thüringen hier, inmitten der mainzischen Grafschaft Battenberg, auf dem Berg eine Burg und eine Stadt als Bastion gegen die Mainzer Erzbischöfe errichten. Das neue Gemeinwesen wuchs, gestützt auf einen gesunden Kaufmanns- und Handwerkerstand, schnell heran und machte eine Vergrößerung der Stadt notwendig, so dass im Jahre 1335 am Fuße des Berges nach der Eder hin die Neustadt gegründet wurde. 1476 fiel die gesamte Stadt, die zu dieser Zeit zu den bedeutendsten Städten Hessens zählte, einer Brandkatastrophe zum Opfer. Im 16. Jahrhundert wieder aufgebaut, zählt sie heute mit ihren zahlreichen, liebevoll restaurierten Fachwerkhäusern in ihrem historischen Altstadtkern ebenso wie in ihrem historischen Neustadtkern zu den schönsten Fachwerkstädtchen Nordhessens.

ⓘ Information

Tourist-Information, Stadthaus, Obermarkt 7–13, 35066 Frankenberg/Eder, ☎ 06451/ 505-113, 🖷 06451/505-203, ✉ info@frankenberg.de, 💻 www.frankenberg-eder.de

☞ Stadtführungen

Die Tourist-Information bietet samstags eine allgemeine Stadtführung von 1 fi Stunden Dauer an. Treffpunkt ist um 10.30 Uhr das 10-türmige Rathaus. Gruppenführungen (auch in englischer und niederländischer Sprache) können ganzjährig vereinbart werden.

Sehenswertes

Liebfrauenkirche
Der Grundstein zur Liebfrauenkirche wurde im Jahre 1286 im Beisein des Landgrafen Heinrich I. gelegt. Bis zur Vollendung dieses Meisterwerks gotischer Baukunst vergingen

allerdings fast 100 Jahre. Das Langhaus, ein dreischiffiger Hallenbau, wurde 1337 fertiggestellt. Der von Tyle von Frankenberg vergrößerte Chor wurde 1353 geweiht. Es folgten der Kirchturm im Jahre 1359 und die Marienkapelle gegen 1380. Die nur von außen zugängliche Marienkapelle ist ein besonderes Schmuckstück spätgotischer Architektur. Die Ausschmückung des Gewölbes mit gotischer Rankenmalerei erfolgte erst nach dem großen Brand von 1476. Zu Anfang des 17. Jahrhunderts erlitt die Liebfrauenkirche durch Kirchenreformen des Landgrafen Moritz des Gelehrten von Hessen-Kassel unersetzliche Verluste. Alle Statuen, Kruzifixe und Heiligenbilder wurden aus der Kirche entfernt und größtenteils zerstört.
ADRESSE: Evangelische Kirchengemeinde, Auf der Burg 9, Frankenberg. ☎ 06451/8779.

Steinhaus
Das um 1240 erbaute Steinhaus gilt als das älteste Gebäude der Stadt und diente in früheren Zeiten als Amtssitz der Bürgermeister und Amtmänner. Im Steinhaus ist heute die Stadtbücherei untergebracht.
ADRESSE: Steinhaus/Stadtbücherei, Am Pferdemarkt 20, Frankenberg.

10-türmiges Rathaus
Das inmitten der Altstadt zwischen Liebfrauenkirche und Steinhaus gelegene Rathaus Frankenbergs gilt als eines der schönsten Fachwerkrathäuser überhaupt. Von 1509 bis 1514 an Stelle zweier Vorgängerbauten errichtet, ist es ein besonderes Kleinod spätgotischer Baukunst. Hauptmerkmal des dreigeschossigen Fachwerkbaus sind die 10 Erker. Im Erdgeschoss des Rathauses befindet sich die eindrucksvolle Rathaushalle, die so genannte Schirn), in der noch heute, neben anderen Veranstaltungen und Empfängen, samstags der Wochenmarkt stattfindet.
Das im Jahr 1999 eingebaute Glockenspiel ertönt täglich um 11.45 Uhr und 15.45 Uhr.

Ehemaliges Kloster St. Georg
Begonnen wurde mit dem Bau des Klosters im Jahre 1245, doch auch nach dem Einzug der Nonnen 1249 wurde noch jahrelang weitergebaut. Um Aufnahme in das Kloster suchten zumeist Töchter des Adels und des wohlhabenden Bürgertums nach. Mit der Einführung der Reformation in Hessen kam das Ende des Klosters. Die Schwestern konnten jedoch bis zu ihrem Tode im Kloster verbleiben, so dass das Klosterleben erst mit dem Tod der letzten Nonne im Jahre 1581 endgültig erlosch. Neben einer Außenstelle der Kreisverwaltung Waldeck-Frankenberg beheimatet die Anlage im Nordflügel das Kreisheimatmuseum.

Hexenturm
Von den 20 Wehrtürmen und 5 Toren, die die Stadt einst umgeben haben sollen, ist nur noch dieser eine, zehn Meter hohe und mit drei Meter dicken Mauern versehene Turm aus dem 13. Jahrhundert erhalten geblieben.

Kultur

Kreisheimatmuseum
Die Sammlungen zeigen Stücke der ehemals reich ausgestatteten Liebfrauenkirche und Volkskundliches aus dem Frankenberger Raum.
ADRESSE: Kreisheimatmuseum/ehem. Kloster St. Georg, Bahnhofstraße 8–14, Frankenberg, ☎ 06451/743672. ÖFFNUNGSZEITEN: Di. und Do. 10.00–12.00 Uhr sowie Mi. und So. 15.00–17.00 Uhr.

Natur und Landschaft

Wildpark

Der städtische Wildpark befindet sich in unmittelbarer Nähe der Altstadt. Neben Bergziegen, Schwarz- und Steinwild können Sie hier auch Rot-, Dam-, Silka- und Muffelwild in freier Natur beobachten. Außer dem eingezäunten Schwarzwild und den Bergziegen laufen die Tiere – ohne störende Zäune – frei herum. Ein besonderes Erlebnis für Jung und Alt ist die tägliche Wildfütterung um 15.00 Uhr. Die jährlichen Höhepunkte sind die Geburt der Muffellämmer im Frühjahr, die Geburt der Kälber von Dam- und Rotwild im Juni sowie die Rotwildbrunft im September. Weitere Auskünfte zum Wildpark erhalten Sie bei der Stadtverwaltung Frankenberg, ☎ 06451/5050.

Freizeitangebote

Wandern

Frankenberg eignet sich durch seine Lage gut als Ausgangspunkt für Wanderungen im gesamten Ederbergland. Neben Rundwanderungen lassen sich auch Streckenwanderungen sowohl in der näheren als auch in der weiteren Umgebung vornehmen. In Zusammenarbeit mit dem Gebirgs- und Wanderverein Frankenberg hat die Stadt ein Wanderbuch mit topografischer Sonderkarte herausgebracht, in dem 32 Wanderstrecken eingehend erläutert und beschrieben werden. Übernachtungsbetriebe, die sich besonders auf die Betreuung von Wanderern eingestellt haben, stellen ihren Gästen Buch und Karte auch leihweise zur Verfügung.

Schwimmbäder

Das *Freibad Ederberglandbad* ist von Mitte Mai bis Anfang September geöffnet. ADRESSE: Teichweg 17, Frankenberg. ÖFFNUNGSZEITEN: Mo. bis Fr. 9.00–19.00 Uhr, Sa. und So. 10.00–18.00 Uhr.

Das *Freibad* im OT *Rengershausen* ist von Mitte Juni bis Mitte August geöffnet. ÖFFNUNGSZEITEN: Mo. bis Fr. 13.30–18.30 Uhr, Sa. und So. 10.30–18.30 Uhr.

Minigolf

Die Minigolfanlage am Ederberglandbad ist von März bis Oktober von Mo. bis So. von 11.00–18.00 Uhr geöffnet.

Feste und Veranstaltungen

Traditioneller Pfingstmarkt (jährlich von Freitag vor Pfingsten bis einschließlich Pfingstdienstag)

Lichterfest (jeweils am letzten Augustsonntag)

Frielendorf

(Schwalm-Eder-Kreis)

EINWOHNER: 8 765. ORTSTEILE: Allendorf, Gebersdorf, Großropperhausen, Lanertshausen, Leimsfeld, Lenderscheid, Leuderode, Linsingen, Obergrenzebach, Schönborn, Siebertshausen, Spieskappel, Todenhausen, Verna, Welcherod.

Eingebettet in die sanfthügelige Mittelgebirgslandschaft des Knüllvorlandes liegen die 16 Ortsteile der Großgemeinde. Ein Siedlungsgebiet mit reicher Geschichte: Altsteinzeitliche Funde belegen, dass es sich hier seit Menschengedenken gut leben ließ. Am Kreuzungspunkt wichtiger Handelsstraßen gelegen, erlangte Frielendorf im Mittelalter Bedeutung als Marktflecken. Seit dem 19. Jahrhundert war der Kernort Frielendorf eines der bedeutendsten Braunkohlereviere Hessens. Zur Blütezeit der Zeche arbeiteten 1 000 Menschen im Bergbau. Heute, nach einem weitreichenden Strukturwandel, sind die Spuren des Bergbaus vernarbt: Die Natur hat sich die Landschaft zurückerobert.

ⓘ Information

Verkehrsbüro Frielendorf, Hauptstraße 51, 34621 Frielendorf, ☎ 05684/7827, 🖷 05684/7927, ✉ verkehrsbuero-frielendorf@t-online.de, 💻 www.frielendorf.de

Sehenswertes

Klosterkirche St. Johannes

Vom Gebäudekomplex des einst mächtigen Prämonstratenser-Stifts ist nur die Klosterkirche mit reichen romanischen und gotischen Bauformen erhalten. Als dreischiffige Basilika ab dem Ende des 12. Jahrhunderts errichtet und später mehrfach verändert, ist die Kirche ein bedeutendes Zeugnis der wechselvollen Geschichte der Region und ist heute wegen ihrer Akustik als Veranstaltungsort von Konzerten geschätzt. Sehenswert sind neben der um 1770 erbauten Rokoko-Orgel vor allem die romanischen Figurenkapitelle und Reliefs.
Adresse: Kirche St. Johannes, Klosterrain, Frielendorf-Spieskappel, Öffnungszeiten: zu den sonntäglichen Gottesdienstzeiten; Schlüssel im Ev. Pfarramt Spieskappel, Bilderfeld 15, ☎ 05684/421.

Museen

Museumsladen Frielendorf

Der liebevoll eingerichtete Kolonialwarenladen mit historischem Mobiliar aus alten Frielendorfer Läden versetzt den Eintretenden in einen ländlichen Dorfladen zu Anfang des 20. Jahrhunderts. Gleich nebenan geben eine kleine Schusterwerkstatt und Exponate aus der Töpfereigeschichte Einblicke in die Historie des Marktfleckens an der Ohe. Eine weitere Ausstellung erzählt die Geschichte des Braunkohlebergbaus in Frielendorf, u.a. mit einem Modell des einstigen Zechengeländes.
Adresse: Museumsladen, Hauptstraße 51, Frielendorf. Öffnungszeiten: April bis November Di. und Do. 15–17 Uhr; Gruppenführungen nach Vereinbarung. ☎ 05684/7827.

Dorfmuseum Verna

Dörfliche Wohnkultur, Mobiliar und handwerkliche Geräte des ländlichen Raumes sind die Themen der Sammlung. Auskunft über die Öffnungstermine (einmal monatlich am Sa.) gibt das Verkehrsbüro, 05684/7827.
Adresse: Dorfmuseum, Frankfurter Straße, Frielendorf-Verna.

Kunst- und Werkhof Großropperhausen

In einem denkmalgeschützen Hof hat das Künstlerpaar Kristina Fiand und Ernst Groß Werkstätten und Ausstellungsräume eingerichtet. Hier finden Kurse, Ausstellungen zeitgenössischer Kunst und Kulturveranstaltungen statt.
Adresse: Kunst- und Werkhof Großropperhausen, Knüllstraße 23, Frielendorf-Großropperhausen, ☎ 05684/6518; ✉ info@kunstwerkhof.de, 💻 www.kunstwerkhof.de

Natur und Landschaft

Bergbau- und Natur-Lehrpfad

Die Geschichte des Frielendorfer Bergbaues und seine Auswirkungen auf den Naturraum ist das Thema der 16 Stationen des etwa 7 Kilometer langen Rundwanderwegs am Silbersee (Gehzeit ca. 2 Stunden). Anschauungstafeln erläutern die Natur am Fuße des Knüllgebirges und die Rekultivierung der Braunkohle-Abbauflächen. Start: Parkplatz Silbersee.

Spießturm

Hier am Spieß, einem markanten Punkt von geostrategischer Bedeutung, kreuzten schon vor über 1 000 Jahren mehrere wichtige Handels- und Verkehrsstraßen. Daher war das Gelände mehrfach Aufmarschgebiet, Heereslager und auch Versammlungsort hessischer Landtage. Der frühmittelalterliche Wartturm diente als Wache und Zollstation. Noch heute hat man von seinem Standort an der Straße von Spieskappel nach Obergrenzebach einen beeindruckenden Ausblick bis zu den Höhen des Kellerwaldes.

NaturErlebnisStation-Frielendorf

Spielerisch und mit viel Spaß und Aktion die Natur erleben: Das naturtouristische Angebot für Kinder, Jugendliche und sportliche Erwachsene im und um das Wildniscamp am Silbersee umfasst Outdoor- und Natursportaktivitäten wie Trekking mit Kanu oder Bike, Free-Climbing oder Wildnistraining mit qualifizierter und ortskundiger Betreuung. Neben dem Sommercamp für Feriengäste und Daheimgebliebene bietet Umweltpädagoge Thomas Trieschmann für Gruppen (Verein, Familie, Betrieb, Schulklasse) individuelle Kurse, Aktionen und Exkursionen zu verschiedenen Themen an. ☎ 05684/999936 oder 📱 0173/9413799, 📠 05684/999999.

Freizeitangebote

Silbersee

Der aus einem ehemaligen Tagebaugelände entstandene 12 Hektar große See liegt etwa einen Kilometer von Frielendorf entfernt in einem 200 Hektar großen Wald- und Wandergebiet. Badegästen und bietet er ungetrübten Badespaß in einem der saubersten Gewässer Hessens mit kleinem Sandstrand und großer Liegewiese. Erholungssuchende finden hier Gelegenheit zum Bootfahren, Bogenschießen, Beach-Volleyball, Minigolf, Boccia oder Tennisspielen – oder einfach nur zum Entspannen.

Bade- und Freizeitvergnügen am Silbersee nahe Frielendorf

Rad- und Wanderwege

Um den Silbersee sowie in und um die Frielendorfer Ortsteile gibt es ein gut markiertes Wander- und Radwegenetz. Auch die regionalen Wander- und Radwege wie der R 14 und der R 15 sind gekennzeichnet. Wander- und Radwanderkarten, Informationen zu Rundwegen und geführten Wanderungen sind im Verkehrsbüro erhältlich.

Mountainbike-Parcours unterschiedlicher Schwierigkeitsgrade und Längen rund um den Silbersee

Mountainbike-Parcours
Rund um den Silbersee stehen Mountainbikern vier Strecken mit unterschiedlichen Schwierigkeitsgraden und Längen zur Verfügung, an denen sich sowohl Profis wie auch Einsteiger ausprobieren können. Der Parcours ist ganzjährig befahrbar. Eine Marathonstrecke ist in Vorbereitung.

Allwetter-Bob-Bahn
Der „Silbersee-Bob" im Freizeitgelände Silbersee bietet 750 Meter Spaß. Ob ganz gemütlich oder in rasanter Fahrt: für Groß und Klein ein sicheres Vergnügen.

Backstube am Silbersee
Vorführungen am holzbefeuerten Steinbackofen, Seminare und Backspaß für Kinder (60 Plätze).
Information und Vereinbarungen: ☎ 05684/921907, ✉ schrotbrot@t-online.de

Reiten/Kutschfahrten
Informationen dazu im Ferienwohnpark am Silbersee unter ☎ 05684/7472.

Schwimmbäder
ADRESSE: *Freibad Frielendorf*, Am Sportplatz, Frielendorf.
ADRESSE: *Freibad Großropperhausen*, Schwimmbadstraße, Frielendorf-Großropperhausen.
ÖFFNUNGSZEITEN: Auskunft gibt die Gemeindeverwaltung, ☎ 05684/99990

Feste und Veranstaltungen

„Großer Markt" (Mai/Juni an Christi Himmelfahrt)
Kunsthandwerkermarkt am Silbersee (zu Ostern und in der Adventszeit).

Fritzlar

(Schwalm-Eder-Kreis)

EINWOHNER: 14 739. STADTTEILE: Cappel, Fritzlar, Geismar, Haddamar, Lohne, Obermöllrich, Rothhelmshausen, Ungedanken, Wehren, Werkel, Züschen.
Die Gründung der Stadt Fritzlar geht auf das Wirken des Heiligen Bonifatius zurück. Der angelsächsische Missionar fällte im Jahre 723 die Donareiche, die in der Nähe des damals bereits bestehenden Dorfes Geismar gestanden hat. Aus ihrem Holz erbaut er 724 eine dem heiligen Petrus geweihte Kapelle und gründet ein Benediktinerkloster. Um diesen kirchlichen Ursprung entwickelt sich die Siedlung Fritzlar. Die Lage der Siedlung an dem Kreuzungspunkt wichtiger frühmittelalterlicher Straßen sowie die schon unter Karl dem Großen errichtete Pfalzanlage

lassen Fritzlar zu einem bevorzugten Aufenthaltsort der deutschen Kaiser und Könige in Hessen werden. Im Jahre 919 wird der Sachsenherzog Heinrich in Fritzlar zum König von Franken und Sachsen erhoben, ein entscheidender Meilenstein für die Entstehung des eigenständigen Ostfränkischen, später Deutschen Reiches.
Besonderer Anziehungspunkt ist der gut erhaltene und vorbildlich restaurierte historische Stadtkern Fritzlars.

ⓘ Information

Touristinformation Fritzlar, Zwischen den Krämen, 34560 Fritzlar, ☎ 05622/988-643, 🖷 05622/988-626, ✉ touristinfo@fritzlar.de, 💻 www.fritzlar.de
ÖFFNUNGSZEITEN: Mo. 10.00–18.00 Uhr, Di. bis Do. 10.00–17.00 Uhr, Fr. 10.00–16.00 Uhr sowie Sa./So. 10.00–12.00 Uhr.

Blick auf den Fritzlarer Marktplatz mit Rolandsbrunnen

Stadtführungen

Von Mitte April bis Mitte Oktober wird dienstags bis samstags um 10.30 Uhr sowie sonntags um 11.00 Uhr eine 1 fi Stunden dauernde Stadtführung angeboten. Treffpunkt ist der Aufsteller am Rathaus. Andere Termine sowie Gruppenführungen können ganzjährig mit der Touristinformation vereinbart werden. Angeboten werden zudem Führungen mit besonderer Thematik, z. B. „Entlang der alten Stadtmauer“, „Fritzlar im Mittelalter“, „Auf den Spuren des Bonifatius“ etc., spezielle Kinder- und Schülerführungen sowie Führungen für Blinde und Sehbehinderte.

Sehenswertes

Altstadt/Marktplatz
Die noch heute von dem alten, bis auf 70 Meter erhaltenen *Mauerring* umgebene Altstadt mit ihrer Fülle von gut erhaltenen und liebevoll restaurierten Gebäuden ist einen Besuch wert. Der mit seiner baulichen Geschlossenheit beeindruckende Marktplatz wird von dem 1564 im Stil der Renaissance erbauten *Rolandsbrunnen* geschmückt. Die Rolandsfigur ist Symbol für städtische Gerichtsbarkeit, Marktgerechtigkeit und Marktfrieden. Das Wasser wurde ursprünglich durch Holzrohre aus dem Edertal zum Brunnen gepumpt. Am östlichen Ende des Platzes steht das um 1480 erbaute *Haus der Michaelisbruderschaft*, dessen besonderes Charakteristikum der in einen Dacherker übergehende Fronterker ist. Ebenfalls

am Marktplatz befindet sich das *Haus Seibel*, ein spätgotischer Ständerbau um 1470. Der Gewerbe- und Wirtschaftsbau mit charakteristischer hoher Kaufhalle wurde im 16. und 17. Jahrhundert als Gaststätte und zuletzt als Wohnhaus eines landwirtschaftlichen Anwesens genutzt.

Die Fußgängerzone in der Innenstadt

St. Petri Dom

Der Dom gilt als das bedeutendste Bauwerk der Stadt und als eine der schönsten romanisch-gotischen Kirchen in Hessen. Erbaut wurde er an der Stelle der bonifatianischen Holzkirche, die im Jahre 732 durch eine steinerne romanische Basilika ersetzt wurde, welche wiederum 1079 vollständig zerstört wurde. Ab 1085 begann man mit dem Bau einer romanischen Pfeilerbasilika in der Größe des heutigen Doms. Im Laufe der Jahrhunderte erfuhr der Bau mehrfach Veränderungen. Die Vorhalle am Westwerk entstand im Jahre 1232, der Kreuzgang stammt aus dem 14. Jahrhundert. Die innere Ausstattung der Kirche reicht vom 19. bis in das 12. Jahrhundert zurück.

ÖFFNUNGSZEITEN: 1. Mai bis 31. Oktober Mo. bis Sa. 10.00–12.00 und 14.00–17.00 Uhr sowie So. 14.00–16.00 Uhr; vom 1. November bis 30. April Mo. bis Sa. 10.00– 12.00 und 14.00–16.00 Uhr. Führungen werden mit Ausnahme des Mo. (nur nach Vereinbarung) während der Öffnungszeiten angeboten. Große Gruppen und Schulklassen werden um vorherige Anmeldung beim Dompfarramt, Herr Marcus, ☎ 05622/99990, gebeten.

Rathaus

Das älteste Amtshaus Deutschlands wurde im Jahre 1109 erstmals als „praetorium friedeslariensis“ erwähnt. Seit 1274 wird es vom Rat der Stadt als Rathaus genutzt. Auf seinem steinernen Untergeschoss mit teilweise erhaltenem romanischen Mauerwerk ruht ein rekonstruierter gotischer Fachwerkaufbau. Von besonderer Bedeutung ist das Relief des Heiligen Martin über dem Südportal.

Minoritenkirche

Die zweischiffige gotische Hallenkirche wurde Anfang des 14. Jahrhunderts von den seit 1237 in Fritzlar ansässigen Franziskanern als Teil eines Klosterkomplexes errichtet. Von besonderer Bedeutung ist der Skulpturenschmuck am Eingangsbereich. Seit 1817 ist sie evangelische Stadtkirche.

Buntes Treiben in der historischen Altstadt

nicht dem Originalbau, vielmehr entstand es im Laufe der zurückliegenden Jahrhunderte durch fehlerhafte Eingriffe in das konstruktive Gefüge des Baus. Besonders sehenswert ist die in der Renaissancezeit entstandene Deckenbemalung im ersten Obergeschoss.

Kurie Fischgasse

Die um 1410, wahrscheinlich von dem Kantor Heinrich von Hatzfeld, erbaute Kurie ist das einzige von früher insgesamt 18 im Stiftsbezirk vorhandenen Wohngebäuden der Stiftsherren, das in seinem ursprünglichen Bauzustand erhalten blieb.

ÖFFNUNGSZEITEN: von Mitte Mai bis Mitte September Mi., Sa., So. von 11.00–12.00 Uhr.

Grauer Turm

Der 1274 erstmalig als „turris magna“ (großer Turm) erwähnte Wehrturm sicherte die gefährdete Nordwestflanke der Stadt. Er war Signalstation für die im Vorfeld stehenden Warten. Im Erdgeschoss war seit 1541 das städtische Gefängnis untergebracht. Zwischen 1954 und 1974 wurde er zum *Aussichtsturm* und zur Galerie ausgebaut. Der Schlüssel zur Besichtigung des Turms ist in der Touristinformation erhältlich.

Spitzenhäuschen

In dem um 1415 in Ständerbauweise errichteten dreigeschossigen Fachwerkhaus befinden sich seit 1997 das Verkehrsbüro der Stadt Fritzlar und das Stadtarchiv. Das verwinkelte, verträumt-romantische Aussehen entspricht

Gotische Steinhäuser

Erstmals 1310 urkundlich erwähnte Staffelgiebelhäuser in der im Mittelalter eigentlich nur Staat und Kirche vorbehaltenen Steinbauweise. Die Erbauer waren reiche und privilegierte Patrizier. Es sind die einzigen mit durchgehenden steinernen Frontfassaden erhaltenen Patrizierhäuser in der Stadt.

Büraberg

Auf dem südwestlich von Fritzlar gelegenen Büraberg finden sich die Reste einer auf das ausgehende 7. Jahrhundert zurückgehenden fränkischen Großfestung. Von hier kann man einen Ausblick auf die am gegenüberliegenden Ederufer errichtete Stadt Fritzlar und das angrenzende Kernland der Chatten genießen.

Ursulinenkloster

Die barocke Klosteranlage der Ursulinen entstand in mehreren Bauabschnitten nach 1713.

Der Ursulinenorden leitete von 1713–1989 mit zwangsweiser Unterbrechung während des Bismarck'schen Kulturkampfes und des Dritten Reiches eine heute noch bestehende Schule.

Schloss Garvensburg
Das romantische Schloss mit seinen schönen Parkanlagen stammt aus dem späten 19. Jahrhundert. Heute befindet sich in dem Gebäude ein Hotel mit angeschlossener Restauration.
ADRESSE: Schloss Garvensburg, Fritzlar-Züschen.

Museen

Dommuseum mit Domschatz
Das Dommuseum mit Domschatz sowie der Dombibliothek hat deutschlandweite Bedeutung. Das Dommuseum birgt sakrale Gegenstände aus verschiedenen Jahrhunderten. Von besonderer Bedeutung ist der Domschatz mit Gold- und Silberarbeiten aus dem 12. Jahrhundert. Die Dombibliothek umfasst insgesamt etwa 9 200 Werke, darunter Handschriften des 8. bis 17. Jahrhunderts.
ÖFFNUNGSZEITEN: siehe St. Petri Dom.

Regionalmuseum
Seit 1956 sind im Hochzeitshaus und im benachbarten Patrizierhaus die Sammlungen des Regionalmuseums zur Vor- und Frühgeschichte, Volkskunde und Stadtgeschichte bzw. Geologie und Mineralogie untergebracht. Das von 1580–1590 errichtete Hochzeitshaus gilt als größter Fachwerkbau Nordhessens.
ADRESSE: Regionalmuseum, Am Hochzeitshaus, Fritzlar, ☎ 05622/988-628. ÖFFNUNGSZEITEN: Di. bis Fr. sowie So. 10.00–12.00 und 15.00–17.00 Uhr, Sa. 10.00–12.00 Uhr. Von Dezember bis Ostern ist das Museum am Wochenende geschlossen. Im Winter ist im Hochzeitshaus nur die Ur- und Frühgeschichte geöffnet. Das Patrizierhaus ist ganzjährig geöffnet. Gruppenführungen sind nach Absprache, ☎ 05622/988628, möglich.

Natur und Landschaft

Steinkammergrab
Nördlich von Züschen fand man ein Steinkammergrab von rund 20 Metern Länge aus dem 3. Jahrtausend v. Chr. Die Grabfunde befinden sich heute im Hessischen Landesmuseum in Kassel. Das Grab selbst blieb an seinem Fundort und kann dort besichtigt werden.

Riesenstein
Der ebenfalls bei Züschen gelegene Riesenstein ist ein Natur- und Kulturdenkmal. Der Sandsteinfelsen hat eine eingehauene schlüsselartige Vertiefung, daneben befindet sich unter einem Rundbogen eine Nische mit Sitzbank. Es wird angenommen, dass es sich um eine Kultstätte handelte.

Naturkundliche Führungen
Der Ortsverband Fritzlar des BUND bietet von Mai bis September naturkundliche Führungen zu folgenden Zielen an: Orchideenwiese bei Züschen, Basaltmagerrasen bei Haddamar, Feuchtwiese bei Obervorschütz, Streuobstwiese am Mühlengraben, Naturdenkmal „Auewald-Erlenwäldchen“. Nähere Information erhalten Sie bei Herrn Gerd Klipper, Stadtblick 3, Fritzlar-Züschen, ☎ 05622/4970.

Vogelstimmenwanderung
Wer sich für die heimische Vogelwelt interessiert, kann im Zeitraum April bis Mai an einer Vogelstimmenwanderung teilnehmen. Sie dauert ca. drei Stunden und beginnt um

etwa 7 Uhr in der Frühe. Nähere Auskünfte erhalten Sie bei A. und E. Schrader, Am Weinberg 32, Fritzlar, ☎ 05622/1539.

Aussichtstürme
In und um Fritzlar finden sich noch einige gut erhaltene Wehrtürme bzw. Außenwarten wie der *Graue Turm*, die *Galbacher Warte* und die *Hellewarte*, von denen man schöne Ausblicke in die nähere und weitere Umgebung genießen kann.

Weizenbierfest in Fritzlar

Freizeitangebote

Schwimmbad
Freibad Fritzlar, Pipprichsweg, Fritzlar, ☎ 05622/988-642.
ÖFFNUNGSZEITEN: Di. bis Fr. 6.00–19.00 Uhr, Sa., So. und an Feiertagen 9.00–19.00 Uhr. An Schlechtwettertagen bleibt das Freibad ab 13.00 Uhr geschlossen.

Reiten
Auskunft erteilt der Reit- und Ferienhof „Emstal", Fritzlar-Wehren, ☎ 05662/1724.

Kutsch-/Planwagenfahrten
Auskunft: Touristinformation Fritzlar, ☎ 05622/988-643, 📠 05622/988626 oder Fuhrhalterei Döring, Wabern-Zennern, ☎ 05683/ 8312, 📠 05622/ 8856.

Wandern
Geführte Wanderungen können mit Herrn K. H. Hohmann, Pfadwiesen 23, 34590 Wabern, ☎ 05683/7245, vereinbart werden. Die Möglichkeiten reichen von den Rundwanderwegen der näheren Umgebung bis hin zu Tages- und Halbtageswanderungen nach Wanderplan.

Feste und Veranstaltungen

Rosenmontagszug (Februar)
Brunnenfest rund um den Rolandsbrunnen (Pfingstsamstag)
„Kinderkarawane" – Kinder- und Familienfest auf dem Marktplatz (am Samstag vor den Sommerferien)
Weizenbierfest (drittes Wochenende nach Pfingsten)
Pferdemarkt – traditionelles Volksfest (zweites Juliwoche)
Veranstaltungsreihe „Vor dem Dom" (erstes Augustwochenende)
Stadtfest (alle zwei Jahre am dritten Augustwochenende)
Weihnachtmarkt (am ersten Adventswochenende)

Großalmerode

(Werra-Meißner-Kreis)

EINWOHNER: 7 895. STADTTEILE: Großalmerode, Epterode, Laudenbach, Rommerode, Trubenhausen, Uengsterode, Weißenbach.
Als „Almerodde" findet Großalmerode erstmals im Jahr 1386 in den Quellen Erwähnung. Am Südrand des Kaufunger Waldes zwischen Bilstein, Hirschberg und Meißner, den drei höchsten Erhebungen Kurhessens, im oberen Gelsertal gelegen, prägen bewaldete Höhen, Bergwiesen und schattige Waldtäler die Landschaft rund um den staatlich anerkannten Erholungsort.
Die Wald- und Wiesenhöhen bergen reiche Schätze – Braunkohle und vor allem drei verschiedene Arten Ton –, die sich die Bewohner des Städtchens schon früh zunutze machten und auf denen sich die wirtschaftliche Prosperität der Stadt gründet. Noch heute werden in den Tonwerken Großalmerodes feuerfeste Baustoffe für die Industrie hergestellt.

ⓘ Information

Tourist-Information Großalmerode, Marktplatz 18, 34247 Großalmerode, ☎ 05604/ 933526, 🖷 05604/933532, ✉ touristinformation@grossalmerode.de, 💻 www.grossalmerode.de
Verkehrsverein Großalmerode e. V., Marktplatz 9, 37247 Großalmerode, ☎ 05604/ 1255, 🖷 05604/8616, ✉ verkehrsverein.grossalmerode@werra-meissner.de

☞ Stadtführungen

Wer möchte, kann die Stadt bei einer Rundfahrt mit der Bimmelbahn erkunden. Nähere Auskünfte hierzu erteilt der Verkehrsverein unter der o. g. Telefonnummer.

Sehenswertes

Stadtturm

Die Geschichte hat auch in den Bauten der Stadt ihre Spuren hinterlassen. Der Marktplatz mit seinen klassizistischen Häusern zeugt ebenso wie die gründerzeitliche Stadterweiterung von der wirtschaftlichen Prosperität. Auch einige Häuser aus dem späten 16. Jahrhundert, der Blütezeit der Glasherstellung, sind erhalten geblieben, so dass bei einem Spaziergang durch die Stadt sich so manch verträumter Winkel entdecken lässt.

Museen

Glas- und Keramikmuseum

Das Museum vermittelt einen lebendigen Eindruck von der wechselvollen, auf dem reichen Vorkommen von Ton, Sand und Braunkohle beruhenden Gewerbegeschichte im Großalmeroder Raum. Die einzelnen Abteilungen bieten Einblicke in das mannigfaltige keramische Gewerbe und in die Glasbläserei der Waldglashütten im 16. Jahrhundert. Eine Töpferwerkstatt veranschaulicht die Arbeitsbedingungen eines Familien-Kleinbetriebes. Auch über die Baukeramik wird informiert.
Die dem Museum angeschlossene *Pforr-Galerie* zeigt einen Querschnitt durch die Arbeit des Heimatmalers Heinrich Pforr (1880 bis 1970).
ADRESSE: Glas- u. Keramikmuseum, Kleiner Kirchrain 3, Großalmerode, ☎ 05604/ 7555. ÖFFNUNGSZEITEN: So. 14.00–17.00 Uhr. Gruppenbesuche sind nach vorheriger Anmeldung, ☎ 05604/7555 oder 05605/ 5391, auch außerhalb der Öffnungszeiten möglich.

Heimatkundliche Sammlung Epterode
Die Besichtigung der Sammlung (Keramik, Ton, Trachten) kann mit Herrn Axel Künzel, Dorfstraße 42, Großalmerode-Epterode, ☎ 05604/5030, vereinbart werden.

Natur und Landschaft

Bilsteinturm mit Waldgaststätte
Mit einer Höhe von 642 Metern ist die Bilsteinkuppe die zweithöchste Erhebung im Naturpark „Meißner-Kaufunger Wald". Wer die 92 Stufen des im Jahre 1891 errichteten Aussichtsturms erklimmt, wird mit einem Rundblick belohnt, der vom Brocken im Harz bis zur Wasserkuppe in der Rhön und vom Sauerland bis zum Thüringer Wald reicht. Die Waldgaststätte am Turm wird bereits seit dem Ende des 19. Jahrhunderts betrieben und ist noch heute ein beliebtes Ausflugsziel. ÖFFNUNGSZEITEN der Waldgaststätte: Mai bis Ende Oktober Di. bis So. ab ca. 12.00 Uhr bis zum Einbruch der Dunkelheit; November bis April Sa., So. und an Feiertagen ab 12.00 Uhr. Wandergruppen werden um Anmeldung gebeten, ☎ 05604/6011.

Waldschlösschen am Mäuseborn im Fahrbachtal
Der Mäuseborn ist ein vielbesuchtes Ausflugsziel, das über den Wanderweg * von Großalmerode aus in etwa 25 Minuten bequem zu erreichen ist. Zu den Spezialitäten des Waldschlösschens gehören der selbstgebackene „Schmandkuchen" und die „Ahle Wurscht". ÖFFNUNGSZEITEN: Mi. und Sa. ab 14.00 Uhr, So. und an Feiertagen ab 10.30 Uhr. Gruppen auch außerhalb der Zeiten nach Anmeldung, ☎ 05604/7393.

Waldgaststätte Exberghütte auf dem Hammelsplatz
Seit Jahrzehnten kann man auf dem Hammelsplatz mitten im Wald auf dem Exberg einkehren. Dieses Wanderziel hoch über dem Exbergsee, den der Braunkohleabbau hinterlassen hat, ist weit über die Region hinaus bekannt. Das ganze Jahr über finden hier immer wieder interessante Veranstaltungen statt. ÖFFNUNGSZEITEN: Mi. bis Sa. ab 13.00 Uhr, So. und an Feiertagen ab 10.00 Uhr. Gruppen auch außerhalb der Zeiten, ☎ 05604/7873.

Waldlehrpfad
Ausgangspunkt des Waldlehrpfades im Stadtteil Trubenhausen ist der an der Straße nach Weißenbach gelegene Wanderparkplatz.

Freizeitangebote

Schwimmbad
ADRESSE: Panoramabad Großalmerode, Sportzentrum Schwarzenberg, ☎ 05604/1459. ÖFFNUNGSZEITEN: Mitte Mai bis Anfang September täglich 10.00–19.00 Uhr.

Wandern
In und um Großalmerode erschließt ein sich über ca. 200 Kilometer erstreckendes Wanderwegenetz die Landschaft des oberen Gelsertales. Je nach Anspruch kann man auf einfachen und bequemen Rundwanderwegen oder auf Fernwanderwegen die Naturschönheiten der Landschaft entdecken. Von den Höhen bieten sich Ausblicke bis zum Harz, zur Rhön und zum Thüringer Wald. Der örtliche Wanderverein bietet jeden Mi. um 13.30 Uhr geführte Wanderungen an. Treffpunkt ist in der Regel vor dem Rathaus in Großalmerode.

Reiten
Reiterhof Hirschberg, Auskunft: Ländlicher Reitverein Großalmerode, Robert Simon, Hof Hirschberg, ☎ 05604/6412; *Eibenhof Reithalle*, Auskunft: Eibenhof, Großalmerode-Trubenhausen, ☎ 05604/5295.

Hängegleiter-/Drachenfliegen
Auskunft: Peter Kalepp, Witzenhausen, ☎ 05542/13939.

Wintersport
Langläufer können auf der ca. 6 Kilometer langen Langlaufloipe am Bilstein ihre Runden drehen. Ausgangs- bzw. Endpunkt ist der Parkplatz Kohlenstraße. Nähere Auskünfte erteilt die Skiabteilung der Turngemeinde Großalmerode, E. Schaal, ☎ 05604/1565.

Feste und Veranstaltungen

„Innenstadt-Gartenparty“ (Mai)
Lichterfest im OT Trudenhausen (August)
Weihnachtsball (erster Weihnachtsfeiertag)

Gudensberg

(Schwalm-Eder-Kreis)

EINWOHNER: 5 080. ORTSTEILE: Gleichen, Dissen, Deute, Obervorschütz, Dorla, Maden.
Das Wahrzeichen der Stadt – der Burgberg mit der Obernburgruine und der darunter gelegenen Wenigenburg – ist schon von weitem erkennbar. Die älteste urkundliche Überlieferung Gudensbergs stammt aus dem Jahre 1121 und berichtet über einen Giso IV., „Graf von Udenesberc“. Die Obernburg war zunächst Sitz der hessischen Gaugrafen. Nach dem Aussterben der thüringischen Landgrafen, die von 1122–1247 im Besitz Gudensbergs waren, fiel Gudensberg an Hessen zurück. Das politische Zentrum und der Verwaltungsmittelpunkt verschoben sich nach Kassel. Auch wenn die zahlreichen Fehden zwischen den hessischen Landgrafen und den Mainzer Erzbischöfen mit vielen Bränden und Kriegen ihre Spuren in der Stadt hinterließen, prägen noch heute viele historisch bedeutsame Bauten wie das ehemalige Hospital in der Kasseler Straße das Stadtbild Gudensbergs.

ⓘ Information

Tourist-Information der Stadt Gudensberg, Rathaus, Kasseler Straße 2, 34281 Gudensberg, ☎ 05603/933-0, 🖷 05603/933-222, ✉ info@gudensberg.de, 💻 www.gudensberg.de

Ehemaliges Pfarrhaus
(Foto: Heinrich Schneißig, Heimatfreunde)

☞ Stadtführungen

Kulturpfad durch die Kernstadt
Der Kulturpfad beschreibt einige historisch wertvolle Sehenswürdigkeiten in der Kernstadt von Gudensberg. Informationen und einen Flyer erhalten Sie im Rathaus, ☎ 05603/ 933-0.

Evangelische Stadtkirche
Die ehemalige St.-Margareten-Kirche aus dem 13. Jahrhundert zeigt Merkmale verschiedener Baustile. So wurde um 1500 die Sakristei mit spätgotischem Gewölbe fertig gestellt. Die gotische Kirchturmspitze mit vier Ecktürmen wurde 1936 durch eine Barockhaube ersetzt.

Obernburg
(Foto: Rainer Scholz, Obernburgfreunde)

Evangelische Stadtkirche
(Foto: Heinrich Schneißig, Heimatfreunde)

Sehenswertes

Obern- und Wenigenburg
Von der oberhalb der Altstadt auf dem Schlossberg gelegenen Ruine der Obernburg, dem ehemaligen Verwaltungssitz des Hessengaus, kann man einen herrlichen Ausblick auf die Stadt und die nähere Umgebung genießen. Die Wenigenburg, die im 13. Jahrhundert noch „Untenburg" genannt wurde, liegt unterhalb der Obernburg. Im 16. und 17. Jahrhundert wohnten hier die Turmwächter. Heute befindet sich die restaurierte Burg in Privatbesitz. Der Gefangenenturm, der zwischen den beiden Burgen liegt, entstammt dem 12. Jahrhundert.

Museen

Heimatmuseum Dissen
ADRESSE: Dorfstraße 16, Stadtteil Dissen. Informationen und Öffnungszeiten unter ☎ 05603/3613 oder 2944.

Kultur

Kulturhaus Ehemalige Synagoge
Die Synagoge wurde 1840–1843 in neuromanischem Stil nach Plänen des Baumeisters Rosengarten für die mehr als 100 Mitglieder zählende Gemeinde erbaut. 1937 wurde sie geschlossen und kam in Privatbesitz. Seit 1995 wird sie für kulturelle Veranstaltungen genutzt.

Das aktuelle Programm erhalten Sie im Internet unter 💻 www.gudensberg.de oder bei der Tourist-Information.

Ehemalige Synagoge (Foto: Heinrich Schneißig, Heimatfreunde)

Natur und Landschaft

Odenberg
Der Odenberg mit seinen zwei sattelartigen Kuppen ist für seine Wallanlagen bekannt. Deren zeitliche Einordnung gestaltet sich durch die vielen verschiedenen Fundmaterialien allerdings außerordentlich schwierig. Auf einer der beiden Kuppen befindet sich ein *Aussichtsturm*, von dessen Plattform aus sich der Blick auf den engeren Chattengau weitet. Rund um den Odenberg befindet sich ein *Waldlernpfad*, der die heimische Fauna und Flora anschaulich beschreibt.

Menhir
Aus Richtung Obervorschütz kommend stößt man am Ortseingang von Gudensberg-Maden auf den „Wotanstein", eine Quarzitplatte, deren Vorderseite sehr auffällig ist. Der 2 Meter hohe, 1,20 Meter breite und 0,55 Meter dicke Menhir wurde bereits im Jahre 1407 erwähnt. Zur Zeit des Siebenjährigen Krieges vermutete man Schätze unter ihm, fand bei Grabungen jedoch nur Überreste menschlicher Knochen.

Wartberg
Der zwischen dem Gudensberger Stadtteil Gleichen und Kirchberg gelegene 306 Meter hohe Basalthügel hat u. a. in Verbindung mit dem Steinkammergrab in Züschen eine große Bedeutung für Archäologen. Von seiner Kuppe reicht der Blick bei guter Sicht bis in den Knüll und den Habichtswald. Allerdings muss man ein wenig klettern, um in den Genuss des schönen Rundblickes und Anblicks seltener Pflanzen zu kommen. Im Übrigen ist der Berg Namensgeber für den gleichnamigen Verlag.

Scharfenstein
Zwischen Gudensberg und dem Stadtteil Dissen gelegen, zählt der Scharfenstein mit seinen markanten Felsstrukturen zu den bedeutendsten Basalterhebungen Nordhessens. Da es sich beim Scharfenstein um ein flächenhaftes Naturdenkmal handelt, ist lediglich ein Rundgang auf dem markierten Weg erlaubt.

Freizeitangebote

Schwimmen
ADRESSE: Hallen- und Freibad, Schwimmbadweg 32, ☎ 05603/2244.

Radfahren und Wandern
Die Stadt Gudensberg verfügt über ein umfangreiches Rad- und Wanderwegenetz. Auch zwei überregionale Wanderwege füh-

Ehemalige Schirnen (Foto: Heinrich Schneißig, Heimatfreunde)

ren durch Gudensberg. Informationen und entsprechendes Kartenmaterial erhalten Sie im Rathaus.

Feste und Veranstaltungen

Stadtfest (zweites Juniwochenende)
Viehmarkt und Heimatfest (erstes Septemberwochenende)

Guxhagen

(Schwalm-Eder-Kreis)

EINWOHNER: 5 450. ORTSTEILE: Albshausen, Büchenwerra, Ellenberg, Grebenau, Guxhagen, Wollrode.
Die Großgemeinde Guxhagen liegt im nördlichen Teil des Schwalm-Eder-Kreises kurz vor dem Mündungsdreieck von Eder und Fulda. Erstmals urkundlich erwähnt wird der Ort im Jahre 1352 als „Kukushayn". Die Besiedlung des Gebietes reicht aber bis in die jüngere Steinzeit zurück. Das Dorf Guxhagen stand immer im Schatten des Klosters Breitenau, das 1113 von Graf Werner von Grüningen gegründet wurde und dessen Entwicklung richtungweisend für den ganzen Raum war.

ⓘ Information

Gemeinde Guxhagen, Zum Ehrenhain 2, 34302 Guxhagen, ☎ 05665/9499-0, 🖷 05665/9499-99, ✉ gemeinde@guxhagen.de, 💻 www.guxhagen.de

Sehenswertes

Ehemaliges Kloster Breitenau
Im Jahre 1113 von Graf Werner Grünigen in der „breiten Aue" gegründet, sind wesentliche Teile des im 16. Jahrhunderts bis heute im Zuge der Reformation aufgelösten Klosters, das häufig als eines der schönsten Beispiele romanischer Architektur in Hessen bezeichnet wird, erhalten: die Kirche (heute evangelische Pfarrkiche), die Zehntscheune, ein Wehrturm und die Klostermauer. Nach der Auflösung des Klosters wollte Landgraf Moritz die Klosteranlage in ein Lustschloss umbauen lassen und eine Stadt ansiedeln, doch der hereinbrechende Dreißigjährige Krieg legte Pläne wie Anlage in Schutt und Asche. Die Kirche diente von nun an nur noch als Speicher und Pferdestall, der Rest des ehemaligen Klosters verfiel. In der zweiten Hälfte des 19. Jahrhunderts richtete man eine Besserungsanstalt für Menschen ein, die als „arbeitsscheu und verwahrlost" bezeichnet wurden. Die so genannte „Landesarbeitsanstalt und Landesfürsorgeheim Breitenau" bestand bis 1949. Danach wurde ein geschlossenes Heim für schwer erziehbare Mädchen eingerichtet, das

1973 aufgelöst wurde. Seitdem besteht in den Gebäuden des ehemaligen Kloster ein offenes psychiatrisches Krankenhaus. Erst 1979 wurde bekannt, dass in Breitenau während der Zeit der nationalsozialistischen Herrschaft zwei weitere Lager eingerichtet waren, ein „Konzentrationslager für politische Schutzhäftlinge" in den Jahren 1933/34 und von 1940 bis Kriegsende ein „Arbeitserziehungslager", das gleichzeitig auch als Konzentrationssammellager fungierte.

Gedenkstätte Breitenau

Die Gedenkstätte Breitenau wurde 1984 in der ehemaligen Zehntscheune des Klosters eingerichtet. Die ständige Ausstellung der Gedenkstätte versucht den Besucher an die Geschichte des Ortes Breitenau heranzuführen. Es besteht die Möglichkeit einige Teile des Lagers wie Isolier- und Dunkelzellen, Dusch- und Waschräume und den Dachboden der Kirche zu besichtigen und so einen Eindruck vom Lagerleben zu bekommen. Archiv, Bibliothek und Medienraum stehen zur weiteren Information offen.

ADRESSE: Gedenkstätte Breitenau, Ausstellung und Archiv der GH Kassel, Brückenstraße 12, Guxhagen, ☎ 05665/3533, ✉ gedenkstaette-breitenau@t-online.de, 💻 www.gedenkstaette-breitenau.de. ÖFFNUNGSZEITEN: Mo. bis Fr. 9.00–13.00 und 14.00–16.00 Uhr, So. 13.00–17.00 Uhr. So. um 14.30 Uhr besteht für Einzelpersonen die Möglichkeit an einer Führung teilzunehmen. Führungen und Studienbesuche von Schulklassen und anderen Besuchergruppen werden nach telefonischer Vereinbarung angeboten, wobei der Verlauf des Gedenkstättenbesuchs abgesprochen werden kann. Gruppenleiter können zur Vorbereitung eine Informationsbroschüre bei der Gedenkstätte beziehen. Eintritt und Führungen sind kostenlos.

Ehemalige Synagoge

Die ehemalige Synagoge in der Untergasse erinnert bis heute an die über 200-jährige Geschichte der jüdischen Gemeinde, die in der Zeit des Nationalsozialismus ausgelöscht wurde. Das Synagogengebäude wurde bereits 1938 von der Gemeinde aufgekauft, nachdem in der Nacht vom 8. auf den 9. November SA- und SS-Angehörige die Einrichtung der Synagoge zerstört hatten. Die aktuellen Sanierungsmaßnahmen sollen die ehemalige Nutzung des Gebäudes äußerlich wieder sichtbar werden lassen. Weitere Informationen im Internet unter 💻 www.synagoge.guxhagen.net

Museen

Schmiedemuseum

Im Jahre 1847 wurde die kleine Schmiede in der Sellestraße von Justus Döring erbaut, dessen Sohn den Betrieb bis 1975 weiterführte. 1993 übernahm der Heimat- und Verschönerungsverein das unter Denkmalschutz stehende Haus von dessen Witwe. In liebevoller Arbeit wurden Haus und Geräte wieder instand gesetzt und erzählen heute von den Arbeitsmethoden der einst „Eisenmänner" genannten Schmiedearbeiter. Eine Führung durch das kleine Museum kann mit dem Vorsitzenden des Heimat- und Verschönerungsvereins Guxhagen, Herrn K. Oetzel (☎ 05665/2940) vereinbart werden.

ADRESSE: Schmiedemuseum, Sellestraße, Guxhagen.

Freizeitangebote

Schwimmbad

ADRESSE: Freibad, Unter den Eichen, Guxhagen, ☎ 05665/9499-29.

Rad- und Wanderwege
Quiller, Söhre, Kaufunger Wald und Riedforst – die waldreiche Umgebung Guxhagens ist durch zahlreiche gut markierte und ausgebaute Wanderwege erschlossen. Wer sich die Umgebung nicht zu Fuß erschließen möchte, kann auch das Netz der ausgewiesenen Radwege nutzen. U. a. führt der Hessische Fernradweg R 1 durch die Ortsteile Grebenau, Büchenwerra und Guxhagen.

Stellbergsee (Mondsee)
Der in der Nähe des Ortsteils Wollrode gelegene, nahezu kreisrunde Stellbergsee, ein Überbleibsel der ehemaligen Zeche Stellberg bei Wattenbach, ist ein beliebtes Ausflugsziel. Wanderwege, Ruhebänke, Schutzhütten und Grillplatz laden zur aktiven Erholung ein. Im Sommer ist er ein beliebter *Badesee*, im Winter, entsprechende Temperaturen vorausgesetzt, können hier die *Schlittschuhläufer* ihre Runden drehen.

Wintersport
Skilangläufer finden im Winter im Gebiet der Söhre gespurte Loipen.

Feste und Veranstaltungen

Karnevalsveranstaltungen (Februar)
Weihnachtsmarkt (zweiter Adventssamstag)

Habichtswald

(Landkreis Kassel)

EINWOHNER: 5 500. ORTSTEILE: Dörnberg, Ehlen.
Die Ersterwähung der Gemeinde Habichtswald geht auf das Jahr 1074 zurück. 1972 haben sich die Orte Dörnberg und Ehlen zur Gemeinde Habichtswald zusammengeschlossen.

ⓘ Information

Gemeinde Habichtswald, Wolfhager Straße 42, 34317 Habichtswald, ☎ 05606/5996-20, 🖷 05606/5996-40, ✉ gemeinde.habichtswald@kgrz-kassel.de

Blick auf den OT Dörnberg

Blick auf den OT Ehlen

Sehenswertes

Historische Bausubstanz
Die *Dorfkirche Dörnberg* zeigt herrliche Wandbilder und Deckenabschlusssteine. Besichtigungen können vereinbart werden unter ☎ 05606/9939. Außerdem sind sehenswert die *Dorfkirche Ehlen* (Besichtigungen un-

ter ☎ 05606/9518), die *Alte Steinscheune*, der *Warteturm* und das *Torbogenhaus* Gut Bodenhausen.

Torbogenhaus des Rittergutes Bodenhausen

Museen

Museums- und Märchenschmiede

Die Museums- und Märchenschmiede im OT Ehlen kann nach Absprache unter ☎ 05606/9527 besichtigt werden. Außerdem finden Vorführungen statt.

Natur und Landschaft

Dörnberg

Nicht nur für Wanderer ist der 579 Meter hohe Dörnberg ein beliebtes Ausflugsziel. Botanikinteressierte finden auf der Basaltkuppe eine seltene Trockenrasenflora vor. Interessant sind auch die Felsformationen „Helfenstein“ und „Wichtelkirche“. Zudem ist im Naturschutzgebiet Dörnberg ein Alpen- und Jägerpfad angelegt. Nähere Informationen sowie Kartenmaterial erhalten Sie beim Verkehrsamt der Gemeinde.

Freizeitangebote

Wandern

Der so genannte T. A. U.-Weg verbindet ca. 20 Stationen in den Gemarkungen Dörnberg und Ehlen unter den Gesichtspunkten Traditionen, Arbeitsplätze und Umweltschutz. Karten und Dokumentationsmaterial zu diesem interessanten Wanderweg erhalten Sie bei der Gemeindeverwaltung.

Poststube in Ehlen

Naturseen

Zwei Naturseen, der südlich von Dörnberg gelegene „Höllchen“ und der südöstlich von Dörnberg gelegene „Silbersee“, locken immer wieder Besucher an ihre Ufer.

Segelfliegen

Bereits seit dem Jahr 1924 wird auf dem Dörnberg Segelflugsport betrieben. Damit

ist der Dörnberg eines der ältesten und traditionsreichsten Segelfluggelände Deutschlands. Bei „Flugwetter" kann man das rege Treiben auf dem Gelände beobachten oder an einem Rund- bzw. Gastflug teilnehmen. Wer den Vereins- und Flugbetrieb näher kennen lernen möchte, kann ein „Schnupperwochenende" auf dem Dörnberg verbringen.
Information: FSV Kassel-Zierenberg, Auf dem Dörnberg 11, 34289 Zierenberg, ☎ 05606/53900, 🖷 05606/53801, ✉ segelflug.doernberg@t-online.de

Wintersport
Wintersportler zieht es bei entsprechender Schneelage zum „Hohen Gras". Hier ermöglicht eine Abfahrtspiste mit Schlepplift mehr oder weniger rasante Abfahrten. Auch die Freunde des Skilanglaufs kommen nicht zu kurz. Gespurte Loipen sind ausgeschildert.

Reiten
Der Islandpferdehof bietet Reitkurse an. Auskunft: ☎ 05606/56541.

Kutsch-/Planwagenfahrten
Information: S. Schischka (☎ 05606/ 7999).

Das „Fest der leisen Töne" in Habichtswald

Feste und Veranstaltungen

Lindenfest im OT Ehlen (zweites Juniwochenende).
„Fest der leisen Töne" – Musiker, Liedermacher und Poeten auf der Waldwiese am Höllchensee (jährlich am letzten Augustwochenende).

Haina (Kloster)

(Landkreis Waldeck-Frankenberg)

EINWOHNER: 4 134. ORTSTEILE: Altenhain, Battenhausen, Bockendorf, Dodenhausen, Haddenberg, Haina (Kloster), Halgehausen, Hüttenrode, Löhlbach, Mohnhausen, Römershausen, Oberholzhausen.
Die erste urkundliche Erwähnung Hainas datiert aus dem Jahre 1141. Um das Jahr 1200 kauften die Zisterzienser die „alte Ortschaft", um sich im fruchtbaren Tal der Haina anzusiedeln und hier ihr Kloster zu erbauen. Landgraf Philipp der Großmütige ließ das Kloster nach Einführung der Reformation in Hessen in ein Hospital umwandeln, welches bis heute in Form eines Psychiatrischen Krankenhauses besteht.
Die Gemeinde Haina (Kloster) in ihrer heutigen Form entstand im Rahmen der hessischen Gebietsreform 1972, in der sich die 12 Ortsteile zur Großgemeinde Haina (Kloster) zusammenschlossen.

ⓘ Information

Gemeinde Haina (Kloster), Poststraße 4, 35114 Haina (Kloster),

Blick auf die Gemeinde Haina (Kloster)

☎ 06456/8122-0, 🖷 06456/8122-25, ✉ rathaus@haina.de, 💻 www.haina.de

Sehenswert

Kloster Haina

Als vierte Tochter des Mutterklosters Altenberg wurde das Kloster Haina im Jahre 1188 gegründet. In den Jahren 1214/15 begann man mit dem Bau der Klosteranlage. In den folgenden drei Jahrhunderten nach der Gründung entwickelte sich die Abtei zu einer der reichsten Hessens. Mit der Einführung der Reformation in Hessen durch Landgraf Philipp den Großmütigen wurde das Kloster aufgelöst und durch eine Stiftung des Landgrafen in ein Hospital für Arme und Kranke eingerichtet. Diese Stiftung besteht bis heute in den Einrichtungen des Landeswohlfahrtsverbandes Hessen auf dem Klostergelände fort.

Die Klosterkirche der Anlage gehört zu den ersten gotischen Sakralbauten Deutschlands und darf wohl auch zu ihren schönsten gezählt werden. Besonders bemerkenswert sind die Glasmalereien (1250–1330), die Messpriesterbank mit geschnitzten Wangenfiguren und der Hostienschrank mit einer außergewöhnlichen Steinmetzarbeit des Tyle von Frankenberg.

Die Besichtigung der Klosterkirche ist täglich von 10.00 bis 19.00 Uhr möglich. Führungen durch die Klosterkirche und die Klosteranlage werden sonntags im Anschluss an den evangelischen Gottesdienst sowie nach gesonderter Vereinbarung angeboten.

Ruine Kloster Aulisburg

In nördlicher Richtung, ca. vier Kilometer vom heutigen Standort entfernt, kann man die Reste der zunächst in „Aulisburg“ errichteten Klostergebäude besichtigen.

Museen

Tischbein-Museum

Im Jahre 1685 kam mit Johann Conrad Tischbein ein Neubürger, seines Zeichens Hospitalbäcker, nach Haina, aus dessen Familie im 18. und 19. Jahrhundert eine Reihe bedeutender Künstler hervorgehen sollten. In Haina geboren, gelangten sie an Höfen in ganz Europa zu Ruhm. Am bekanntesten ist Johann Heinrich Wilhelm Tischbein (1751–1829), der im Rahmen eines Italienaufenthaltes Johann Wolfgang von Goethe kennen gelernt und sich mit ihm angefreundet hatte. Aus dieser Verbindung stammen die berühmten Gemälde „Goethe in der Campagna di Roma (1786/87)“ und „Goethe am Fenster der römischen Wohnung am Corso (1787)“. Anlässlich seines 250. Geburtstages am 15. Februar 2001 hat die Gemeinde im Geburtshaus des Malers ein Museum eingerichtet, das an Leben und Werk des „Goethe-Tischbeins“ erinnert.

Ansicht vom OT Mohnhausen

Kultur

Reihe „Konzerte im Kloster Haina"
In den Sommermonaten bietet die Klosterkirche regelmäßig den beeindruckenden Rahmen für Konzertveranstaltungen aus dem Bereich der Musik des 18. und 19. Jahrhunderts. Informationen zum Programm und den Veranstaltungsterminen erhalten Sie bei der Gemeindeverwaltung.

Natur und Landschaft

Aussichtsturm auf dem „Wüstegarten"
Vom Aussichtsturm auf dem 675 Meter hohen „Wüstegarten", der höchsten Erhebung des Kurhessischen Berglandes, nahe des OT Dodenhausen, bietet sich dem Wanderer ein einmaliger Ausblick über den Kellerwald.

Freizeitangebote

Schwimmbad
ADRESSE: Waldschwimmbad Löhlbach, Armsfelder Straße, Haina-Löhlbach. ÖFFNUNGSZEITEN: täglich 10.00–19.00 Uhr.

Wandern
Das ausgezeichnete Wanderwegenetz der Gemeinde bietet Erholungssuchenden eine Fülle von lohnenswerten Ausflugszielen wie Aussichtsturm auf dem „Wüstegarten" oder das „Hohe Lohr".

Wintersport
Wintersportler finden, entsprechende Schneeverhältnisse vorausgesetzt, am Hohen Lohr beim Ortsteil Battenhausen gespurte Skilanglaufloipen, präparierte Pisten für den Abfahrtslauf (mit Skilift) sowie Rodelhänge, auf denen sie ihrem Sport nachgehen können.

Heringen (Werra)

(Landkreis Hersfeld-Rotenburg)

EINWOHNER: 9 155. ORTSTEILE: Heringen, Bengendorf, Herfa, Kleinensee, Leimbach, Lengers, Widdershausen, Wölfershausen.
Das älteste menschliche Zeugnis in Heringen ist ein im Werrakies gefundenes, zwischen 25 000 und 60 000 Jahre altes Schädeldach. Die ältesten Spuren einer Siedlung sind über 2 500 Jahre alt und stammen aus der Hallstattzeit.
Die erste datierbare Erwähnung von Heringen fällt in das Jahr 1153. Bis weit in das 19. Jahrhundert hinein bleibt Heringen ein großes Dorf. Als andernorts im 19. Jahrhundert die Industrie ihren Aufschwung nimmt, bleibt Heringen davon zunächst unberührt und bietet seinen Bewohnern nur wenig wirtschaftliche Möglichkeiten. Erst der Fund einer Kalilagerstätte und der Bau

des Kaliwerks Wintershall verändert 1900 die wirtschaftliche Situation grundlegend. Mit dem Kaliwerk entstehen Arbeitsplätze am Ort und ein allgemeiner Aufschwung setzt ein, von dem auch Handel und Gewerbe profitieren.

Als nach 1945 der Weg nach Thüringen durch die Zonengrenze versperrt ist, entwickelt sich Heringen zum Zentrum des östlichen Kreises Hersfeld-Rotenburg. Nach der Grenzöffnung 1989 und der Wiedervereinigung ist die über 40-jährige Randlage zu Ende und Heringen rückt vom Rand der alten Bundesrepublik in die Mitte des wieder vereinigten Deutschlands.

Heringen – Fulda Aue

ⓘ Information

Tourist-Information Waldhessisches Werratal, Dickesstraße 1, 36266 Heringen (Werra), ☎ 06624/919413, 🖷 06624/919414, ✉ tourismus@heringen.de, 💻 www.heringen.de

Sehenswertes

Walterskirche

Die Ruine der Walterskirche liegt inmitten der ausgedehnten Waldungen des Seulingswaldes. Die Kirche verfiel wahrscheinlich im 15. Jahrhundert im damaligen verlassenen Dorf Waldradeberg.

„Monte Kali“

Das Heringer Wahrzeichen ist durch den Kalibergbau der letzen 25 Jahren entstanden. Der „Monte Kali“ besteht aus über 115 Millionen Tonnen Salz, die von Menschenhand aufgeschüttet wurden, ist 50 Hektar groß und bis zu 200 Meter hoch. Jeden Tag wächst er um weitere 20 000 Tonnen Salz an.

Besichtigungen des „Monte Kali“ sind ein ganz besonderes Erlebnis. Unter sachkundiger Führung geht es zu Fuß bis zum Gipfelplateau. Dort entschädigt bei günstiger Witterung ein phantastischer Rundblick über das Werratal, den Thüringer Wald und die Rhön für die geringen Mühen des Aufstieges.

Anmeldungen und Informationen nur im Werra-Kalibergbau Museum unter ☎ 06624/919413 oder 5127.

Mahnmal Bodesruh

Die ursprünglich als Mahnmal zur deutschen Teilung errichtete Turmanlage Bodesruh bietet einen weiten Blick über das Gerstunger Becken zum Thüringer Wald und ist mit seiner Ausflugsgaststätte ein beliebter Ausgangspunkt für Wanderungen und Radtouren in den Wäldern des Seulingswaldes.

Museen

Werra-Kalibergbau-Museum

Das Werra-Kalibergbau-Museum ist Deutschlands größtes Spezialmuseum zum Thema

Das Werra-Kalibergbau-Museum in Heringen

Kalibergbau. Mit vielen originalen Ausstellungsstücken, historischen Geräten und Werkzeugen, funktionsfähigen Maschinen, aber auch mit Modellen, Grafiken, Filmen, Computerpräsentationen und Fotos wird in mehreren Ausstellungsabteilungen die Welt des Kalibergbaus gezeigt.

ADRESSE: Dickesstraße 1, Heringen. ÖFFNUNGSZEITEN: Di. bis So. 14.00–17.00 Uhr, 1. April bis 30. September bis 18.00 Uhr, 20. Dezember bis 5. Januar geschlossen. Führungen jederzeit nach Vereinbarung. Informationen unter ☎ 06624/919413 oder per ✉ kalimuseum@heringen.de

Natur und Landschaft

Naturschutzgebiet Rohrlache

Der großflächige Auenbereich im Werratal zwischen Heringen und den Stadtteilen Leimbach und Widdershausen beheimatet eine Vielzahl von Vogelarten, die die Rohrlache als Brut- und Rastplatz sowie als Gebiet für die Nahrungssuche nutzen. Die Pflanzenwelt der Rohrlache ist gekennzeichnet durch das Vorhandensein von salzabhängigen Pflanzenarten, die sich an salzhaltigen Wasseraustrittsstellen in der Rohrlache angesiedelt haben. Von Widdershausen aus führt ein Wanderweg zu einem Beobachtungsstand, von dem aus die Vogelwelt zu beobachten ist.

Forstbotanischer Garten

Der von den Waldungen des Seulingswaldes umgebene Forstbotanische Garten im OT Herfa umfasst über 80 heimische Baum- und Straucharten. Im angeschlossenen *Waldmuseum* informieren Ausstellungsstücke über den Wald, sein Tier- und Pflanzenleben und seine Nutzung durch den Menschen.

Der Forstbotanische Garten ist für Gruppen ab zehn Personen vom 1. März bis zum 31. Oktober nach Absprache mit der Tourist-Information zugänglich.

Obstbaumlehrpfad

Die vielen alten Obstbaumbestände östlich des Kernortes werden im Obstbaumlehrpfad vorgestellt. Neben vorhandenen Sorten wurden seit 1997 gezielt weitere in der Region heimische Obstsorten angepflanzt, die mit einer entsprechenden Beschilderung erläutert werden. Der Ausgangspunkt des Obstbaumlehrpfades ist vor dem Gelände des Obst- und Gartenbauvereins im Bereich des Freibads.

Naturschutzgebiet Seulingssee

Der Seulingssee ist eine durch Auswaschungen des Salzgesteins tief im Untergrund als sogenannte Subrosionssenke entstanden. Nach und nach ist hier das Gelände abgesunken und war zeitweise von einem See bedeckt. Nachdem er zwischenzeitlich trockengelegt und landwirtschaftlich genutzt war, entwickelt sich der Seulingssee heute

Freibad Heringen im Freizeitgelände Steinberg

wieder zu einem besonders für Amphibien bedeutsamen Feuchtgelände.

Freizeitangebote

Schwimmbäder
ADRESSE: *Hallenbad*, Dickesstraße, Heringen, ☎ 06624/5414. ÖFFNUNGSZEITEN: Oktober bis April täglich außer Mo.
ADRESSE: Freibad im Freizeitgelände am Steinberg, Heringen, ☎ 06624/435. ÖFFNUNGSZEITEN: Mai bis September täglich 9.00–20.00 Uhr.

Rad- und Wanderwege
In und um Heringen laden 100 Kilometer markierte Rundwanderwege (anerkannt vom Deutschen Volkssportverband als IVV-Weitwanderweg) ein, Natur und Landschaft zu erkunden. Sehenswert ist insbesondere der Rundweg um den „Monte Kali“. Radfahrer können sich u. a. auf dem 300 Kilometer langen Werratal-Radweg austoben. Tourenvorschläge und Kartenmaterial erhalten Sie bei der Tourist-Information.

Reitplatz und Reithalle
Mit eigenem Pferd nach Absprache mit dem Reit- und Fahrverein Heringen e. V., Bärbel Fuge, Am Biegenrain 10, Heringen, ☎ 06624/698.

Feste und Veranstaltungen

Weihnachtsmarkt (Dezember)

Herleshausen

(Landkreis Werra-Meißner)

EINWOHNER: 3 150. ORTSTEILE: Herleshausen, Holzhausen, Nesselröden, Wommen, Archfeld, Markershausen, Altefeld, Willershausen, Frauenborn, Unhausen, Breitzbach.
Erstmals urkundlich erwähnt wurde der Ort im Jahre 1019 in einer Schenkungsurkunde König Heinrich II. als „Herleicheshuson“. Das Papier besiegelte die Übergabe des Hofes Herleshausen an das Kloster Kaufungen, welches den Ort bis in das 16. Jahrhundert in komplizierten Lehnsverhältnissen in einem Gebiet weiter verwaltete, in dem die politische Einflussnahme ständig wechselte.
In das Bewusstsein der breiten Öffentlichkeit gelangte der Ort Herleshausen jedoch erstmals nach dem Zweiten Weltkrieg als Grenzkontrollpunkt und einziger hessischer Straßenübergang zwischen den ehemals zwei deutschen Staaten. Bis zur Grenzöffnung 1989 passierten alljährlich Millionen Reisende den Übergang.

ⓘ Information

Gemeindeverwaltung Herleshausen, Bahnhofstraße 15, 37293 Herleshausen, ☎ 05654/9895-0, 🖷 05654/9895-33, ✉ gemeinde@herleshausen.de, 💻 www.werra-meissner.de/herleshausen/

Sehenswertes

Schloss Augustenau
Nach der Säkularisierung der Klöster gab Landgraf Philipp der Großmütige das Gut Herleshausen dem Truppenführer Georg von Reckrodt zum Lehen. Dieser erbaute im Jahre 1539 den „Steinstock", der den steinernen Kernbau für das spätere Schloss „Augustenau" bildete. Nach seinem Tode wurde die Familie von Wersebe Nachfolger im Lehen. Drei Generationen der Familie vergrößerten den Bau um zwei Flügel und Nebengebäude. Nach dem Aussterben der von Wersebe fielen Schloss und Gut an den Lehnsherren Landgraf Carl von Hessen-Kassel zurück. Seit 1821 trägt das Schloss den Namen „Augustenau" nach der früh verstorbenen Gemahlin des Landgrafen Carl, Auguste Prinzessin von Hohenlohe-Ingelfingen. ADRESSE: Schloss Augustenau, Bahnhofstraße 10, Herleshausen. ÖFFNUNGSZEITEN: Besichtigung auf Anfrage möglich.

Evangelische Burgkirche Herleshausen
Die um 1300 in erhöhter Position erbaute Wehrkirche befindet sich direkt neben der Schlossanlage von Schloss Augustenau. Das Innere der Kirche, so wie es heute zu sehen ist, wurde in seinen Grundzügen 1764 angelegt. Besonders sehenswert sind die Wandmalereien aus dem frühen 14. Jahrhundert mit Aposteldarstellungen, dem jüngsten Gericht und einer Kreuzigungsdarstellung in den Gewölbekappen des Chorturms. An der Chorwand befinden sich zudem sehr interessante Schrift- und Wappengrabsteine (u. a. der Grabstein des Truppenführers Georg von Reckrodt) aus dem 16./17. Jahrhundert. ÖFFNUNGSZEITEN: nach Absprache.

Jüdischer Friedhof/
Sowjetischer Soldatenfriedhof
Der jüdische Friedhof befindet sich etwas nördlich des Ortes. Das Studium der Grabinschriften zeigt, dass die älteste Belegung auf das Jahr 1876 datiert ist. Die letzte Bestattung wurde 1935 vorgenommen. Ursprünglich hatte der Friedhof die doppelte Größe, wurde aber 1944 verkleinert um eine Kriegsgräberstätte für sowjetische Soldaten anzulegen. 1943–1945 bestand in Herleshausen ein Kriegsgefangenenlager, in dem 1593 Gefangene insbesondere an den Folgen der TBC gestorben sind.

Brückenruine Lauchröder Lindenallee
Im Jahre 1898 wurde an der Lauchröder Landstraße eine der wenigen bis heute erhaltenen Alleen anlässlich eines Brückenneubaus über die Werra angelegt. Die Werrabrücke wurde am 1. April 1945 von amerikanischen Truppen gesprengt. Nach der Grenzöffnung 1989 führte an dieser Stelle wieder eine Rad- und Fußgängerholzbrücke über die Werra. Genau zehn Jahre später konnte der neue Massivbau (eine für Rettungsfahrzeuge befahrbare Bogenbrücke) seiner Bestimmung übergeben werden.

Ruine Brandenburg
Die Reste der einst imposanten Doppelburg waren viele Jahre aufgrund der bekannten Grenzsituation nicht zugänglich und dem weiteren Verfall preisgegeben. In den letzten

Jahren wurde viel zur Erhaltung der Burgruine unternommen. Der ehemalige Wohnturm ist heute als *Aussichtsturm* begehbar.

Schloss Nesselröden
Der Landadelssitz im Stil der Renaissance wurde von 1592–1594 innerhalb einer älteren Umfassungsmauer durch die Treusche von Buttlar erbaut. Das dreigeschossige Gebäude weist keine An- und Umbauten auf, auch die Raumaufteilung ist noch original. Die schlichte Fassade wird in der Mitte durch einen achteckigen Treppenturm, den ein Fachwerkgeschoss mit Welscher Haube krönt, und zwei Schmuckgiebel vertikal symmetrisch gegliedert. Das Portal des Treppenturms zeigt das Wappen derer von Buttlar. Heute befindet sich das Schloss in Privateigentum, eine Besichtigung ist nicht möglich.

Burgruine Brandenfels
Die Burg wurde Mitte des 13. Jahrhunderts oberhalb des Dorfes Markershausen am Südosthang des Schlossberges erbaut. Strategische Bedeutung erlangte die Burg durch ihre das Werratal beherrschende Lage an der hessisch-thüringischen Grenze, nahe der wichtigen Handelsstraße Frankfurt–Leipzig. Im 16. Jahrhundert begann der Verfall der Burg. Heute kann man von der über schöne Wanderwege zu erreichenden Ruine einen herrlichen Blick über das Werratal genießen.

Rittergut Markershausen
Das Rittergut war vermutlich eine Art Vorwerk der Burg Brandenfels, das die Versorgung der Burginsassen sicherte. Meterdicke Mauern und das Kellergewölbe des Herrenhauses sowie eines Anbaus sind erhalten geblieben. Der heutige repräsentative Fachwerkbau des Herrenhauses mit mehreren Wirtschaftsgebäuden, einem Wärterhaus (um 1620) und dem anschließenden parkartigen Garten entstand in der Mitte des 18. Jahrhunderts. Die zum Teil sehr großen Räume des Schlosses sind mit Stuckdecken aus dem 18. Jahrhundert verziert. Kachelöfen mit dem Familienwappen, eine Porträtsammlung der weitverzweigten Familie Treusch von Buttlar und Porzellan vervollständigen den Gesamteindruck des alten Herrenhauses.

Patronatskirche Markershausen
Die 1828 neben dem Gutshof erbaute Kirche besteht aus einem bescheidenen Fachwerkständerbau mit zwei Geschossen und einem abschließenden Walmdach. Im Innern dominiert ein an der Chorwand hoch aufragender Baldachin aus dem Vorgängerbau.

Gut Hohenhaus
Gut Hohenhaus, heute ein Hotel mit angeschlossener Restauration, erreicht man über eine Alleestraße ca. 2 Kilometer östlich des Ortsteils Holzhausen. Das Anwesen besteht aus einem Herrenhaus im Stil der Neorenaissance, das zur Jahrhundertwende erbaut wurde. Der Bau ist reich mit Erkern und Türmen verziert. Die besonders imposante Fassade erhebt sich in der Achse der Zufahrtsstraße. Hinter dem Park des Gutes befindet sich eine ehemalige Gerichtsstätte der Lehnsherren der Treusch von Buttlar, markiert von einer ca. 300 Jahre alten Linde.

Schloss Wommen
Der Erbauer des ersten burgartig angelegten Herrenhauses in Wommen am Ufer der Werra war Georg von Colmatsch, der 1552 ohne männliche Nachkommen starb. In den folgenden Jahrhunderten wechselte das Schloss mehrere Male den Besitzer, ehe es im Jahre 1908 vom Kammerherrn Rudolf von Schutz-

bar, genannt Milching, erworben wurde. Unter seiner Leitung entstand das heutige Schloss. Seit 1945 befindet sich in Schloss Wommen das Margot-von-Schutzbar-Stift, ein Alten- und Pflegeheim.

Rittergut Willershausen
Von der alten Wasserburg sind neben dem mächtigen Turm, der an das Wohnhaus angrenzt, noch ein Teil der Wassergräben und Reste des Burgwalles erhalten. Östlich vom Wohnbau liegt ein langgestreckter Bau mit massivem Erdgeschoss und spitzbogigem Durchgang aus gotischer Zeit. Heute wird das Schloss von einem Pächter bewohnt und das Gut modern bewirtschaftet.

Museen

Gestüt Altefeld mit Gestütsmuseum
Altefeld, das letzte in Deutschland erbaute Hauptgestüt, hat seine baulichen Wurzeln in Trakehnen und seine züchterischen Wurzeln in der Vollblutzucht. 1920 nach sechsjähriger Bauzeit wurde das Gestüt Graditz (Torgau) nach Altefeld verlegt, in dem 1935 350 Remonten betreut wurden. Ab 1939 wurde es Heeresgestüt, nach 1945 zunächst verpachtet und später zur Weiterführung der Vollblutzucht verkauft. Das Museum blickt nicht nur züchterisch, sondern auch geschichtlich auf eine bewegte Vergangenheit zurück. Auf ca. 100 Quadratmetern Ausstellungsfläche ist eine Dokumentation der Altefelder Geschichte zu sehen (u. a. Bilder, Sättel, Zaumzeug, architektonische Entwicklung des Gestüts, Werdegang bis heute …).
ADRESSE: Gestüt Altefeld, St.-Georg-Straße 15, Herleshausen, ☎ 05654/6563 oder 1209, 🖷 05654/743. ÖFFNUNGSZEITEN: auf Anfrage.

Kultur

Schafstall Willershausen
Kultur zum Anfassen im umgebauten Schafstall Willershausen mit dem *Kulturforum Gut Willershausen GENIUS LOCI e. V.* Hier finden in regelmäßigen Abständen Dichterlesungen, Seminare, Streichkonzerte und andere Veranstaltungen statt. Nähere Informationen erteilt das Kulturforum Gut Willershausen GENIUS LOCI e. V., ☎ 05654/92040.

Freizeitangebote

Schwimmbad
ADRESSE: Hallenbad Herleshausen, Im Ölgrund, Herleshausen, ☎ 05654/6363.

Rad- und Wanderwege
Die Lage im schönen Werratal, am Fuße des Thüringer Waldes und der Höhen des Muschelkalkplateaus des Ringgaus, macht Herleshausen zu einem guten Ausgangspunkt um das waldreiche Umland bei einer Rad- oder Wandertour zu erkunden. So sind die Ortsteile der Gemeinde durch ein Radwegenetz miteinander verbunden. Der überregionale *Werratal-Radweg* führt u. a. auch durch Herleshausen. Zudem besteht von Herleshausen aus Anschluss an den *Thüringer-Städtekette-Weg*. Wanderer finden innerhalb der Großgemeinde Herleshausen gut 100 Kilometer markierter Wanderwege. Darüber hinaus verlaufen die beiden überregionalen Wanderwege X 5 (Werraburgenstieg) und X 9 (Wartburgpfad) sowie der Fernwanderweg E 6 (Ostsee–Alpen–Adria) durch das Gemeindegebiet.

Kutsch-/Planwagenfahrten
Wilhelm Baum, Bei dem Frankenbaume 4, Herleshausen, ☎ 05654/202 und *Otto Lin-*

hose, Kreuzer Weg, 37296 Ringgau-Renda, 05659/523.

Golf
Die 9-Loch-Anlage (Ausbau auf 18-Loch geplant) mit Driving Ranch (10 Abschläge, davon 3 überdacht) ist ganzjährig, außer bei Schnee und Raureif, geöffnet. Weitere Informationen erhalten Sie beim Golf Club Gut Willershausen e. V., Bergring 4, Herleshausen-Willershausen, ☎ 05654/92040, 05654/92041.

Feste und Veranstaltungen

Kräpfel- und Dätschermarkt Willershausen (März bis Dezember jeweils am zweiten Sonntag des Monats)
Antik- und Trödelmarkt Altefeld (März bis Oktober jeweils am zweiten Sonntag des Monats)

Hessisch Lichtenau

(Werra-Meißner-Kreis)

EINWOHNER: 14 089. ORTSTEILE: Friedrichsbrück, Fürstenhagen, Hausen, Hirschhagen, Hollstein, Hopfelde, Küchen, Quentel, Reichenbach, Retterode, Velmeden, Walburg, Wickersrode.
Vor nunmehr mehr als 700 Jahren verließen die Menschen auf Geheiß Landgraf Heinrich I. von Hessen die sechs vorhandenen, aber verstreut liegenden Ansiedlungen und gingen an die Erbauung einer sicheren Stadt – der Stadt „zur lichten Aue“. Zwischen 1283 und 1289 wurde das heutige Hessisch Lichtenau am Schnittpunkt der alten Handelsstraßen „Leipziger Straße“ und „Sälzerstraße“ errichtet.
Im Dreißigjährigen Krieg fielen bei der Eroberung der Stadt durch die Kroaten 84 Wohnhäuser, das Rathaus sowie alle öffentlichen und kirchlichen Gebäude den Flammen zum Opfer. Auch der Siebenjährige Krieg, die Franzosenzeit und mehrere Großbrände hinterließen ihre Spuren in der Stadt, so dass vom alten Stadtbild recht wenig erhalten geblieben ist.

ⓘ Information

Kultur- und Verkehrsamt Hessisch Lichtenau, Landgrafenstraße 52, 37235 Hessisch Lichtenau, ☎ 05602/807-147, 🖷 05602/807-148/-180, ✉ verkehrsamt@hessisch-lichtenau.de, 💻 www.hessisch-lichtenau.de

☞ Stadtführungen

Das Verkehrsamt vermittelt u. a. Führungen im historischen Ort Reichenbach und gibt Wandertipps und Ratschläge für Fahrten zu den historischen Stätten des Kreises. Hier ist der Burgverein Reichenbach e. V. Ansprechpartner. Herr Bauer, ☎ 05602/5189, und Herr Brandau, ☎ 05602/3894.

Sehenswertes

Pfarrkirche
Die evangelische Stadtkirche wurde vor über 600 Jahren im gotischen Stil errichtet. Sie ist jeden Fr. von 10.00–13.00 Uhr geöffnet.

Altes Rathaus
Nach dem Dreißigjährigen Krieg wurde das Rathaus 1656 wieder aufgebaut und bis 1963 auch in dieser Funktion genutzt. In den 90er Jahren erfolgte die Restaurierung und es er-

Altes Rathaus

hielt den historisch erforschten Anstrich wie bereits 1656.

Junkerhof

Der Junkerhof zählt zu den ältesten Gebäuden der Stadt. Er wurde 1420 von den in hessischen Diensten stehenden Herren von Meysenbug errichtet. In der Mauer zur Burgstraße hin ist das Wappen der Meysenbugs mit der Jahreszahl 1707 zu sehen.

Klosterkirche Reichenbach

Der aus dem 12. Jahrhundert stammenden Klosterkirche, heute evangelische Pfarrkirche, war ein von den Grafen von Reichenbach gegründetes Nonnenkloster angeschlossen, das sich jedoch bald wieder auflöste. 1207/11 wurde die Kirche dann dem Deutschen Orden geschenkt. Damit wurde Reichenbach zur ältesten Niederlassung des Ordens in Deutschland. Dem Kirchenbau, einst eine dreischiffige flachgedeckte Basilika, wurden Chor, Apsis und vermutlich ein Querschiff abgebrochen. Die Langhausarkaden werden von schweren Rundsäulen (in der Langhausmitte von Pfeilern) getragen. Die sehenswerten Steinmetzarbeiten an Kapitellen und Gesimsen sind den Arbeiten des an der Fulda gelegenen Klosters Breitenau verwandt.

Neues Rathaus, vormals das Königlich Preußische Amtsgericht

Ruine Burg Reichenbach

Einige Kilometer nordwestlich des Stadtteils Reichenbach liegt einsam auf einem bewaldeten Felskeller die Ruine der Burg Reichenbach, Stammsitz der von 1089 bis 1272 bezeugten Grafen von Reichenbach. Die Burg wurde um 1550 auf Befehl Kaiser Karl V. bis auf die Türme zerstört und diente der Bevölkerung fortan als Steinbruch. Nachdem im Jahre 1820 der Ostturm einstürzte, wurde der noch stehende kleine Turm als Aussichtsturm ausgebaut. Heute kann man die schöne Aussicht, die sich vom Turm aus bietet, von April bis Oktober täglich genießen.

Rundturm am Obertor

Schloss Meisenbug

Von der im Jahre 1582 erbauten und 1913 abgebrannten Burg der Herren von Retterode zeugen heute nur noch die alte Wehrmauer mit noch erkennbaren Schießscharten rund um das Gotteshaus und der trutzige, burgähnliche Turm aus dem Jahr 1453. Der Besitz des Schlosses Meisenbug nahm früher fast die ganze Flur des Ortsteils Retterode ein.

Kultur

Geologische und heimatkundliche Sammlung

Zwei Sammelleidenschaften prägen das Leben des Heimatkundlers und Mineraliensammlers Karl Schmidt – Steine und Versteinerungen und die Heimatgeschichte. Im Verlauf der letzten Jahrzehnte hat er aus seinem Haus ein Museum gemacht, in dem er kleine und große Schätze der Region zeigt.

Der größte Nussknacker der Welt und Namensgeber des Weihnachtsmarktes

Die Fülle der Exponate reicht von ganz alltäglichen Gegenständen bis hin zu Raritäten, die frühere Lebensweisen dokumentieren. Für Interessierte veranstaltet er in der Umgebung seines Heimatortes auch *mineralogische Exkursionen*, bei denen er immer wieder auf neue Funde stößt.
Auskunft: Karl Schmidt, Zum Meinet 1, Hessisch Lichtenau-Velmeden, ☎ 05602/1029.

Sippelscher Hof in Reichenbach – heimatkundliche Begegnungsstätte
Im Jahre 1994 eröffnete der Burgverein Reichenbach im Sippelschen Hof (Haus des Burgvereins) im Stadtteil Reichenbach eine heimatkundliche Begegnungsstätte mit Museum. Eine Abteilung widmet sich insbesondere der Geschichte der Burg Reichenbach. Nähere Informationen erhalten Sie über Herrn G. Bauer, Mecklenburgerstraße 4, Hessisch Lichtenau, ☎ 05602/5189 und im Internet 💻 www.burgverein-reichenbach.de.vu

Natur und Landschaft

Waldlernpfad auf dem Hohen Meißner
Inmitten der wunderschönen Mittelgebirgslandschaft bietet Ihnen der Waldlernpfad rund um den Frau-Holle-Teich auf dem Hohen Meißner (754 Meter) die Möglichkeit, an 16 Stationen aktiv zahlreiche Kenntnisse über Natur und Umwelt auf dem „König der nordhessischen Berge" zu sammeln.

„Große Steine"
Von Reichenbach aus kann man eine Wanderung zu den so genannten „Großen Steinen" unternehmen. Hierbei handelt es sich um die größten Dolomitfelsbrocken Hessens.

„Kitzkammer" und Hausener Hute
Verlässt man den Stadtteil Hausen in nördlicher Richtung auf dem Fußweg zum Viehhaus, so gelangt man zur *„Kitzkammer"*, einer Grotte aus waagerecht liegenden Basaltsäulen. Geologen nehmen an, dass es sich hier um eine Austrittsstelle glutflüssigen Basalts gehandelt haben muss. Der Sage nach hat Frau Holle in der Grotte ihre heiligen Katzen gehalten. Ein weiteres Naturdenkmal ist die *Hausener Hute*, eine Bergwiese mit besonderen Pflanzen.

„Hollensteine" und „Höllensteine"
Die sich am südlichen Ausgang des Stadtteils Hollstein befindenden *„Hollensteine"*, zwei Zechstein-Dolomit-Felsen, und die *„Höllensteine"*, ein Zechsteinhügel mit Trockenrasen, sind als Naturdenkmäler ausgewiesen.

Freizeitangebote

Rad- und Wanderwege
Auf über 200 Kilometern markierten und teilweise geschichtsträchtigen Wanderwegen wie der „Franzosenstraße", dem Barbarossaweg/Hessenweg 8", dem „Sälzerweg", dem „Brüder-Grimm-Weg" und „Frau-Holle-Pfad" können Sie die reizvolle Mittelgebirgslandschaft rund um Hessisch Lichtenau entdecken. Dabei werden Sie nach Aufstiegen immer wieder mit herrlichen Ausblicken belohnt. Der historische Grenzwanderweg (88 Kilometer) ist in vier Etappen zu erwandern. Radfahrer können die Region auf 26 ausgeschilderten Rundwanderwegen mit insgesamt 800 Kilometern Weglänge erkunden. Eine Wander- und Radwanderkarte ist im örtlichen Buchhandel sowie im Kultur- und Verkehrsamt erhältlich. Letzteres informiert Sie auch gerne über Tourenvorschläge.

Wintersport in Hessisch-Lichtenau

Schwimmbad

ADRESSE: *Hessisch Lichtenauer Hallenbad,* Freiherr-vom-Stein-Straße, Hessisch Lichtenau. ÖFFNUNGSZEITEN: täglich.

Kutsch-/Planwagenfahren

Es besteht die Möglichkeit den Hohen Meißner im Rahmen einer Planwagenfahrt zu erkunden. Information und Buchung beim Fremdenverkehrsverband Werra-Meißner-Land, ☎ 05542/958-151, 🖷 05542/72313 oder bei FUN-Tours, ☎ 05651/691.

Reiten

Der *Quellentalhof* im OT Quentel erfüllt allen Pferdeliebhabern ihre Wünsche: Reitunterricht in kleinen Gruppen bis max. 6 Personen, Wanderreitstation, therapeutisches Reiten für Kinder, Jugendliche und Erwachsene.

ADRESSE: Quellentalstraße 61, Hessisch Lichtenau. ☎ 05602/1274 oder 💻 www.quellentalhof.de

Segelfliegen

Der Luftsportverein e. V. Hessisch Lichtenau bietet von Mai bis Oktober Sa. nachmittags und So. Rundflüge an. Zudem veranstaltet der Verein alljährlich von Pfingstsamstag bis Pfingstmontag sein traditionelles Pfingstfliegen mit Motorflug, Hubschrauberflug, Segelflug und „Tanz im Hangar".

Auskunft: Julian Vey, ☎ 05602/3766, Rolf Waller, ☎ 05602/70687, oder Flugplatz, ☎ 05602/2347.

Wintersport

Bei entsprechendem Wintersportwetter ist der Hohe Meißner das „Ski-Mekka Nordhessens". Freunde des Langlaufsports finden eine 10 Kilometer lange, gespurte Loipe, die rund um den Hohen Meißner führt. Alpin-Skifahrer finden zwei Abfahrtspisten von 250 Metern und 750 Metern Länge mit Skiliftbetrieb. Wem der Tag zu kurz war, der kann sich zudem zweimal wöchentlich unter Fluchtlicht die Hänge hinabstürzen. Wer kein eigenes Material dabei hat, kann sich im Meißnerhaus und im Berggasthof Hoher Meißner eine Ausrüstung ausleihen.

Eine weitere gespurte Loipe (7 Kilometer) finden Langläufer beim Stadtteil Retterode. Ganz Mutige können sich hier auch mal an einem Sprung auf der Laudenbachschanze versuchen. Auskunft erteilt der TSV Retterode.

Prospektmaterial sowie ausführliche Auskünfte erhalten Sie beim Verkehrsamt der Stadt Hessisch Lichtenau.

Erlebnisbahnhof Walburg

Für kleine und große Nostalgiker ist eine Fahrt mit dem Frau-Holle-Express sicherlich ein besonderes Erlebnis. Weiterhin besteht die Möglichkeit den Bahnhof Walburg im Rahmen einer einstündigen Führung (nach Vereinbarung) näher kennen zu lernen.

Auskunft: R. Herbert, Bahnhofstraße, Hessisch Lichtenau-Walburg, ☎ 05602/3880 oder im Internet unter 💻 www.eisenbahnfreundewahlburg.de

Bürgerpark „Lossetal“
Abenteuerspielplatz mit Rollschuhbahn (Sommer), Eisbahn (Winter), Skateboard, Vogelgehölzen und Schutzbepflanzungen.

Feste und Veranstaltungen

Altstadtfest (Juni)

Hofgeismar

(Landkreis Kassel)

EINWOHNER: 16 905. STADTTEILE: Beberbeck, Carlsdorf, Friedrichsdorf, Hofgeismar, Hombressen, Hümme, Kelze, Sababurg, Schöneberg.
Die am Westrand des Reinhardswaldes an der Deutschen Märchenstraße gelegene Stadt wurde erstmals im Jahre 1082 in einer Urkunde als „Hovegeismari“ erwähnt. Nach archäologischen Erkenntnissen wurde das Stadtgebiet nunmehr seit ca. 7 000 Jahren ununterbrochen besiedelt. 1082 war der ehemals fränkische Edelhof mit seinen 860 erwähnten Weilern im Besitz des Bistums Mainz. Er wurde zum Mittelpunkt eines großen Kirchensprengels und weltlichen Machtbereichs und bekam Anfang des 13. Jahrhunderts die Stadtrechte verliehen. Im Jahre 1462 wurde die Stadt an die Landgrafenschaft Hessen-Cassel verpfändet. Von der Mainzer Herrschaft zeugt noch das Stadtwappen, das in rotem Schild ein weißes (silbernes) Mainzer Rad zeigt und Türme sowie Stadttor in weißer (silberner) Farbe andeutet.

ⓘ Information

Tourist-Info Märchenland Reinhardswald der Stadt Hofgeismar, Markt 5, 34369 Hofgeismar, ☎ 05671/5070400, 🖷 05671/500839, ✉ touristinfo@stadt-hofgeismar.de, 💻 www.hofgeismar.de und www.Reinhardswald.de

☞ Stadtführungen

Von April bis Oktober besteht die Möglichkeit jeweils am ersten und dritten Samstag im Monat um 10.00 Uhr an einem geführten Rundgang durch die Altstadt teilzunehmen. Treffpunkt für diese ca. zweistündigen Führungen ist das Rathaus. Gruppen werden gebeten gesonderte Termine zu vereinbaren. Anfragen und Anmeldungen richten Sie bitte an die Tourist-Info Märchenland Reinhardswald., Markt 5, Hofgeismar, ☎ 05671/5070400.

Sehenswertes

Altstadt
Die in den letzten Jahrzehnten mit viel Liebe und Aufwand sanierte Altstadt beherbergt eine Fülle von interessanten Fachwerkbauten des 16. bis 20. Jahrhunderts. Insbesondere am Marktplatz kann man sich vom Anblick der schönen Fachwerkhäuser verzaubern lassen. Am Markt befindet sich auch das in einer Mischung aus Ständer- und Rähmbauweise errichtete *älteste Fachwerkhaus* der Stadt – heute Café Hoffmann. Es ist auf das Jahr 1528 datiert. Sein Erdgeschoss wurde leider durch Umbauten verändert. Sehenswert sind aber auch das *Geburtshaus* der erfolgreichen *Volksschriftstellerin Nataly von Eschenstruth* (1860–1939) in der Mühlenstraße 19 und das *Geburtshaus des Malers und Grafikers Hermann Kätelhön* (1884–1940) in der Baustra-

ße 2. Das *Haus Scheffer* (1684) im Steinweg 18 ist ein gutes Beispiel für die Wohnstätte eines wohlhabenden Ackerbürgers. Von den starken Befestigungsanlagen der Stadt ist wenig erhalten geblieben. Am *Sälber Tor*, dem einst wichtigsten Stadttor, lässt sich jedoch noch etwas von deren ehemaliger Stärke erahnen.

Szenen aus der Altstadt von Hofgeismar

Das über 600 Jahre alte Rathaus

Rathaus

Das Rathaus der Stadt wurde von 1387–1390 auf mittelalterlichen Tonnengewölben errichtet. Das westliche Kreuzgratgewölbe, das ursprünglich als Markthalle genutzt wurde, stammt vermutlich noch aus dem 13. Jahrhundert. Baufälligkeit führte 1730 zu einem Teilabbruch des Gebäudes und zu einem Neubau mit Glockenturm. Nach einem Brand im Jahre 1850 erhielt das Rathaus von 1854 bis 1856 im Rahmen von Erweiterungsarbeiten sein heutiges Aussehen. Täglich um 12.15 Uhr, 15.15 Uhr und 18.15 Uhr kann man den Klängen des Glockenspiels lauschen.

Altstädter Kirche

Mit dem Bau der ehemaligen Stiftskirche „Unserer Lieben Frau“ wurde im 12. Jahr-

hundert im romanischen Stil begonnen. Um 1330 erfolgten verschiedene Umbauten im gotischen Stil. Aus dieser Zeit stammt auch das hochgotische Portal. Seit 1535 ist sie evangelische Pfarrkirche. Im Innern befindet sich der um 1310 entstandene „Hofgeismarer Passions-Flügelaltar", der als Meisterwerk der hochgotischen Malerei gilt. Vermutlich handelt es sich bei ihm um einen Teil des Flügelaltars der Klosterkirche der Franziskaner.
Die Kirche ist täglich von 9.00–18.00 Uhr, im Winter bis 16.00 Uhr, geöffnet.

Brauchtum – Tanz um den Maibaum auf dem Hofgeismarer Marktplatz

Ehemaliges Hospital
Nach der 1527 erfolgten Säkularisierung des Franziskanerklosters wurde ab 1536 in Teilen der 1238 geweihten Kirche des Klosters ein Hospital eingerichtet. Um 1700 wurden die Kirchenreste durch Fachwerkkonstruktionen ergänzt. Bis heute erhalten geblieben ist ein gotisches Fenstergewände mit Spitzbogenabschluss. In den Gebäuden befindet sich heute eine Altenwohnanlage.

Haus Malzfeldt
Das Längsdielenhaus aus dem Jahr 1684 in der Petristraße 13 ist ein herausragendes Beispiel eines diemelsächsischen Ackerbürgerhauses. Der barocke Fachwerkbau mit geschnitzter Bauornamentik ist trotz mehrerer Brände in unmittelbarer Nachbarschaft fast unverändert erhalten geblieben.

Evangelisches Dekanat
Das evangelische Dekanat befindet sich in der ehemaligen gotischen Martinskapelle (bereits 1329 erwähnt), die im 16. Jahrhundert mit einem Fachwerkobergeschoss zum Wohnhaus umgebaut wurde.

Hochzeitshaus
Das ehemalige städtische Gilde- und Hochzeitshaus wurde 1620 erbaut und gilt als Kulturdenkmal der Spätrenaissance. Nach einem Brand wurde es im 19. Jahrhundert baulich verändert. Der steinerne Bauschmuck ist bedingt durch Witterungseinflüsse leider stark angegriffen.

Stadtschule
Die ehemalige Stadtschule wurde 1891 in zeittypischer Backsteinbauweise der späten Gründerzeit errichtet. Weitere Gebäude aus dieser Zeit finden sich in der Bahnhofstraße.

Neustädter Kirche
Die dreischiffige Hallenkirche wurde von 1341–1421 in der Neustadt errichtet. Die Zwiebelhaube entstammt dem 18. Jahrhundert. Nach 1686 war sie Predigtkirche der zugewanderten Hugenotten und Waldenser.

Katholische Kirche St. Peter
Die neugotische Backsteinkirche (1897/98) am Kasseler Tor war der erste Kirchenneubau für die Katholiken von Hofgeismar und Umgebung. Die Inneneinrichtung der Gründungszeit ist fast komplett erhalten.

Klassizistisches Schloss Gesundbrunnen mit Brunnentempel im Vordergrund

Gesundbrunnen
Im Jahr 1639 begann mit der Entdeckung einer Mineralquelle die Geschichte des Gesundbrunnens bei Hofgeismar. Die hessischen Landgrafen bauten sie im Verlaufe des 18. Jahrhunderts zu einer prächtigen Badeanlage mit einem auf acht ionischen Säulen ruhenden Brunnentempel, der die Mineralquelle fasste, aus. Nach dem Niedergang des Badebetriebs im 19. Jahrhundert wurde das einmalige architektonische Ensemble erhalten und wird heute als Predigerseminar und als Akademie der evangelischen Kirche von Kurhessen-Waldeck genutzt.

Kirche Carlsdorf
Der im Jahre 1866 gegründete Stadtteil Carlsdorf ist die älteste Ansiedlung der Hugenotten in Hessen. Bei seiner Gründung wurde der Grundriss kreuzförmig angelegt. Die 1699 errichtete Kirche ist eine der schönsten Fachwerkkirchen der Region. Sie ist täglich für Besichtigungen geöffnet.

Sababurg
Das 1334 auf einer flachen Basaltklippe erbaute Schloss gilt als das Dornröschenschloss der Gebrüder Grimm. Die Ruine und die beiden gedeckten Türme sind wie der Burggarten und der Wurzgarten von März bis Oktober täglich von 10.00 bis 17.00 Uhr zu besichtigen. Die Besichtigung des Burggartens ist insbesondere zur Rosenblüte (Mai bis August) ein Erlebnis. Das erhalten gebliebene Kanzleigebäude wurde als Gaststätte und Hotel ausgebaut. Es besteht die Möglichkeit im Rahmen zweier Führungen – zur (Bau-)Geschichte des Schlosses/Zum Burggarten und den Rosen des Schlosses – mehr über das Schloss zu erfahren. Man kann sich aber auch von Dornröschen und Prinz oder von Graf Reinhard persönlich standesgemäß auf dem Schloss begrüßen lassen. Nähere Informationen erhalten Sie beim Dornröschenschloss Sababurg, Hofgeismar-Beberbeck-Sababurg, ☎ 05671/ 808-0, 🖷 05671/808-200, ☎ reception@sababurg.de

Museen

Stadtmuseum
Die Bebauung des vierteiligen Gebäudekomplexes stammt aus dem 16. bis 19. Jahrhundert. Die 14 Abteilungen des Hofgeismarer Stadtmuseums sind zum Teil von internatio-

naler Bedeutung. Dem Besucher stehen zudem Archive, thematische Handbibliotheken sowie Tagungs- und Aufenthaltsräume zur Verfügung. Jedes Jahr sind mehrere Sonderausstellungen zu sehen.
ADRESSE: Stadtmuseum, Petriplatz 2, Hofgeismar, 💻 www.museum-hofgeismar.de. ÖFFNUNGSZEITEN: Mo., Di., Do. 10.00–12.00 Uhr, Mi. 15.00–18.00 Uhr, Fr. 17.00–19.00 Uhr sowie So. und an Feiertagen 11.00–13.00 und 15.00–18.00 Uhr.

Apothekenmuseum im „Steinernen Haus", dem ältesten Profanbau der Region

Apothekenmuseum
Das im ältesten erhaltenen Profanbau der Region – einer hochmittelalterlichen Steinkammer um 1239 – untergebrachte Apothekenmuseum ist das einzige seiner Art in Deutschland. Die Ausstellung widmet sich u. a. verschiedenen Apothekeneinrichtungen und der Arzneimittelherstellung. Zudem existiert eine Fachbibliothek für Studien. Der Kräutergarten informiert u. a. über die Heilwirkungen der verschiedenen Pflanzen.
ADRESSE: Apothekenmuseum, Apothekenstraße 5, Hofgeismar. ÖFFNUNGSZEITEN: Mo., Di., Do. 10.00–12.00 Uhr, Mi. 15.00–18.00 Uhr, Fr. 17.00–19.00 Uhr sowie So. und an Feiertagen 11.00–13.00 und 15.00–18.00 Uhr.

Kultur

Sababurg-Theater
Ganzjährig spielt auf dem Dornröschenschloss Sababurg das Theater-Duo „Rollwagen" Stücke aus Märchen, Mythen und Balladen. Bezüglich der Veranstaltungstermine wenden Sie sich bitte an die Tourist-Info Märchenland Reinhardswald.

Natur und Landschaft

Tierpark Sababurg
Am Fuße des Schlossberges liegt der 1571 gegründete Tierpark Sababurg, die älteste erhaltene zoologische Anlage Europas. Ihr Schwerpunkt liegt auf der Arterhaltung heute noch und ehemals heimischer Tiere wie Luchse, Wölfe, Wisente, Wildpferde, Auerochsen etc. Insgesamt beherbergt der Tierpark z. Z. 70 verschiedene Tierarten, die in freier Wildbahn leben. Seit kurzem kann man in einer naturnah gestalteten Anlage europäische Fischotter beobachten. Zudem wurde ein artgerechtes Gehege für den Westkaukasischen Steinbock gebaut. Kleinere Kinder dürften besonders am Kinderzoo mit Streicheltieranlage ihre Freude haben. Ein *geologischer Lehrpfad* und das *Forst- und Jagdmuseum* runden das Angebot ab.
Für Gruppen können unter ☎ 05671/8001-268 Führungen vereinbart werden. Darüber hinaus besteht von Mai bis Oktober die Möglichkeit Adler, Bussarde und Falken

bei den mehrmals täglich stattfindenden Greifvogelflugvorstellungen zu bewundern. ÖFFNUNGSZEITEN: ganzjährig geöffnet.

Urwald Sababurg
In unmittelbarer Nähe zur Sababurg befindet sich das älteste hessische Naturschutzgebiet (seit 1907) – der Urwald Sababurg. Das Relikt eines Hutewaldes hat sich mit seinen bis zu 1 000-jährigen Eichen und seinem meterhohen Farn zu einem der meist fotografierten Waldstücke Deutschlands entwickelt. Führungen sind auf Anfrage möglich. Neben der Tourist-Info steht das Forstamt Reinhardshagen, H. Rapp, ☎ 05544/9510-0, für Auskünfte zur Verfügung.

Führungen mit Ritter Dietrich vom Reinhardswald
Den Reinhardswald mit Ritter Dietrich vom Reinhardswald entdecken – ein eindrucksvolles Erlebnis. Für Gruppen bis 30 Personen besteht die Möglichkeit im Rahmen einer Rundfahrt die Trendelburg, den Nassen Wolkenbruch (Naturdenkmal) und die Sababurg zu erleben. Auskunft zu diesen und weiteren thematischen Führungen erteilt die Tourist-Info Märchenland Reinhardswald.

Freizeitangebote

Schwimmbäder
ADRESSE: Freizeit- und Erlebnisbad Hofgeismar, Schöneberger Straße, Hofgeismar, ☎ 05671/920971. ÖFFNUNGSZEITEN: Mo. bis Fr. 7.30–20.30 Uhr sowie Sa./So. 9.00–20.30 Uhr.
In den Sommermonaten steht auch das *Freibad* im Stadtteil *Kelze* den Besuchern offen. Es öffnet täglich von 10.00–19.00 Uhr seine Pforten.

Das Freibad im OT Kelze

Rad- und Wanderwege
Das Wanderwegenetz des Reinhardswaldes, die Radwege entlang Diemel, Weser und Esse, der Reinhardswald-Radweg und der Hessische Fernradweg R 4/Nord–Süd – dem aktiven Erholungssuchenden stehen in und um Hofgeismar vielfältige Möglichkeiten offen. Die Tourist-Info berät Sie gerne und hält auch Kartenmaterial und Tourenvorschläge für Sie bereit.
Fahrradpool Weser Diemel e. V.: Der Fahrradpool ist ein Zusammenschluss von Gastronomen und Gemeinden, die sich ganz speziell auf die Bedürfnisse von Radtouristen eingestellt haben.
AUSKUNFT: Fahrradpool Weser Diemel e. V., c/o Bodo Gaide, Essestraße 10, Hofgeismar-Hümme, ☎ 05675/481, 🖷 05675/5177, Gasthaus.Gaide@t-online.de

Feste und Veranstaltungen

„Kelzer Aschermittwoch“ (jährlich am Aschermittwoch)

Genießen in Hofgeismar – mit der unnachahmlichen „Ahlen Worscht“

„Stutewecken“ (jährlich am Mittwoch vor Ostern)
Maibaumfest (1. Mai)
Straßenfest in der Fußgängerzone (erster Samstag im Mai)
Mayence-Fest im OT Kelze (erster Sonntag im Mai)
Viehmarkt (zweites oder drittes Wochenende im Juni)
Weinfest im OT Kelze (viertes Juliwochenende)
Weihnachtsmarkt Hofgeismar (an den vier Adventswochenenden)

Homberg (Efze)

(Schwalm-Eder-Kreis)

EINWOHNER: 15 369. STADTTEILE: Allmuthshausen, Berge, Caßdorf, Dickershausen, Holzhausen, Hombergshausen, Hülsa, Lembach, Lützelwig, Mardorf, Mörshausen, Mühlhausen, Relbehausen, Rodemann, Roppershain, Rückersfeld, Sondheim, Steindorf, Waßmuthshausen, Welferode, Wernswig.

Namensgeber der Stadt waren die „Ritter von Hohenberg“, die seit 1120 Bewohner der über der Stadt gelegenen Burg waren. Die Stadt selbst wurde erstmals 1231 urkundlich erwähnt und wuchs durch ihre Lage an zwei wichtigen Handelsstraßen zu einem blühenden und wohlhabenden Handelsplatz des mittelalterlichen Woll- und Weinhandels heran. Gegen Ende des Dreißigjährigen Krieges war die Stadt jedoch weitgehend zerstört. Dennoch zeugen noch heute viele prächtige Fachwerkbauten vom Reichtum ihrer damaligen Bürger, die ihre Häuser zum Teil auf den Überresten ihrer zerstörten Bauten wieder aufbauten.

ⓘ Information

Tourist-Info, Obertorstraße 4, 34576 Homberg (Efze), ☎ 05681/994151, 🖷 05681/994155, ✉ info@homberg-efze.de, 💻 www.homberg-efze.de

☞ Stadtführungen

Information: Frau Elisabeth Kaufmann, Freiheiter Straße 9, Homberg, ☎ 05681/3085.

Sehenswertes

Altstadt/Marktplatz
Die Vielzahl gut erhaltener und liebevoll restaurierter Fachwerkhäuser, denen man bei einem Rundgang innerhalb der alten, zum Teil erhaltenen Stadtmauer mit ihrem Wehrgang und ihren Wehrtürmen begegnet, lassen noch etwas von dem einst blühenden mittelalterlichen Handelsplatz erahnen. Der Marktplatz mit seiner geschlossenen

Fachwerkkulisse gehört zu den eindrucksvollsten Fachwerkkleinoden Nordhessens.

Burg-/Schlossruine

Die aus einem befestigten fränkischen Königshof entstandene Burganlage war im 12. Jahrhundert Sitz der „Ritter von Hohenburg". 1636 wird die Burg von kaiserlichen Truppen unter General Götz angegriffen, belagert und trotz großem Kampf der Besatzung eingenommen. Zwar konnte die schwer zerstörte Burg am Ende des Dreißigjährigen Krieges wieder zurückerobert werden, doch erlangte sie keine Bedeutung mehr und wurde 1657 endgültig aufgegeben. Erst in den 30er Jahren des 20. Jahrhunderts besann man sich der Burg und begann mit der Sicherung und dem Wiederaufbau der Ruine. Der 12 Meter hohe, ohne historischen Bezug errichtete *Aussichtsturm* wurde 1958 eröffnet. Von ihm bietet sich dem Besucher ein einmaliger Rundblick auf das nordhessische Bergland. Der Burghof bildet heute das reizvolle Ambiente für kulturelle Veranstaltungen wie das einmal jährlich stattfindende Burgbergfestival.

Stadtkirche St. Marien

Der mächtige Bau der am Fuße des Burgbergs gelegenen Stadtkirche überragt die umliegenden Fachwerkbauten um ein Vielfaches und bestimmt so

Blick auf Homberg (Efze)

Blick von der Burg auf die Stadt

Auf dem Schlossberg

das Bild der Altstadt und des Marktplatzes. Die Grundsteinlegung zu der weiträumigen hochgotischen Hallenkirche erfolgte im Jahre 1340. Baugeschichtlich besteht eine Verbindung zur Elisabethkirche in Marburg. Im Dreißigjährigen Krieg schwer beschädigt, wurde sie von 1645–1746 wieder aufgebaut. Beeindruckend ist der hohe gotische Innenraum der Kirche. An der Wand des linken Seitenschiffs sind sieben Sandsteinreliefs eines wahrscheinlich vor 1500 geschaffenen Kreuzwegs angebracht.

Kirchengeschichtliche Bedeutung erlangte die Stadtkirche durch die Homberger Synode im Oktober 1526, an deren Ende die Verfassung der „Homberger Kirchenordnung" stand.

ÖFFNUNGSZEITEN: Schlüssel erhältlich in der Buchhandlung Mönch, Westheimer Straße, Homberg.

In der Innenstadt von Homberg (Efze)

Rathaus

Das Rathaus in der Obertorstraße wurde 1704 auf den Grundmauern eines im Dreißigjährigen Krieg zerstörten Vorgängerbaus aus dem 15. Jahrhundert errichtet. Die Wetterfahne wurde im Jahre 1767 aufgesetzt. Seit 1989 ertönt täglich um 12.30 Uhr und um 17.15 Uhr das Glockenspiel des Rathauses.

Pförtchen

Wer zu Fuß auf den Burgberg gehen möchte, sollte den Weg durch das sogenannte Pförtchen, einer Fußgängerpforte mit überdachtem Wehrgang, wie er früher für die gesamte Stadtmauer existierte, wählen. Über der Pforte liegt die Wach- und Pförtnerstube. Dem Besucher bietet sich von hier aus ein herrlicher Ausblick zum Efzetal.

Löwenhaus

Das 1617 am Marktplatz erbaute Löwenhaus ist eines der wenigen Gebäude, die den Dreißigjährigen Krieg überstanden haben. Wappenstein und Löwenkopf mit Inschrift weisen auf den ehemaligen Standort der Löwenapotheke hin. Bemerkenswert ist das Renaissanceportal des Hauses.

Fünffenster Haus (Deutsches Haus)

Anfang des 19. Jahrhunderts wurde die Anzahl der Fenster aufgrund hoher Kosten durch die „Fenstersteuer" von den Bauherren auf fünf begrenzt. An der Ostseite des Marktplatzes befindet sich ein weiteres Fünffensterhaus.

Gasthaus Krone

Das Gebäude aus dem Jahr 1480 mit vorkragenden Obergeschossen und Erkeranbauten aus dem 16. Jahrhundert zählt zu den bedeutendsten Fachwerkbauten Hessens. Bereits seit 1721 wird es als „Gasthaus" genutzt – somit ist es das älteste Restaurant Hessens.

Schirnen

Im Mittelalter in den Kavaten eingerichtete handwerkliche Verkaufsstände und Garküche: die Bäckerschirne im so genannten Möbelagen, die Fleischerschirne im heutigen Haus Bähr, in den Gewölben unter dem Kirchhof die „Garküche". Alle drei „Hütten" wurden vom Landgrafen baulich unterhalten. Die Schirnen bestanden bis 1810. Heute sind die Gewölbe gewerblich genutzt.

Salzhaus

Im 19. Jahrhundert bestand in der Salzgasse das Homberger Salzmagazin, aus dem fast alle Gemeinden des Kreises ihr Salz bezogen. 1834 wurde diese Regelung aufgehoben. Das Salz musste fortan direkt von der Saline in Sooden abgeholt werden. Das Salzhaus blieb lediglich für die Bürger Hombergs zuständig.

Am Pulverturm

Pulverturm

Der Pulverturm (13. Jahrhundert) ist der einzige vollständig erhaltene Turm der Stadtbefestigung von ehemals 1 000 Metern Länge, sechs bis acht Metern Höhe und zwei Metern Breite.

Gotisches Haus

Der Ständerbau in der Holzhäuser Straße ist das älteste Homberger Wohnhaus. Es wurde vor 1480 erbaut.

Museen

Heimatmuseum im Hochzeitshaus

1522 erbaut, wurde es 1571 von der Stadt erworben und für alle feierlichen Anlässe von Zünften und Bürgerschaft verwendet. 1582 wurde das Haus um einen Küchenbau erweitert, der im ersten Stock den Hochzeitssaal beherbergte. Seit 1952 beherbergt es die Sammlungen des Heimatmuseums.

ADRESSE: Heimatmuseum, Pfarrgasse 26, Homberg. ÖFFNUNGSZEITEN: Mi. 14.30–16.30 Uhr sowie Sa./So. 10.00–12.00 und 14.30–16.30 Uhr. Anmeldung für Gruppen und Führungen bei Frau Aßmus, ☎ 05681/667.

Natur und Landschaft

Naturzentrum und Wildpark Knüll

Wildpark und Naturzentrum Knüll liegen zwischen den Stadtteilen Rodemann und Allmuthshausen. Im Wildpark werden Flora und Fauna der nordhessischen Mittelgebirgsregion vorgestellt. Heimische Tiere können in ihrer natürlichen Umgebung in großzügigen Freigehegen beobachtet werden. Entdeckt werden können aber auch Tiere, die in den heimischen Wäldern nicht mehr zu finden sind, wie z. B. der Luchs.

Die Dauerausstellung des Naturzentrums informiert über die Natur- und Kulturlandschaft des Knüllgebirges sowie über Maßnahmen des Natur- und Umweltschutzes. Führungen durch den Wildpark sowie themenspezifische Vorträge und Seminare können mit dem Zentrum vereinbart werden.

Auskunft: Naturzentrum und Wildpark Knüll, Postfach 1262, Homberg (Efze), ☎ 05681/ 2815, 🖷 05681/921092.
Öffnungszeiten Naturzentrum: täglich 9.00–18.00 Uhr; in der Zeit vom 1. November bis 31. März bis 16.00 Uhr.
Öffnungszeiten Wildpark: April bis Oktober täglich 9.00–18.00 Uhr, 26. Dezember bis 31. März täglich 10.00–16.00 Uhr; 1. November bis 25. Dezember geschlossen.

Waldlehrpfad Hülsa
Der am östlichen Ortsrand gelegene Waldlehrpfad (ca. 2 Kilometer langer Rundweg) informiert anhand von 80 Hinweistafeln über die Flora und Fauna am Wegesrand.

Lohbachklamm
Die sehenswerte, 1,3 Kilometer lange Waldbach-Klamm liegt zwischen dem Homberger Stadtteil Hülsa und Wallenstein. Sie ist von Hülsa aus ausgeschildert.

Freizeitangebote

Schwimmbäder
Das wunderschön gelegene *Homberger Freibad im Erleborn* bietet Freizeitspaß für die ganze Familie. Neben dem Freibad öffnet das *Bewegungsbad im Stadtteil Hülsa* Di., Mi., Fr., Sa. und So. seine Pforten für Besucher. Nähere Informationen bezüglich der Öffnungszeiten erhalten Sie bei der Stadtverwaltung Homberg, ☎ 05681/994-142, und beim Bewegungsbad Hülsa, ☎ 05686/740.

Rad- und Wanderwege
Wanderfreunde können die Umgebung Hombergs auf gut markierten Wanderwegen entdecken. Rund 200 Kilometer Wanderwege bieten dabei viel Abwechslung. Die Tourist-Info informiert Sie gern über die Möglichkeiten. Die Region lässt sich aber auch sehr gut mit dem Rad erkunden. Allein zwei Radwanderwege des Schwalm-Eder-Kreises führen direkt durch das Homberger Stadtgebiet – der Fulda–Efze-Weg R 16 (19 Kilometer) von Homberg nach Malsfeld mit Anbindung an den R 1 und der Efzetalweg R 17 (50 Kilometer) von Wabern nach Willingshausen-Loshausen mit Anbindung an den R 20. Zudem führt der Hessische Fernradweg R 5 (150 Kilometer) von Wanfried nach Willingen durch Homberg.

Reiten
Nähere Auskünfte erteilt: Renate Scherp, Lindensteinstraße 10, 34560 Fritzlar, ☎ 05622/ 1265.

Segelfliegen/Drachenfliegen/ Modellfliegen
Der Basaltrücken des Mosenbergs bietet Segelsportbegeisterten ideale Voraussetzungen für ihren Sport. Interessierte können bei einem der an den Wochenenden angebotenen Rundflüge erste Eindrücke sammeln. Und wen das Segelflugfieber gepackt hat, der kann hier auch seine Segelflugausbildung absolvieren. Information: Luftsportverein Homberg, H. Engelke, Adam-Krafft-Weg, Homberg, ☎ 05681/1426, oder Segelflugplatz ☎ 05681/1200.
Auch *Drachenflieger* und *Modellflieger* finden an den Hängen des Mosenbergs ihren Platz.

Feste und Veranstaltungen

Rückersfelder Kuckucks-Markt (Kunsthandwerker- und Bauernmarkt am zweiten Sonntag im Mai)
Altstadtmarkt (letztes Maiwochenende)

Burgbergfestival (einmal jährlich; Informationen zum Festival finden Sie im Internet unter www.burgbergfestival.de)
Homberger Kirmes mit Kram- und Viehmarkt (letzte Augustwoche)
Weihnachtsmarkt (Dezember)

Immenhausen

(Landkreis Kassel)

EINWOHNER: 7 704. STADTTEILE: Holzhausen/ Rhw., Immenhausen, Mariendorf.
Immenhausen wurde gegen Ende des 13. Jahrhunderts vom hessischen Landgrafen Heinrich I. erworben und planmäßig zu einem befestigten Stützpunkt mit Burg, Stadtmauer und Wehrtürmen ausgebaut.
In den Jahren 1846 und 1892 vernichteten Großbrände die meisten historischen Fachwerkbauten und zogen so maßgebliche Veränderungen des Stadtbildes nach sich.
Einschneidende Bedeutung für die wirtschaftliche Entwicklung Immenhausens hatte die Einrichtung einer Haltestelle der Friedrich-Wilhelms-Nordbahn 1884. Diese Verkehrsanbindung begünstigte nun die Ansiedlung einer Glashütte durch die Herren von Buttlar aus Ziegenhagen, später Glashütte Lamprecht, die bis 1930 in Betrieb war. 1946 nahm dort der schlesische Glaskünstler Richard Süßmuth die Produktion wieder auf und verhalf Immenhausen durch den weltweiten Vertrieb seiner typisch gestalteten Glaserzeugnisse zu einem internationalen Bekanntheitsgrad.

ⓘ Information

Stadtverwaltung Immenhausen, Marktplatz 1, 34376 Immenhausen, ☎ 05673/503-0, 🖷 05673/503-188, ✉ post@immenhausen.de, www.immenhausen.de

☞ Stadtführungen

Ein von der Stadt herausgegebenes Informationsheft führt Sie auf einem historischen Stadtrundgang zu den wichtigsten Sehenswürdigkeiten Immenhausens.

Sehenswertes

Rathaus
1354 erstmals erwähnt, wurde es durch das Kriegsfeuer des Jahres 1385 völlig zerstört und anschließend wieder errichtet. Nach der erneuten Vernichtung durch einen Kriegsbrand 1631 wurde es 1643, unter Verwendung von Holzbalken des Hospitals, als dreigeschossiger Fachwerkrähmbau im barocken Stil wieder aufgebaut. 1662 erhielt es im Zuge einer Erweiterung und dem Bau der zweiläufigen Außentreppe sein heutiges Erscheinungsbild.

Stadtkirche St. Georg
Einige Meter vom Rathaus entfernt erhebt sich die im Jahre 1409 wieder aufgebaute evangelische Stadtkirche St. Georg, eine dreischiffige spätgotische Hallenkirche. Sehenswert sind insbesondere die eindrucksvollen Wandmalereien des 15. Jahrhunderts, die die Kirche zu einem kunsthistorischen Schmuckstück der Region machen.

Marienhof/Mergenhof
Im 15. Jahrhundert entstand auf dem Gelände des heutigen Schulplatzes der Marien- bzw. Mergenhof, eine klösterliche Gemeinschaft Immenhäuser Frauen und Mädchen, die später in ein Augustinerkloster umgewandelt wurde. Das Kloster wurde 1537 säkularisiert.

Hospital und Siechenhaus

1839 wurde das Gelände von der Stadt angekauft.

Stadtmauer mit Eulenturm und evangelischer Kirche im Hintergrund

Stadtmauer

Die ca. drei Kilometer lange Stadtmauer mit ihren beiden Wehrtürmen (Eulenturm, Hufeisenturm) aus dem 13. Jahrhundert umschließt noch heute ringförmig den historischen Stadtkern. Ursprünglich waren nur drei Tore (Leuthäuser Tor, Kasseler Tor, Holzhäuser Tor) vorhanden.
Erst 1982, im Zuge der Ausdehnung des Stadtgebietes nach Westen, durchbrach man die Mauer zwischen heutiger Stadtsparkasse und Eulenturm und legte die Obere Bahnhofstraße an.

Ehemalige Pascheburg

Ende des 13. Jahrhunderts ließ Landgraf Heinrich I. im Zuge des planmäßigen Ausbaus Immenhausens zu einem befestigten Stützpunkt die Pascheburg errichten. Doch schon ein Jahrhundert später wurde sie beim Kriegsbrand des Jahres 1385 wieder zerstört. 1969 erfolgte die Freilegung von Fundament- und Gebäuderesten bei Bauarbeiten.

Kirche St. Johannis

Die kleine, einschiffige Dorfkirche im Stadtteil Holzhausen weist romanische Ursprünge auf und hat vermutlich bereits zur Zeit der Ernennung Holzhausens im Jahre 1020 bestanden. In schriftlichen Quellen wird sie erstmals 1428 genannt.

Kirche Marienhagen

Mariendorf wurde 1687 zunächst als Kolonie für französische Glaubensflüchtlinge, vorwiegend Waldenser, durch Landgraf Carl gegründet. Mit dem Bau des von dem Baumeister Paul du Ry entworfenen schlichten Gebäudes aus Bruchsteinen mit Mansardendach und einem kleinen achteckigen Turm wurde 1701 begonnen. Die Einweihung der Kirche, die den Mittelpunkt der Colonie bildete, erfolgte nach dem Innenausbau im Juni 1710.

Museen

Glasmuseum Immenhausen

Das Glasmuseum der Stadt Immenhausen ist eines der wenigen Spezialmuseen für Glas in Deutschland. Die Besucher erhalten einen Überblick über die allgemeine Glasgeschichte von den Anfängen im Nahen Osten vor fast 6 000 Jahren bis zu den Waldglashütten des 16. Jahrhunderts im nordhessisch-südniedersächsischen Raum. Die Dauerausstellung zur Geschichte der Glashütte in Immenhausen mit ihrem Vorgängerbetrieb aus dem 19. Jahrhundert zum Gebrauchs- und Studioglas bilden Sammlungsschwerpunkte. Zudem wird der Besucher mit den Arbeiten des Namensgebers der letzten Glashütte, dem Glaskünstler Richard Süßmuth, bekannt gemacht. Wechselnde Sonderausstellungen, Konzerte und Vorträge ergänzen das Angebot.
ADRESSE: Am Bahnhof Immenhausen, ☎ u. 🖷 05673/2060. ÖFFNUNGSZEITEN: Mo. bis Fr. 9.00–17.00 Uhr, Sa. 10.00–13.00 Uhr, So. (Oktober bis April) 13.00–17.00 Uhr.

Kultur

Aktions-, Kultur- und Jugendzentrum (AKKU)

Im AKKU wird neben den Angeboten der Jugendarbeit regelmäßig ein breit gefächertes Angebot an kulturellen Veranstaltungen angeboten. Programmhinweise entnehmen Sie bitte der örtlichen Presse.
ADRESSE: Bernhard-Vocke-Straße 1, Immenhausen, ☎ 05673/920296.

Freizeitangebote

Rad- und Wanderwege

Am südöstlichen Rand des Reinhardswaldes gelegen, verfügt Immenhausen über ein weitläufiges Wanderwegenetz. Interessant ist der Märchenlandweg von Immenhausen nach Holzhausen, der mit zahlreichen Hinweisen auf ortstypische Sagen verweist. Radfahrer können die Gegend auf den vielen ausgewiesenen Radwegen erkunden.

Feste und Veranstaltungen

Stadtfest (zweites Augustwochenende)
Weihnachtsmarkt Holzhausen (erstes Adventswochenende)
Weihnachtsmarkt Immenhausen (drittes Adventswochenende)

Kassel

(Kreisfreie Stadt)

EINWOHNER: 190 000. STADTTEILE: Rothenditmold, Harleshausen, Wolfsanger, Waldau, Niederzwehren, Bettenhausen, Oberzwehren, Nordshausen, Wehlheiden, Wahlershausen, Kirchditmold.
Die Stadt Kassel kann auf eine mehr als 1 000-jährige Geschichte zurückblicken. Erstmalig Erwähnung findet sie in zwei von Konrad I. unterzeichneten Urkunden aus dem Jahre 913. Vermutlich handelte es sich bei „Chasalla" um eine fränkische Königsburg, die sich auf dem Kalksteinrücken über der Fulda befand. Im Jahre 1122 fiel Kassel durch Heirat an die Thüringer, die auf dem Ahnaberg ein Kloster erbauen ließen. Die kleine Ansiedlung, die zwischen Königshof und Kloster entstand, ließen sie alsbald mit Mauern umziehen und machten sie dadurch zur Stadt, zur „civitas". 1277 ließ Landgraf Heinrich von Hessen („Kind v. Brabrant") eine Burg errichten und machte Kassel zu seiner Residenz.

Landgraf Philipp (1504–1567) stellte sich an die Spitze der aufkommenden reformatorischen Bewegung und machte Hessen zu einem der ersten deutschen Fürstentümer, das den protestantischen Glauben als Staatsreligion einführte. Unter Philipp, seinem Sohn Wilhelm dem Weisen sowie dessen Sohn Moritz dem Gelehrten entwickelte sich Kassel zu einem kulturellen Zentrum. In der Regierungszeit von Landgraf Karl (1670–1730) kam es zu städtebaulichen Veränderungen, deren Spuren noch heute sichtbar sind.

Im Zweiten Weltkrieg wurde die Stadt bei einem verheerenden Luftangriff in der Nacht vom 22. zum 23. Oktober 1943 zu über 80% zerstört. Heute ist es kaum noch vorstellbar, dass einst Fachwerkbauten das Stadtbild Kassels prägten, da man sich nach dem Ende des Krieges eher an einem völligen Neuaufbau denn an einem Wiederaufbau der ehemals bedeutenden Residenzstadt orientierte.

Heute ist Kassel vor allem durch die alle fünf Jahre stattfindende Documenta – der größten Ausstellung zeitgenössischer Kunst weltweit – ein Begriff.

☞ Stadtführungen

Die Kassel Service GmbH bietet Ihnen ein breites Spektrum an Angeboten, angefangen von Stadtrundfahrten über Spezial-Führungen bis hin zu Exkursionen in das Kasseler Umland und individuellen Arrangements. Die Kassel Service GmbH informiert Sie gern.

Sehenswertes

Schloss Wilhelmshöhe

Das von Landgraf Wilhelm IX. Ende des 18. Jahrhunderts in Auftrag gegebene Schloss steht an historischer Stelle. Bereits im Jahre 1140 stand hier ein Augustinerinnenkloster, an dessen Stelle Landgraf Moritz der Gelehrte Anfang des 17. Jahrhunderts ein Jagdschlösschen mit Namen „Moritzheim Weißenstein“ errichten ließ. Landgraf Wilhelm IX. ließ es abreißen und ab 1786 das Schloss Wilhelmshöhe bauen. Unter der Leitung von Simon du Ry entstanden zunächst die beiden schräg stehenden Seitenflügel, der so genannte Weißensteinflügel und der

Blick vom Herkules auf Schloss Wilhelmshöhe

ⓘ Information

Kassel tourist GmbH, Obere Königsstraße 15, 34117 Kassel, ☎ 0561/7077-101, 🖷 0561/ 7077-200, ✉ ksg@kassel.de, 💻 www.kassel.de

Touristinformation Wilhelmshöhe, Willy-Brandt-Platz 1, 34131 Kassel, ☎ 0561/ 34054, 🖷 0561/315216, ✉ info@kassel.de

Kirchflügel. Den von 1791 bis 1798 errichteten Mittelbau mit sechssäuligem Portal und ausladender Freitreppe konzipierte Heinrich Christoph Jussow. Zwischen den Gebäudeteilen gab es zunächst keine festen Verbindungsbauten, diese entstanden erst im Jahr 1829 unter Kurfürst Wilhelm I. Im Zweiten Weltkrieg wurden die beiden Seitenflügel stark beschädigt. Der mittlere Teil des Schlosses wurde vollkommen zerstört. Die wertvollen Empire-Möbel und Kunstschätze waren jedoch rechtzeitig ausgelagert worden. Sie können heute im Schlossmuseum bewundert werden.

Wasserkunst-Kaskaden am Fuße des Herkules

ADRESSE: Schloss Wilhelmshöhe, Schlosspark 3, Kassel, ☎ 0561/93777, 🖷 0561/9377666. ÖFFNUNGSZEITEN: unterschiedlich, s. Museen und Ausstellungen. Führungen auf Anfrage.

Herkules

Das Wahrzeichen der Stadt Kassel steht in ca. 550 Metern Höhe auf dem Gipfel des Karlsbergs. Landgraf Karl war 1699 nach Italien gereist und hatte dort – angeregt durch die italienischen Terrassengärten – den Plan gefasst, den Karlsberg ähnlich zu gestalten. Zur Umsetzung seiner Pläne ließ er 1701 eigens den italienischen Gartenbaukünstler Giovanni Francesco Guerniero nach Kassel kommen. Seit 1717 thront Herkules nun auf der Spitze einer 30 Meter hohen Pyramide, die auf einem kolossalen Oktogonsockel ruht. Die von einem Augsburger Goldschmied in vierjähriger Arbeit hergestellte Herkulesskulptur stellt den „farnesischen Herkules“ dar.
Vom Fuße des Herkules gleitet der Blick auf die im Jahre 1777 angelegte, fünf Kilometer lange *Wilhelmshöher Allee*, die auf einer Achse vom Herkules über die Kaskaden bis zum Schloss und weiter bis in die Innenstadt führt. Besonders imposant ist ein Blick auf die beleuchtete Allee bei Nacht.
ADRESSE: Herkules, Schlosspark 22, Kassel, ☎ 0561/312456, 🖷 0561/9357111. ÖFFNUNGSZEITEN: Besichtigung und Besteigung 15. März bis 15. September täglich 10.00– 17.00 Uhr.

Wasserkünste im Bergpark Wilhelmshöhe

Die Wasserkünste am Fuße des Herkules sind alljährlich ein Anziehungspunkt für unzählige Besucher. Das Wasser tritt am Fuße des Oktogons aus und läuft abwärts über die Kaskaden, den Steinhöfer Wasserfall und die Teufelsbrücke und fällt schließlich über das Aquädukt hinab zur letzten Station, dem Schlossteich. Hier endet der Wasserstrom in der durch artesischen Druck erzeugten 52 Meter hohen Großen Fontäne.
Bewundert werden können die Wasserkünste in der Zeit von Himmelfahrt bis zum 3. Oktober jeden Mi. und So. sowie an Feiertagen. Beginn der Vorführung um 14.30 Uhr am

Fuße des Herkules, Ende der Vorführung 15.45 Uhr mit der Großen Fontäne. Von Juni bis September jeden ersten Sa. im Monat beleuchtete Wasserkünste. Beginn im Juni und Juli um 22.00 Uhr, im August und September um 21.00 Uhr.

Teufelsbrücke im Bergpark Wilhelmshöhe

Löwenburg

Mit der von 1793–1801 in der Südhälfte des Schlossparks errichteten Löwenburg erfüllte sich Landgraf Wilhelm IX. einen Traum. Die mit vielen mittelalterlichen Elementen wie dem Wassergraben und der Zugbrücke versehene Burganlage sollte an die Zeit erinnern, in der die Macht der Feudalherren noch ungebrochen war. Als Baumaterial wählte man den weichen, schnell verwitternden Basalt-Tuffstein, um der Anlage das Aussehen einer echten mittelalterlichen Burgruine zu verleihen. Die gesamte Einrichtung besteht aus original mittelalterlichen Möbeln. Die kostbaren Sammlungen können allerdings nur im Rahmen einer der stündlich angebotenen Führungen besichtigt werden.

ADRESSE: Löwenburg, Schlosspark 9, 34131 Kassel, ☎ 0561/9357200, 🖷 0561/9357222.

ÖFFNUNGSZEITEN: März bis Oktober Di. bis So. 10.00–17.00 Uhr, November bis Februar 10.00–16.00 Uhr, Mittagspause 12.00–13.00 Uhr.

Brüderkirche

Die von 1292–1376 erbaute Brüderkirche ist das älteste hochgotische Baudenkmal der Stadt. Die Brüder des Ordens vom Berge Karmel waren vom Landgrafen im Jahre 1263 nach Kassel gerufen worden, um sich im Schutze und der Nähe seines Königshofes 1292 ein Kloster zu erbauen. Die Gesinnung der Bettelmönche, die strenge Ablehnung von Reichtum und Luxus, findet auch in ihrem Kirchenbau Ausdruck. Nachdem das Karmeliterkloster mit Einführung der Reformation

Brüderkirche

aufgehoben wurde, diente das Gotteshaus bis zu seiner Zerstörung im Krieg als Pfarr-

kirche der Altstadt. In der wieder aufgebauten Kirche finden heute keine Gottesdienste mehr statt. Vielmehr wird sie Ort wechselnder Ausstellungen. Allein der Kapitelsaal wird heute noch für Gottesdienste von der griechisch-orthodoxen Gemeinde Kassels genutzt.
ADRESSE: Brüderkirche, Steinweg/Innenstadt.

Renthof
Bei dem sich direkt an die Brüderkirche anschließenden Renthof handelt es sich um die Reste des Karmeliterklosters, welches zugleich mit der Kirche erbaut worden war. Nach der Auflösung des Klosters wurde hier eine Hofschule eingerichtet, deren berühmtester Schüler Heinrich Schütz (1585–1672) in den Jahren von 1612–1617 Organist der Kasseler Hofkapelle war. Von 1616–1618 wurde die Anlage umgebaut und als Ritterakademie weitergeführt. Von 1633 an bestand hier die Universität Kassel, bevor sie 1653 wieder in die Landesuniversität Marburg integriert wurde.
ADRESSE: Renthof, Steinweg/Innenstadt.

Rathaus
Das Rathaus wurde zu Beginn des 20. Jahrhunderts (1905 bis 1909) von Karl Roth im Stil des Neubarock gebaut. Damit passte es sich gut dem Barock der französischen Oberneustadt an. Das hufeisenförmige Gebäude mit seinem mit Pilastern besetzten und von einem Giebeldach gekrönten Mittelbau, zu dessen Eingang eine breite Freitreppe führt, wurde im Zweiten Weltkrieg stark beschädigt, seine hugenottische Umgebung zerstört. Seit dem Wiederaufbau zeigt es eine schlichte Dachform. Später wurden moderne Anbauten rechtwinklig angefügt.
ADRESSE: Rathaus, Obere Königsstraße/Innenstadt.

Treppenstraße
Die 1953 entstandene Treppenstraße war eine der ersten Fußgängerzonen Deutschlands und dementsprechend eine Renommiermeile

Treppenstraße mit Fußgängerkaskaden

Eingangsportal des Kasseler Rathauses

der Kasseler Stadtbaumeister. Die Fußgängerkaskaden verbinden den Kulturbahnhof (ehemals Hauptbahnhof) mit der Innenstadt.

Zwehrenturm (vorne) und Druselturm (hinten)

Zwehrenturm

Der im Jahre 1330 im gotischen Stil erbaute Torturm diente als Befestigungsturm der neuen Vorstadt „Freiheit" und war Stadttor für den Verkehr in Richtung Frankfurt. 1709 ließ Landgraf Karl oben im Turm eine Sternwarte mit modernsten astronomischen Instrumenten zur Himmelsbeobachtung in einer drehbaren Kuppel einbauen. Der untere Teil des Turmes diente zeitweise als Gefängnis. 1779 wurde der Turm grundlegend umgebaut und fest mit dem Museum Fridericianum verbunden. Am Turm befindet sich ein Wappenstein von 1554 und eine interessante Sonnenuhr aus dem 18. Jahrhundert.

Druselturm

Laut Inschrift wurde der Turm 1415 errichtet. Er sollte die Stadtmauer verstärken und diente als Gefängnis mit tiefen Verliesen, in die die Gefangenen durch ein kreisrundes Loch – das so genannte Astloch – hinuntergelassen wurden. Namensgeber des Turmes war der Druselbach, der hier an die Stadtmauer geleitet wurde, um den Stadtgraben und den Druselteich vor dem Turm (heute der Druselplatz) zu speisen. Von hier wurde das Wasser regelmäßig durch die Gassen der Altstadt geleitet, um sie zu reinigen.

Karlskirche mit ihrem Namensgeber, Landgraf Karl, im Vordergrund

Karlskirche

Für Bau und Planung der 1710 geweihten Kirche war der französische Architekt und hessische Hofbaumeister Paul du Ry (1640 bis 1714) verantwortlich. Während des schweren Luftangriffs auf Kassel am 22. Oktober 1943 wurde die schlichte und dennoch eindrucksvolle Kirche bis auf die Grundmauern zerstört. Beim Wiederaufbau hat man das Innere wie das Äußere der Kirche stark verändert. Auf ihrem schlichten Zeltdach trägt sie heute ein Glockentürmchen mit einem 45teiligen Glockenspiel, das der Erinnerung an die Bombenopfer gewidmet ist. Es wird an Sonn- und Feiertagen vor dem Gottesdienst sowie Mo., Mi. und an Feiertagen von 17.30– 18.00 Uhr gespielt.

Detailaufnahme vom Giebel des Marstalls

Marstall

Landgraf Wilhelm IV. ließ das ursprünglich vierflügelige Gebäude von 1591–1593 im Stil der Weserrenaissance errichten. Nur das Erdgeschoss diente dem eigentlichen Zweck, der Unterbringung fürstlicher Pferde. Im Obergeschoss befanden sich die Kunst- und Raritätenkammer, ein Raum für wissenschaftliche Experimente, eine Druckerei sowie eine Münzerei. 1633 verlegte der Landgraf auch seine kostbare Bibliothek vom Renthof in den Marstall. Nach seiner Zerstörung 1943 wurde der Marstall im Innern völlig verändert. Das Äußere wurde hingegen dem Renaissancestil des alten Vorbilds angeglichen. Im Erdgeschoss befindet sich heute die Markthalle.
ADRESSE: Marstall, Wildemannsgasse 1 (Innenstadt).

Martinskirche

Die im Jahre 1367 eingeweihte Kirche war einst Mittelpunkt der neuen Vorstadt „Freiheit“. Sie sollte nicht eine gewöhnliche Pfarrkirche, sondern der Dom der Stadt werden. Die Weihe des Gesamtbaus erfolgte 1442, auch wenn die Türme immer noch ihrer Vollendung harrten. Der Aufbau des Nordturms unterblieb schließlich ganz, der Aufbau des Südturms mit einem weiteren Geschoss und einer Renaissancehaube kam im 16. Jahrhundert zum Abschluss. Beim dem verheerenden Luftangriff auf Kassel am 22. Oktober 1943 wurde die Kirche zerstört und brannte bis auf die Außenmauern und Turmstümpfe aus. 1954 wurde mit dem Wiederaufbau begonnen. 1958 wurde die Kirche erneut geweiht. Den Turmstümpfen wurde zwei Jahre später ein mit Kunstsandstein verblendetes, z. T. durchbrochenes Betonskelett aufgesetzt. Das Innere der Kirche wurde in wesentlichen Teilen verändert. So teilt heute eine hochgezogene, verglaste Letterwand aus Kunststeinrippen den Kirchenraum in zwei Räume, die Chorkirche, die für die normalen Gottes-

Fulda-Schleuse mit den Doppeltürmen der Martinskirche im Hintergrund

dienste der Gemeinde genutzt wird, und die für Festtage, Konzerte und andere besondere Anlässe umgestaltete Hauptkirche.
ADRESSE: Martinskirche, Martinsplatz 2 (Innenstadt).

Orangerie

Die als Gewächshaus mit sommerlichen Aufenthaltsräumen konzipierte Orangerie wurde von 1701–1711 für Landgraf Karl und dessen Gemahlin Maria Amalia erbaut. Als Endpunkt der barocken Blickachsen bildete sie das wichtigste Glied in der Parkanlage der Karlsaue. Sie diente als Gewächshaus dem Überwintern südlicher Pflanzen und der Züchtung von Orangenbäumchen.
Während des Zweiten Weltkriegs wurde

Blick auf die Orangerie

die Orangerie stark zerstört und schließlich von 1974–1981 wieder aufgebaut. Dabei entschied man sich lediglich die Fassade original zu rekonstruieren, die Innenräume jedoch umzugestalten. Heute beherbergt die Orangerie das *Museum für Astronomie und Technikgeschichte*. Außerdem ist sie *Spielstätte* des *Kindertheaters* des Staatstheaters Kassel.

Marmorbad

Der frei neben der Orangerie stehende zweigeschossige Barock-Pavillon wurde von 1720–1728 errichtet und ist bis heute im Originalzustand erhalten. Der Sage nach soll König Jérome hier in Rotwein gebadet haben. Anschließend soll ein pfiffiger Kasseler Kaufmann den Rotwein in Flaschen gezogen und an seine Kunden verkauft haben. In Wahrheit wurde das Bad nie benutzt. Die Wasserhähne sind Attrappen und die Röhren für Zu- und Ableitungen wurden nie gelegt. Vielmehr war und ist das Bad prunkvolle Kulisse für 12 Statuen und acht Reliefs mit Themen der griechischen Mythologie des französischen Bildhauers Pierre Etienne Monnot.
ADRESSE: Marmorbad, Am Rande der Karlsaue/Innenstadt.

Schloss Schönfeld

Das im Stadtteil Wehleiden gelegene Schlösschen wurde im Jahr 1777 für Nikolaus von Schönfeld erbaut. König Jérome nutzte es von 1809–1813 als Sommersitz. Die die beiden kleinen, mit Zwerchgiebeln versehenen Wohntrakte verbindende Galerie schuf Leo von Klenze 1809. Ab 1821 erweiterte Johann Konrad von Bromeis den Bau um zwei Geschosse. Der das Schloss umgebende Park wurde ab 1798 im Stil eines englischen Landschaftsgartens umgestaltet.

„documenta urbana“

Im Rahmen der documenta 7 (1982) von neun Architektengruppen gestaltete moderne Miet- und Eigentumswohnungen in der Dönche.

Drahtbrücke

Die über die Fulda gehängte Eisenbrücke wurde 1870 von Eduard Rohde und der Firma Henschel errichtet.

Gießhalle der Firma Henschel
Die ehemalige Gießhalle der Firma Henschel in der Mönchebergstraße wurde in den Jahren 1836/37 vermutlich von Carl Anton Henschel erbaut. Heute finden in der Halle – ihre Rundkuppel misst 19 Meter im Durchmesser – Ausstellungen zeitgenössischer Kunst und Konzerte statt.

Synagoge
Der Bau der im Mai 2000 eingeweihten neuen Synagoge in der Bremer Straße beeindruckt durch seine Schlichtheit und Klarheit, die vor allem in der Gestaltung des Synagogensaals zum Ausdruck kommen. Zedernholz und Sichtbeton sind die bestimmenden Materialien des von dem Architekten Prof. Jakoby, Frankfurt/Main entworfenen Baus.

Naturkundemuseum im Ottoneum

Museen

Naturkundemuseum im Ottoneum
Das in den Jahren 1603–1606 von Wilhelm Vernukken im Stil der Renaissance erbaute Ottoneum ist das älteste feststehende Theatergebäude Deutschlands. Ab 1709 fand hier das naturwissenschaftliche Collegium Carolinum Aufnahme. Seit 1884 beherbergt das Gebäude das Naturkundemuseum Kassel. Zu bestaunen ist u. a. die älteste systematische Pflanzensammlung Deutschlands aus dem Jahre 1556. Ein besonderes Ausstellungsobjekt befindet sich in der zoologischen Abteilung des Museums, der so genannte „Goethe-Elefant".
Dabei handelt es sich um das erste präparierte Elefantenskelett Deutschlands. Zudem finden immer wieder wechselnde Ausstellungen und Veranstaltungen, insbesondere auch für Kinder, in den Räumen statt.
ADRESSE: Steinweg 2, 34117 Kassel, ☎ 0561/787-4014, 🖷 0561/787-4058. ÖFFNUNGSZEITEN: Di. bis So. 10.00–17.00 Uhr. Führungen auf Anfrage.

Museum Fridericianum
Das ursprünglich die Mitte des Friedrichsplatzes einnehmende Gebäude wurde 1779 von Simon du Ry nach zehnjähriger Bauzeit als erster klassizistischer Bau in Deutschland vollendet. Namensgeber des Museums Fridericianum war sein Stifter Landgraf Friedrich II. Es war das erste Museumsgebäude des europäischen Kontinents und hatte als Vorbild das „British Museum" in London. Der Landgraf brachte hier seine Schätze- und Raritätenkammern unter und machte sie der Öffentlichkeit zugänglich. Heute ist das Museum zentraler Ort der documenta. In den „documentalosen" Jahren wird die Ausstellungshalle für wechselnde zeitgenössische Kunstausstellungen genutzt. Zudem hat der Kasseler Kunstverein seine Ausstellungsräume in dem Gebäude. Infor-

mationen über aktuelle Ausstellungen und Veranstaltungen erhalten Sie auch unter www. fridericianum-kassel.de
ADRESSE: Friedrichsplatz 18, 34117 Kassel, ☎ 0561/707270 oder 7072720, 🖷 0561/774578. ÖFFNUNGSZEITEN: Mi. bis So. 10.00– 18.00, Do. 10.00–20.00 Uhr. Führungen an Sonn- und Feiertagen um 15.00 Uhr.

Hessisches Landesmuseum

1911–1919 von dem Münchner Architekten Theodor Fischer erbaut, verbindet das Gebäude Einflüsse des Jugendstils mit der Tradition des Hugenottenbarocks der Kasseler Oberneustadt.

Hessisches Landesmuseum

Die Abteilung *Vor- und Frühgeschichte* zeigt Funde aus der Steinzeit bis zur Karolingerzeit, u. a. das Megalithgrab von Züschen mit einer der frühesten Wagendarstellungen, dem berühmten Wagenstein. Das im ersten Obergeschoss befindliche *Deutsche Tapetenmuseum* vermittelt einen Überblick über die Wandbekleidungen vom Spätmittelalter bis zur Neuzeit. Zudem dokumentiert es die Entwicklung der Papiertapete vom 18. bis zum 20. Jahrhundert. Zu sehen sind u. a. Tapeten aus dem 18. Jahrhundert sowie chinesische Wandverkleidungen. Die Abteilung *Kunsthandwerk und Plastik* zeigt Objekte der Kunstkammer des 17. Jahrhunderts (Silber, Schmuck, Gläser), die von Landgraf Wilhelm IV. angelegt wurde, zudem mittelalterliche Altäre, hessische Fayencen, Porzellan, Skulpturen u. a. m.
ADRESSE: Brüder-Grimm-Platz 5, 34117 Kassel, ☎ 0561/78460, 🖷 0561/7846222. ÖFFNUNGSZEITEN: Di. bis So. 10.00–17.00 Uhr. Geschlossen: 1. Mai, Tag vor Himmelfahrt, 24./25./31. Dezember. Führungen auf Anfrage.

Angewandte Kunst und Design von 1840 bis heute

Die Exponate schließen chronologisch an die Ausstellung Kunsthandwerk und Plastik im Hessischen Landesmuseum an. Zu sehen ist eine umfangreiche Sammlung angewandter Kunst und Design aus verschiedenen Stilepochen.
ADRESSE: Torwache, Brüder-Grimm-Platz 6, 34117 Kassel, ☎ 0561/78460, 🖷 0561/7846222. ÖFFNUNGSZEITEN: Di. bis So. 10.00–12.00 und 14.00– 17.00 Uhr. Geschlossen: Am 1. Mai, Tag vor Himmelfahrt, 24./25./31. Dezember. Führungen auf Anfrage.

Museum Schloss Weißensteinflügel

Der Weißensteinflügel von Schloss Wilhelmshöhe war ursprünglich ein im Stil Louis XVI. eingerichtetes Schlossmuseum, das im Laufe der Zeit aber auch klassizistische Objekte sowie Empire- und Biedermeierausstattung aufnahm. Von besonderem Interesse sind die ausgestellten Möbel der Kunsttischler Abraham und David Röntgen. Das Museum kann nur im Rahmen einer zu jeder vollen Stunde angebotenen Führung besichtigt werden.
ADRESSE: Schlosspark 3, 34131 Kassel, ☎ 0561/9357110, 🖷 056179357111. ÖFF-

NUNGSZEITEN: März bis Oktober Di. bis So. 10.00– 17.00 Uhr, November bis Februar Di. bis So. 10.00–16.00 Uhr.

Antikensammlung/ Gemälde-Galerie Alte Meister

Die Landgrafen von Hessen haben seit Beginn des 17. Jahrhunderts Antiken gesammelt. Die Sammlung im Schloss gibt einen Überblick über das griechisch-römische Altertum bis zur Spätantike. Die Gemäldesammlung setzt sich vorwiegend aus den Beständen der Landgrafen, insbesondere Wilhelms VIII., zusammen, der als Gouverneur in den Niederlanden flämische und holländische Barockmalerei sammelte.

ADRESSE: Schloss Wilhelmshöhe, 34131 Kassel, ☎ 0561/ 93777, 🖷 0561/9377666. ÖFFNUNGSZEITEN: Di. bis So. 10.00 bis 17.00 Uhr. Geschlossen: 1. Mai, Tag vor Himmelfahrt, 24./25./31. Dezember. Führungen auf Anfrage, ☎ 0561/ 7077162.

Antikensammlung

Graphische Sammlung im Schloss Wilhelmshöhe

Die Ursprünge der Sammlung reichen bis ins 16. Jahrhundert zurück. Schwerpunkt ist eine umfangreiche Sammlung von Architektur- und Handzeichnungen niederländischer Künstler des 17. und 18. Jahrhunderts sowie Reproduktionsgraphiken bedeutender Bildwerke und Gebäude. Außerdem befinden sich qualitätsvolle Bestände aus dem Bereich der Moderne (deutscher Expressionismus, informelle Kunst) im Besitz der Sammlung.

ADRESSE: Schlosspark 3, Kirchenflügel, 34131 Kassel, ☎ 0561/9377, 🖷 0561/ 9377666. ÖFFNUNGSZEITEN: Mo. bis Fr. 9.00– 12.00 Uhr. Führungen auf Anfrage.

Ballhaus

Das in der Regierungszeit König Jéromes durch Leo von Klenze errichtete Ballhaus (1808/09) erfüllte für den König von Westfalen die Funktion eines Theatersaals. Nach der Rückkehr des Kurfürsten aus dem Prager Exil wurde das Theater 1828 von Conrad Bromeis in ein Ballhaus umgewandelt, in dem auch das gehobene Kasseler Bürgertum gegen ein entsprechendes Entgeld seine Feste feiern durfte. Heute wird das Gebäude in den Sommermonaten museal genutzt.

ADRESSE: Schlosspark 3. 34131 Kassel, ☎ 0561/93777, 🖷 0561/9377666. ÖFFNUNGSZEITEN: April bis Oktober Di. bis So. 10.00– 17.00 Uhr. Geschlossen: 23. Mai und in den Wintermonaten.

Künstler-Nekropole

Auf Initiative des 1997 verstorbenen Kasseler Kunstprofessors Harry Kramer entstand 1992 die Künstler-Nekropole am „Blauen See“ im Naturpark Habichtswald. An einem Rundweg um den „Blauen See“ entwerfen und realisieren Künstlerinnen und Künstler bereits zu Lebzeiten ihr eigenes Grabmal. Die sechs inzwischen fertiggestellten Werke entdeckt der Besucher bei einem Spaziergang auf dem jederzeit zugänglichen Rundweg für sich selbst. Nähere Auskünfte zu dem Projekt erhalten Sie beim Städtischen Kulturamt,

☎ 0561/787-4025, 🖷 0561/787-4040, ✉ kulturamt.kassel@t-online.de

Brüder-Grimm-Museum

Das 1714 von Paul du Ry zunächst als Sternwarte für Landgraf Karl erbaute barocke, später (um 1790) für Wilhelm IX. von Simon du Ry unter Verwendung klassizistischer Formen umgebaute Palais ist das einzige Kasseler Stadtpalais, das den letzten Krieg und die Abbruchwellen der frühen 50er Jahre relativ unbeschadet überstanden hat. Die Dauerausstellung über das Leben und Wirken der Brüder Jacob und Wilhelm Grimm zeigt zahlreiche persönliche Gegenstände, Handschriften, Erstausgaben und Möbel der Brüder und ihrer Familie. Aber auch das Werk des dritten Bruders, des Malers, Zeichners und Radierers Ludwig Emil Grimm, wird präsentiert.
ADRESSE: Palais Bellevue, Schöne Aussicht 2, 34117 Kassel, ☎ 0561/787-2033 oder 787-2032, 🖷 0561/713299. ÖFFNUNGSZEITEN: täglich 10.00–17.00 Uhr. Geschlossen: Karfreitag, 24./25./31. Dezember, 1. Januar. Führungen nur nach Vereinbarung mindestens zwei Wochen vor dem gewünschten Termin. Gruppenführungen auch in englischer, französischer, russischer und japanischer Sprache.

Gebrüder Grimm Archiv/ Murhardsche Bibliothek

Die Sammlungen des *Gebrüder Grimm Archivs* umfassen derzeit ca. 50 000 Einheiten (u. a. Autographien, Manuskripte, Erstausgaben, Graphiken, Trivialzeugnisse etc.). Die Bestände können nach vorheriger Anmeldung genutzt werden.
Die *Murhardsche Bibliothek* wurde 1874 als Stiftung der Kasseler Gelehrtenbrüder Karl und Friedrich Murhard der Öffentlichkeit zugänglich gemacht. Heute ist sie Teil der Landesbibliothek. Kernstück der Sammlung ist das berühmte Hildebrandlied aus dem Jahr 830. Es ist das älteste Zeugnis der deutschen Dichtkunst.
ADRESSE: Brüder Grimm Platz, 34117 Kassel, ☎ 0561/103235, 🖷 0561/713299. ÖFFNUNGSZEITEN: Mo. bis Fr. 10.00–12.00 Uhr sowie Mo. bis Do. 14.00–16.00 Uhr.

Brüder-Grimm-Denkmal

Astronomisch-Physikalisches Kabinett

Untergebracht ist das Astronomisch-Physikalische Kabinett in der Orangerie. Den Besucher erwartet ein weites Spektrum von Objekten der Naturwissenschaft und Technik von der Antike bis zur Gegenwart. Demonstrationsmodelle, Versuche, Vorführungen und die benutzbare Fernrohrgalerie machen das Museum erlebbar. So ist u. a. das Foucault'sche Pendel zu sehen, das den permanenten Nachweis der Erddrehung erbringt. ADRESSE: An der Karlsaue 20 c, 34117 Kassel, 0561/71543, 0561/7846-222. ÖFFNUNGSZEITEN: Di. bis So. 10.00–17.00 Uhr. Geschlossen: 1. Mai, Tag vor Himmelfahrt, 24./25./31. Dezember. Führungen auf Anfrage.

Planetarium

Ebenfalls in der Orangerie befindet sich das zehn Meter hohe Projektionsplanetarium Zeiss M 1 015. Es bietet 60 Personen Platz. Zu den genannten Öffnungszeiten finden Führungen zu verschiedenen Themen statt. Jeweils Do. und So wird ein Zusatzprogramm mit aktuellem Sternenhimmel gezeigt. Schulklassen können jeweils Di. um 12.00 Uhr nach vorheriger Vereinbarung an der Vorführung „Einführung in die Himmelskunde" teilnehmen.
ADRESSE: s. Astronomisch-Physikalisches Kabinett. ÖFFNUNGSZEITEN: Di., Do., Sa. 14.00 Uhr, Mi., Fr., So. 15.00 bis 18.00 Uhr, Do. bis 20.00 Uhr.

Museum für Sepulkralkultur

Das 1992 eröffnete Museum möchte ein lebendiges Forum für die Auseinandersetzung mit allen kulturellen Erscheinungen, die in Zusammenhang mit Sterben, Tod, Grab und Gedenken stehen, sein. Die Dauerpräsentation zeigt historische und aktuelle Exponate zu den Themenbereichen „Tod und Bestattung" sowie „Friedhof und Grabmal" vom Mittelalter bis zur Gegenwart. Kontinuierliche Sonderausstellungen entfalten die Thematik aus historischer, archäologischer, volkskundlicher und künstlerischer Sicht.
ADRESSE: Weinbergstraße 25–27, 34117 Kassel, ☎ 0561/918930, 🖷 0561/9189-310, ✉ sekretariat@sepulkralmuseum.de, 💻 www.sepulkralmuseum.de. ÖFFNUNGSZEITEN: Di., Do. bis So. 10.00–17.00 Uhr, Mi. 10.00–20.00 Uhr. Führungen nach Voranmeldung.

In der Neuen Galerie

Neue Galerie

Der 1872–1877 von Heinrich von Dehn-Rotfelser errichtete Neorenaissancebau wurde nach seiner Zerstörung (1943) in den Jahren 1963–1976 wieder aufgebaut. Malerei und Plastik von Mitte des 18. Jahrhunderts bis zur Gegenwart. Wechselnde Sonderausstellungen.
ADRESSE: Schöne Aussicht 1, 34117 Kassel, 0561/93777. ÖFFNUNGSZEITEN: Di. bis So. 10.00–17.00 Uhr.

Stadtmuseum

Beheimatet ist das Stadtmuseum in dem 1869 bis 1871 errichteten „Kunsthaus" am Ständeplatz. Die Dauerausstellung dokumentiert die

Kassel: *Architektur im Vorderen Westen, in der Unterneustadt und im Rahmen der Documenta Urbana*

Kassel: *Atmosphäre in der Innenstadt – Markthalle (oben); Straßencafé in der Neuen Fahrt (unten)*

Kassel: *Verweilen und Betriebsamkeit – Königsgalerie (o.l.), Kulturbahnhof (o.r.), ICE-Bahnhof (u.)*

Kassel: *Löwenburg im Bergpark Wilhelmshöhe (oben); Kassels Wahrzeichen: der Herkules (unten)*

wechselvolle und bedeutende Geschichte Kassels.
Sonderausstellungen, Veranstaltungen, Führungen und Vorträge machen das Museum zu einem lebendigen kulturellen Zentrum.
ADRESSE: Am Ständeplatz 16, 34117 Kassel, ☎ 0561/ 7871400 oder 787-4105, 🖷 0561/787-4102. ÖFFNUNGSZEITEN: Di. bis Fr. 10.00–17.00 Uhr, Sa. und So. 10.00–13.00 Uhr. Geschlossen: 24./25./ 31. Dezember, 1. Januar.

Documenta-Halle (Documenta 11 ab 8. Juni 2002)

Hier geht's ins Kasseler Stadtmuseum

Documenta-Halle

Die moderne Ausstellungshalle wurde anlässlich der Documenta 9 konzipiert und gebaut. Damit bekam die Documenta erstmals ein eigenes Ausstellungsgebäude. Die Ausstellungsflächen gliedern sich in Große Halle, Seitenlichthalle und drei Kabinette. In der „documentalosen" Zeit steht sie für andere Veranstaltungen zur Verfügung.
ADRESSE: Du-Ry-Straße 1, 34117 Kassel, ☎ 0561/107521, 🖷 0561/107523.

Straßenbahnmuseum

Das Museum informiert über die Geschichte des öffentlichen Personennahverkehrs der Kasseler Verkehrsgesellschaft AG. Gezeigt werden die Straßenbahnfahrzeuge „Pferdebahnwagen 8" (Baujahr 1900), Triebwagen 229 (1940), Triebwagen 273 (1956), Fotos, Fahrkarten, eine Modell-Straßenbahn sowie andere Exponate aus dem Straßenbahnbetrieb. Bei besonderen Veranstaltungen lädt das Café Bim im Beiwagen 575 zum Verweilen ein.
ADRESSE: Holländische Straße 210, auf dem Gelände des Straßenbahnbetriebshofes, 34127 Kassel. ÖFFNUNGSZEITEN: März bis Oktober jeden zweiten Samstag im Monat 11.00–17.00 Uhr. Für Gruppen sind Führungen und Sonderfahrten mit dem Oldtimer unabhängig von den Öffnungszeiten des Museums möglich. Anmeldung mindestens vier Wochen im Voraus unter ☎ 0561/ 37731.

Energietechnikmuseum/ Wasserkraftwerk Neue Mühle
Das Museum zeigt anhand vollständig erhaltener Maschinen und einer Lehr- und Schausammlung zur Gas-, Wasser- und Stromversorgung die Geschichte der Kasseler Energieversorgung von 1891 bis heute. Herz des Museums sind das Turbinen- und das Pumpenhaus, die Ende des 19. Jahrhunderts von Oscar von Miller, dem Gründer des Deutschen Museums in München, gebaut wurden.
ADRESSE: Dennhäuser Straße 34134 Kassel, ☎ 0561/ 7822147. ÖFFNUNGSZEITEN: Mi. 10.00–16.00 Uhr sowie jeden ersten So. im Monat 10.00– 16.00 Uhr. Führungen auf Anfrage.

Kultur

Staatstheater
Spielorte: Opernhaus, Schauspielhaus, Casa Nova, Frizz, Zelle, Orangerie. Information, Karten, Service: Staatstheater Kassel, Friedrichsplatz 15, Kassel, ☎ 0561/1094-222.

Kömödie Kassel
Information: Komödie Kassel, Friedrich-Ebert-Straße 39, Kassel, ☎ 0561/18383.

Kulturzentrum Schlachthof
Kabarett, Kleinkunst, Musik.
ADRESSE: Schlachthof, Mombachstraße 18, Kassel, ☎ 0561/ 983500.

Kulturfabrik Salzmann
Kulturzentrum in den Gebäuden der 1876 von Heinrich Salzmann gegründeten Textilfabrik Salzmann & Comp., u. a. Spielstätte des „Theater des Ostens“.
ADRESSE: Kulturfabrik Salzmann, Sandershäuser Straße 34, ☎ 0561/572542.

Dock 4
Open-Air Kino von Ende Juni – Mitte August Kasseler Figurentheater e. V. im Dock 4. ☎ 0561/4914128.

Kasseler Stadthalle

Theaterpädagogisches Zentrum im Dock 4, ☎ 0561/314388.
ADRESSE: Untere Karlsstraße 4, Kassel, ☎ 0561/7872067.

Starclub
Varieté. ADRESSE: Starclub, Goethestraße 29, Kassel, ☎ 0561/7391345.

Caricatura
Die Galerie für komische Kunst nimmt bundesweit eine einzigartige Stellung ein. Zu den wechselnden Ausstellungen renommierter Künstler gibt es zahlreiche Begleitveranstaltungen wie Lesungen, Kabarett,

Musik und Filmreihen. In Verbindung mit der Galerie gibt es die tagsüber und abends geöffnete CARICATURA Café Bar.

ADRESSE: Bahnhofsplatz 1, 34117 Kassel, ☎ 0561/776499, 🖷 0561/15687, ✉ info@caricatura.de, 💻 www.caricatura.de.

ÖFFNUNGSZEITEN: Do. und Fr. 14.00–20.00 Uhr, Sa. und So. 12.00–20.00 Uhr.

Documenta

Alle fünf Jahre bildet die Documenta das Forum für die aktuellen Tendenzen der Gegenwartskunst, in dem sich die Diskussionen der internationalen Kunstwelt in dem so genannten „Museum der 100 Tage" bündeln. Seit 1972 wird jede Documenta von der Idee und dem persönlichen Konzept eines künstlerischen Leiters geprägt. Informationen zur Documenta 11 im Jahr 2002 finden Sie im Internet unter 💻 www.documenta.de

Kulturzelt an der Drahtbrücke

Musik und Kleinkunst stehen im Mittelpunkt, wenn das Kulturzelt mit seiner ganz besonderen Atmosphäre alljährlich von Juni bis August seine Besucher in das Zelt am Fuldaufer lockt. Das ausführliche Programm kann im Internet unter www.kulturzelt-kassel.de abgerufen bzw. dem im Vorfeld erscheinenden Programmheft entnommen werden.

Kasseler Musiktage

Als eines der ältesten europäischen Musikfeste können die Kasseler Musiktage auf eine über 60-jährige Tradition zurückblicken. Heute nehmen die Kasseler Musiktage alljährlich ein allgemeines Thema bzw. einen Komponisten zum Anlass Tradition und Aktualität in der Musik zu verbinden. Programminformation: Kasseler Musiktage, Heinrich-Schütz-Allee 32, 34131 Kassel, ✉ ksmusiktage@t-online.de, 💻 www.kasseler-musiktage.de. Kartentelefon ☎ 0561/ 770959.

Bergpark Wilhelmshöhe mit Herkules

Natur und Landschaft

Bergpark Wilhelmshöhe

Der Park gilt heute als einer schönsten und größten Bergparks in Europa. Auf einer Gesamtfläche von 240 Hektar finden sich über 800 verschiedene Baum- und Straucharten, die aus dem europäischen, nordamerikanischen und asiatischen Raum stammen. Landgraf Karl ließ den Park – angeregt durch die italienischen Terrassengärten, die er auf seiner Italienreise 1699/1700 kennen gelernt hatte – als barocken Garten anlegen. Seine Nachfolger ließen sich indes von der Geisteshaltung und dem Geschmack ihrer Zeit inspirieren und entwickelten auf barockem Grundriss eine Parkanlage im englischen Landschaftsstil, die von großer Harmonie geprägt ist. Führungen durch den Bergpark Wilhelmshöhe und zu den Wasserkünsten mit Erklärungen zum Herkules können jederzeit mit der Kassel Service Gesellschaft, ☎ 0561/7077-162, vereinbart werden.

Karlsaue

Mit einer Fläche von 125 Hektar ist die Karlsaue einer der größten barocken Parks in Deutschland. Bereits 1568 ließ Landgraf Wilhelm der Weise unterhalb des Landgrafenschlosses einen Renaissancegarten mit einem Orangen- und Pomeranzenhaus anlegen. Hier zog er als einer der ersten deutschen Fürsten Speisekartoffeln. Sein Sohn Moritz vergrößerte die Anlage zur Moritz-Au. Die barocke Ausgestaltung der Anlage erfolgte unter Landgraf Karl. Die im späten 18. Jahrhundert geplante Umgestaltung der Anlage in einen Landschaftsgarten nach englischem Vorbild mit naturnaher Bepflanzung, sich windenden Pfaden und kleinen Seen wurde nur zum Teil ausgeführt. Bis heute ist die ursprünglich barocke Grundstruktur zu erkennen. 1955 wurde anlässlich der ersten Kasseler Bundesgartenschau westlich der Orangerie bei der Schönen Aussicht der Rosenhang angelegt. Zur zweiten Bundesgartenschau (1981) wurde die Fläche des gegenüberliegenden Fuldaufers zur Freizeitanlage *Fulda-Aue* ausgebaut.

Blumeninsel Siebenbergen

Die ca. 2 fi Hektar große Blumeninsel liegt am westlichen Rand der Karlsaue. Aufgrund ihres etwas milderen Klimas gedeihen auf der im Jahr 1729 fertiggestellten Insel – dem ehemaligen „Frühlings- und Sommergarten" der Landgrafen – seltene und exotische Pflanzen und Stauden.

ADRESSE: Blumeninsel Siebenbergen, Auedamm 18, Kassel, ☎ 0561/18809, 0561/12416.

ÖFFNUNGSZEITEN: April bis Anfang Oktober täglich 10.00–19.00 Uhr.

Blumeninsel Siebenbergen

Freizeitangebote

Kurhessen-Therme

1 200 Quadratmeter Wasserlandschaft – innen und außen – Whirlpools, Quellen, Wasserfäl-

le, Thermalsolebecken, Saunawelt, Dampfbad, Sole-Grotte, Solarien, großer Außenbereich, Kurangebote.
ADRESSE: Wilhelmshöher Allee 361, 34131 Kassel, ☎ 0561/318080, 🖷 0561/3180813, ✉ info@kurhessen-therme.de, 💻 www.thermen.de

Erholungsgebiet Fulda-Aue

Die Freizeitanlage mit Seenlandschaft auf dem ehemaligen Gelände der Bundesgartenschau östlich der Fulda ist eines der Naherholungsgebiete der Stadt. An den Seen tummeln sich in den Sommermonaten *Schwimmer*, *Segler*, *Surfer* und andere „Freizeitkapitäne". Auf der Halbinsel zwischen *Ruder-Regattastrecke* und Fulda liegt ein abwechslungsreich gestalteter *Abenteuerspielplatz*. Auch Angler finden hier ihren Platz, solange der Badebetrieb nicht gestört wird. Auf dem weitläufigen Gelände kommen aber auch die „Wasserscheuen" auf ihre Kosten. Ein Spaziergang oder eine kleine Radtour durch das Erholungsgebiet Fulda-Aue lohnt zu jeder Jahreszeit.

Rad- und Wanderwege

Rund um Kassel finden Wanderer und Radfahrer in den Wäldern des Naturparks Habichtswald, des Naturparks Meißner-Kaufunger Wald und des Reinhardswaldes über 1 000 Kilometer markierte Wanderwege. 120 Wanderparkplätze mit Orientierungstafeln erschließen 130 Kilometer Rundwege. Daneben führen der Hessische Fernradweg R 1 und der Weserradweg durch Kassel, so dass sich sowohl für Tourenfahrer als auch für sportlich ambitionierte Radfahrer in und um Kassel vielfältige Möglichkeiten bieten. Weitere Informationen erhalten Sie bei der Touristinformation. Informations- und Kartenmaterial ist auch im örtlichen Buchhandel erhältlich.

Wintersport

Wintersportfreunde kommen bei entsprechender Schneelage im Habichtswald auf ihre Kosten. Am „Hohen Gras" (614 Meter) lädt die Abfahrtspiste mit Skilift zu manch rasanter Abfahrt ein. Freunde des Nordischen Skisports finden hier mehrere gespurte Skilanglaufloipen.

Wintersportmöglichkeiten in Kassel

Eissporthalle

Öffentlicher Publikumslauf an allen Tagen. Schlittschuhverleih vor Ort. Die täglichen Öffnungszeiten sind vor Ort zu erfragen.
ADRESSE: Damaschkestraße 1, 34121 Kassel, ☎ 0561/92894-0.

Kanu-/Bootfahren

Die Fulda ist ein ideales Wandergewässer für Kanu- und Bootstouren. Direkt an der Fulda entlang des Auedamms finden sich denn auch die Boots- und Vereinshäuser der Kasseler Wassersportvereine. Bei Interesse am Wassersport sollten Sie einfach mal vorbeischauen und sich nach den Möglichkeiten erkundigen.

Dampferfahrten
Bei schönem Wetter sollte man unbedingt eine Dampferfahrt durch das schöne Fuldatal unternehmen.
Information: Personenschifffahrt K. u. K Söllner GmbH, Die Schlagd/Rondell, 34125 Kassel, ☎ 0561/774670, 🖷 0561/777776 oder Kasseler Personenschifffahrt Rehbein, Weserstraße 5, 34125 Kassel, ☎ 0561/18505, 🖷 0561/102839.

Golf
Das Clubhaus und der anspruchsvolle Platz (18-Loch-Anlage) liegen wunderschön inmitten des Naturparks Habichtswald, unmittelbar angrenzend an den Bergpark Wilhelmshöhe, so dass man beim Schlagen und Putten immer mal wieder einen Blick auf das Wahrzeichen Kassels – den Herkules – werfen kann. Gäste, die über einen Clubausweis mit eingetragenem Hcp (54) verfügen, sind willkommen. Spielzeit ist von April bis Oktober.
Auskunft und Information: Golf Club Kassel-Wilhelmshöhe, Ehlener Straße 21, 34131 Kassel, ☎ 0561/33509, 🖷 0561/37729.

Feste und Veranstaltungen

Frühjahrs-/Herbstmesse (zweimal jährlich an der Schwanenwiese)
Stadtfest (im zweijährigen Turnus im Mai/Juni)
„Sattelfest“ – autofreier Tag im Fulda- und Wesertal (jährlich im Juli)
„Zissel“ (Ende Juli/Anfang August)
Lichterfest im Bergpark Wilhelmshöhe (September)
Weihnachtsmarkt (Dezember)

Kaufungen

(Landkreis Kassel)

EINWOHNER: 13 500. ORTSTEILE: Oberkaufungen, Niederkaufungen und Papierfabrik, eine Fläche von ca. 2 600 Hektar.
Die erste urkundliche Bezeugung von „coufunga“ findet sich im Jahre 1011. Kaiser Heinrich II. ließ hier zu Beginn des 11. Jahrhunderts eine Pfalz anlegen, die er seiner Frau Kunigunde schenkte. Im Jahre 1017 gründete diese darin ein Benediktinerinnenkloster, in welches sie am 13. Juli 1025, ein Jahr nach dem Tod ihres Mannes, als Nonne eintrat. Nach der Einführung der Reformation in Hessen durch Landgraf Philipp den Großmütigen 1527 wurde das Kloster aufgelöst. Fünf Jahre später vereinigte er die Besitzungen des Klosters mit denen des Klosters Wetter und gründete das Stift Kaufungen, welches bis heute karitativen Versorgungszwecken dient.

Blick auf den historischen Ortskern mit Stiftskirche

Information

Rathaus, Leipziger Straße 463, 34260 Kaufungen, ☎ 05605/802-0, 🖷 05605/802-104, ☎ info@kaufungen.de, 💻 www.kaufungen.de

Sehenswertes

Historischer Dorfkern

Sowohl in Ober- als auch Niederkaufungen lohnt sich ein Spaziergang durch den alten Ortskern. Schmale Gassen, liebevoll erhaltene Fachwerkhäuser und historische Baudenkmäler prägen den Charakter der Gemeinde.

Besonders sehenswert ist das jenseits der großen Steinscheune im Stiftshof im Kern der ehemals selbstständigen Dorfschaft „Freiheiter Gemeinde“ stehende Forsthaus aus dem Jahre 1538.

Stiftskirche

Die mächtige Stiftskirche zum Heiligen Kreuz, heute evangelische Pfarrkirche, erhebt sich über dem alten Dorfkern von Oberkaufungen. Die äußerlich völlig schmucklos wirkende Kirche gilt als eines der bedeutendsten spätottonischen Bauwerke Nordhessens. Ihre Wirkung geht von den kompakten kubischen Formen des aufgehenden Mauerwerks aus. Der geplante Umbau der Basilika in eine gotische Hallenkirche blieb unvollendet, so dass sich romanische und gotische Bauelemente nebeneinander finden. Im Innern der Kirche sind insbesondere die auf das 15. Jahrhundert zurückzuführenden Fresken an Wänden und Pfeilern sehenswert.

St. Georgskapelle

Zwischen der ehemaligen Vogtei und Propstei führt der Weg zur St. Georgskapelle, dem ältesten erhaltenen Gotteshaus im nördlichen Hessen. Sie wurde bereits vor der Klostergründung von Heinrich II. als Pfalz- und Gemeindekirche errichtet.

Historisches Fachwerk im Dorfkern

Stiftshof

Über eine Steintreppe gelangt man in den ehemaligen Stiftshof mit seinen stolzen *Fachwerkbauten aus dem 17. und 18. Jahrhundert* sowie dem *Herrenhaus* und der *Renterei* des von Landgraf Philipp dem Großmütigen 1532 gegründeten Ritterschaftlichen Stiftes Kaufungen.

Der „Rossgang“

Am Nordrand des Ortsteiles Oberkaufungen stößt man am Ende der Freudentalstraße auf einen etwas versteckt hinter den letzten Häusern des Ortes gelegenen eigenartigen Rundbau mit einem kurzen Giebelhaus, den so genannten „Rossgang“. Das Gebäude barg einst das Göpelwerk und die Einrichtungen einer alten Schachtanlage der Braunkohlezeche Freudental. Die Architektur des

Historisches Brauchtum: „Dorftage" auf dem Kirchplatz in Niederkaufungen

Museen

Regionalmuseum „Alte Schule"

Die Ausstellungen des Regionalmuseums geben ein umfassendes Bild vom „Leben und Arbeiten im Dorf" – vom Mittelalter bis zur Gegenwart.
ADRESSE: Regionalmuseum, Schulstraße 33, Kaufungen-Oberkaufungen, ☎ 05605/7307 oder 8020. ÖFFNUNGSZEITEN: ganzjährig, So. 10.00–17.00 Uhr sowie Mi., Do., Sa. 14.00–17.00 Uhr; Gruppenführungen nur nach vorheriger Anmeldung.

Gebäudes ist bemerkenswert. Das ausgedehnte, auf den Stützen einer 14-seitigen Holzwand ruhende Dachgebälk ist freitragend gebaut. Keine Stütze steht in dem etwa 15 Meter weiten Rund. Ein in der Mitte des Gebäudes stehender, aus einem starken Baumstamm angefertigter Wellbaum mit Seiltrommeln und Drehhebeln wurde zum Fördern der Braunkohle von zwei Pferden angetrieben. Das etwa um 1820 errichtete Gebäude ist heute von einzigartiger kulturhistorischer Bedeutung, da es nur noch wenige dieser alten Bergbaugebäude im deutschsprachigen Raum gibt. Von April bis Oktober ist der „Rossgang" So. von 10.00–11.00 Uhr im Rahmen einer Führung zu besichtigen. Andere Termine können mit der Gemeindeverwaltung vereinbart werden.

Erholungs- und Freizeitgebiet „Steinertsee"

Freizeitangebote

Erholungs- und Freizeitpark „Steinertsee"

Das Freizeitgelände ist „grüne Oase" und Bindeglied zwischen den Ortsteilen Ober- und Niederkaufungen. Neben dem *Steinert-*

see finden Erholungssuchende angelegte *Spazier- und Wanderwege*, *Reitwege*, Spielflächen für Kinder, Flächen für Freizeitsport, *Schlitten- und Radfahrhügel*, Schutz- und Grillhütten sowie eine *Minieisenbahn*.

Korbach

(Landkreis Waldeck-Frankenberg)

EINWOHNER: 24 526. ORTSTEILE: Alleringhausen, Eppe, Goldhausen, Helmscheid, Hillershausen, Lelbach, Lengefeld, Meineringhausen, Nieder-Ense, Nieder-Schleidern, Nordenbeck, Ober-Ense, Rhena, Strothe.
Dank seiner günstigen Lage im Schnittpunkt alter Heer- und Handelsstraßen entwickelte sich Korbach schon früh zu einer blühenden Stadt. Im Jahr 1188 erhielt Korbach das Soester Stadtrecht und war zu dieser Zeit sogar dem Bund der Hansestädte angegliedert. Die gut erhaltene Altstadt mit ihren schönen Fachwerkbauten und ihren gotischen Hallenkirchen und Lagerhäusern zeugt noch heute von der großen Vergangenheit Korbachs.

ⓘ Information

Tourist-Information Korbach, Stechbahn 1, 34497 Korbach, ☎ 05631/53-232, 🖷 05631/ 53-320, ✉ info@korbach.de, 💻 www.korbach.de

☞ Stadtführungen

Allgemeines
Die Tourist-Information Korbach bietet ganzjährig kostenlose Führungen durch die historische Korbacher Altstadt für Einzelpersonen und kleinere Gruppen an: Di. 14.30 Uhr und Sa. 10.30 Uhr; Treffpunkt: Rathausvorplatz, Stechbahn 1; Dauer: ca. 1½ Stunden. Weitere kostenpflichtige Führungen sind jederzeit nach Vereinbarung möglich.

Führungen durch das Museum Korbach
Kostenlose Führungen durch das Museum Korbach werden in der Zeit von April bis Oktober jeweils am zweiten und vierten Samstag im Monat um 14.30 Uhr, in der Zeit von November bis März jeweils am zweiten Samstag im Monat angeboten. Weitere Infos unter ☎ 05631/53-289.

Führungen an der Fossilienfundstelle „Korbacher Spalte"
Kostenlose Führungen an der Fossilienfundstelle „Korbacher Spalte" werden von Anfang Mai bis Mitte Oktober jeden So. um 9.15, 10.15 und 11.15 Uhr angeboten. Treffpunkt: Korbacher Spalte, Frankenberger Landstraße.

Sehenswertes

St. Kilianskirche
Die gotische Pfarrkirche der Altstadt wurde von 1335–1450 über einer älteren romanischen Kirche im Stil westfälischer Hallenkirchen erbaut. Im Innern der Kirche sind insbesondere der 1527 von einem Korbacher Franziskanermaler gestaltete Kreuzigungsaltar, die Steinkanzel aus dem Jahr 1370 mit ihrer gotischen Marienstatue auf dem Schalldeckel, das von 1524–1525 von Bernd und Joh. Bunekemann (Münster) geschaffene Sakramentshäuschen sowie die steinerne Anbetungsgruppe aus der Zeit um 1420 sehenswert.
ADRESSE: Kirchplatz, Korbach. ÖFFNUNGSZEITEN: November bis März jeweils Di. bis Sa. von 10.00–12.00 und von 14.00–16.00 Uhr, So. von 14.00–16.00 Uhr. April bis Ok-

tober jeweils Di. bis Sa. von 9.30–12.00 und von 14.00–16.30 Uhr, So. von 14.00–16.30 Uhr. Nähere Informationen bei der Küsterin Frau Astrid Köhler, Tränkestraße 9, ☎ 05631/62158.

Kilianskirche zu Korbach

Rathaus mit Roland

Das 1377 erbaute Rathaus steht auf der Grenze zwischen Alt- und Neustadt. Der Treppengiebel an der Nordseite stürzte beim Brand von 1664 ein und wurde 1930 durch einen Turm ersetzt. Zu dieser Zeit wurde auch der Arkadengang angelegt. Die Rolandfigur (1450) – Symbol der eigenen Gerichtsbarkeit und des Münz- und Marktrechtes – wurde im Jahr 1936 an der Nordwestecke aufgestellt.

Stadtbücherei

Das stattliche Patrizierhaus (Fachwerkhaus) stammt aus dem 17. Jahrhundert und wurde an der Stelle des ehemaligen Hochzeitshauses errichtet. Es war Wohnhaus, zeitweise Schulgebäude und wurde von 1985–1987 restauriert. Seitdem beherbergt es die Stadtbücherei. Neben dem Haus befindet sich der *Neustädter Stein*, der für die Bürger der Neustadt Schwurstein und Pranger war.
ADRESSE: Prof.-Kümmell-Straße 14, Korbach.

Feldhühnerchen Kump

Einer der vier erhaltenen mittelalterlichen Brunnen (Kümpe), die seit 1367 aus einer längeren Wasserleitung gespeist wurden und in erster Linie der Versorgung mit Löschwasser dienten. Die Darstellung der Feldhühnerchen erinnert an den historischen Spitznamen für die Korbacher Bürger.

St. Nikolaikirche

Der Turm der evangelischen Pfarrkirche in der Neustadt wurde 1359 an eine ins 13. Jahrhundert datierte Kapelle angefügt. Die dreischiffige Halle wurde von 1460–1467 errichtet.
ADRESSE: Kirchstraße, Korbach. ÖFFNUNGSZEITEN: April bis September jeweils Mo. bis Fr. von 10.00–17.00 Uhr, Sa. und So. von 10.00–12.00 Uhr. Von Oktober bis März geschlossen. Nähere Informationen bei der Küsterin Frau Lydia Sperling, Schlesische Straße 19, ☎ 05631/61914.

Befestigungsanlagen

Nach der Vereinigung von Alt- und Neustadt im Jahr 1377 erhielt Korbach einen doppelten Stadtmauerring. Die Innenmauer wurde von einem Wehrgang aus verteidigt, die Außenmauer durch noch vorhandene

Schießscharten. Die Überreste der beiden Mauerringe sowie die mittelalterliche Doppeltoranlage – *Enser Tor (1414)* – lassen noch heute den Verlauf der Befestigungsanlagen erkennen. An der inneren Stadtmauer sind der *Tylenturm*, der größte Wehrturm der inneren Stadtmauer, der zeitweilig als Gefängnis diente, der *Rote Turm* und der *Wollweberturm* erhalten geblieben.

Altstädter Markt
Der ehemalige Mittelpunkt der Altstadt; noch heute steht hier der steinerne Pranger mit dem Halseisen.

Mönchehof
An dieser Stelle wurde nach 772 der fränkische Königshof errichtet, aus dem sich die Stadt entwickelte. Dieser Besitz wird 980 in einer Schenkungsurkunde an das freie Reichsstift Corvey urkundlich erwähnt. Die Überreste des gotischen Gebäudes stammen aus dieser Zeit. Eine Gedenktafel erinnert an vier aus Korbach stammende Geschichtsforscher.

Hartwigsches Haus
Das stattliche Fachwerkhaus wurde in den Jahren 1712–1720 vom Regierungs- und Hofrat, Kriegskommissar und kaiserlichen Pfalzgrafen Bernhard von Nölting errichtet. Es erhielt ein von dem Waldecker Barockbildhauer Josias Wolrad Brützel gefertigtes Portal mit Engelsköpfen und Schmuckelementen. Die Gefache sind mit Flachziegeln ornamental ausgefüllt. Die angrenzende fränkische Toranlage führt zum ehemaligen Wirtschaftshof. ADRESSE: Stechbahn 9, Korbach.

Gotisches Lagerhaus
Korbachs größtes Steinhaus dieser Art diente einst als Wohn- und Lagerhaus. Haus und

Historisches Fachwerkhaus

Historisches Steinhaus

Kamin an der Giebelfront wurden um 1330 erbaut. Über den zwei Wohngeschossen befinden sich noch drei Lagergeschosse. Bis 1955 diente das Steinhaus als Jugendherberge; heute wird es wieder als Wohnhaus genutzt. ADRESSE: Violinenstraße 3, Korbach.

Spukhaus
Der Zugang zu dem noch weitgehend in seiner ursprünglichen Gestalt erhaltenen gotischen Lagerhaus war früher nur durch das angebaute Fachwerkhaus möglich. Die schmalen Fensterluken waren mit Eisenläden zu verschließen. Unter dem steilen Schieferdach des fünfgeschossigen Hauses befindet sich noch heute eine feuersichere Steinpackung. Heute ist hier das Magazin der Freilichtbühne Korbach untergebracht.
ADRESSE: Enser Straße, Korbach.

Diemelsächsisches Bauernhaus
Das 1732 erbaute Vierständehaus ist das einzig erhalten gebliebene Bauernhaus dieser Bauart, in dem einst Menschen, Vieh und Vorräte unter einem Dach untergebracht waren. Die große Diele hinter dem Haus diente als Arbeitsplatz. Heute wird es als Wohnhaus genutzt.
ADRESSE: Enser Straße 5, Korbach.

Natur und Landschaft

Georg-Viktor-Turm
Der Aussichtsturm auf dem 562 Meter hohen, südwestlich von Korbach gelegenen Eisenberg bietet schöne Ausblicke in das Sauerland, den Naturpark Diemelsee sowie in das Waldecker Land.
ÖFFNUNGSZEITEN: April bis Oktober täglich von 9.00–18.00 Uhr.

Goldspur Eisenberg
In Goldhausen bei Korbach liegt Deutschlands reichste Goldlagerstätte. Ansprechend gestaltete Informationstafeln erinnern an den historischen Bergbau. Die Goldspur Eisenberg ist in zwei eigenständige Abschnitte untergliedert. Der erste Abschnitt, über 3,3 Kilometer, beschreibt anhand von 12 Informationsstationen die wichtigsten Spuren der Goldgräber in Goldhausen und rund um die Burgruine Eisenberg mit dem Georg-Viktor-Turm. Die Begehung dauert rund 1 ½ Stunden. Der zweite Abschnitt der Goldspur verläuft um den südöstlichen Eisenberg und führt am unteren Tiefen-Tal-Stollen, an Waschhalden, am Steinbruch sowie weiteren Spuren der Goldgräber vorbei. Die etwa fünf Kilometer lange Strecke kann in zwei bis drei Stunden bewältigt werden.

Museen

Museum Korbach
Schon aus architektonischer Sicht ist das Museum Korbach einen Besuch wert. Mitten im Altstadtkern gelegen, bildet das Gebäudeensemble des Museums eine kleine Stadt in der Stadt. Eingebettet in historische Stein- und Fachwerkhäuser, sind neue Baukörper mit sanierter Altbausubstanz filigran ineinander verwoben.
Das 1997 wieder eröffnete Museum bietet auf ca. 1 600 Quadratmetern Ausstellungsfläche einen Rundgang durch die Geschichte der über 1 000 Jahre alten Stadt und der Region. Von besonderer Bedeutung sind die 250 Millionen Jahre alten Fossilien aus der „Korbacher Spalte“, die Zeugnisse des historischen Goldbergbaus am Eisenberg, der größten historischen Goldlagerstätte Deutschlands, und die barocken Josephsgemälde aus der „Alten Waage“. Wechselausstellungen, Führungen für Gruppen und Schulklassen, museumspädagogische Angebote und Ferienaktionen ergänzen das Angebot.
ADRESSE: Museum Korbach, Kirchplatz 2, Korbach. ÖFFNUNGSZEITEN: Di. bis So. 11.00– 16.30 Uhr. Informationen unter ☎ 05631/53-289.

Kultur

Korbach-Konzerte

Diese in Nordhessen herausragende Konzertreihe verspricht von Oktober bis März sieben künstlerisch hochwertige Kammermusikabende mit ausgewählten Künstlern der nationalen und internationalen Musikszene.
Karten sind an der Abendkasse oder im Vorverkauf bei der Tourist-Information im Rathaus erhältlich. Außerdem wird ein vorteilhaftes Abonnement angeboten.

Theater in Korbach
Jährlich im September öffnet sich der Vorhang der Korbacher Stadthalle für den Auftakt der Theatersaison. Informationen über die Korbach-Theater erhalten Sie bei der Tourist-Information oder im Kulturamt der Stadt Korbach.

Freilichtbühne Korbach
Die Freilichtbühne Korbach e. V. bietet jeden Sommer zwei Bühnenproduktionen für Erwachsene und Kinder an. Spielort ist die herrlich gelegene Freilichtbühne in der Korbacher Altstadt zwischen den Stadtmauern im Schießhagen. Informationen zu Programm und Terminen erhalten Sie bei der Tourist-Information Korbach.

Freizeitangebote

Fahrradverleih
Hotel Am Rathaus, Stechbahn 8, Korbach, ☎ 05631/50090.
Fahrradhandlung Gerbracht, Flechtdorfer Straße 7, Korbach, ☎ 05631/7376.

Fliegen
Rundflüge sowie Drachenschulung und Gleitschirmfliegen werden angeboten von FBK, Rammelsweg, ☎ 05631/3344 und der Luftsportgruppe Korbach-Nordenbeck e. V., Martin Busch, Am Böhl 6, 59955 Winterberg-Grönebach, ☎ 02985/8250 oder 05631/ 63299.

Rad- und Wanderwege
Die Lage zwischen Hochsauerland und Edersee macht Korbach mit seinen 14 Ortsteilen zu einem idealen Ausgangspunkt für Rad- und Wandertouren in das *Waldecker Land*, den *Naturpark Diemelsee* und ins *Sauerland*.
Die ausgedehnten und gut markierten Wanderwegenetze bieten Wanderfreunden eine Fülle von Möglichkeiten die herrliche Natur der Mittelgebirgslandschaft zu genießen. Kartenmaterial und Tourenvorschläge erhalten Sie bei der Tourist-Information.

Reiten
Reit- und Fahrverein Am Ellerbruch, Joachim von Hanxleden, Am Ellerbruch 3, ☎ 05631/ 2660.
Reit- und Fahrverein Korbach und Umgebung, Karl-Heinz Göbel, Waldmannsbreite 38 a, ☎ 05631/952352.

Schwimmen
Sportbad Korbach, Medebacher Landstraße 10, ☎ 05631/974-278. Öffnungszeiten: Mo. 13.00–20.00 Uhr, Di. bis Fr. 6.00–21.00 Uhr, Sa. und So. 8.00–18.00 Uhr.
Freizeitbad Korbach, Medebacher Landstraße 10, ☎ 05631/974-278. Öffnungszeiten: Mo. 13.00–20.00 Uhr, Di. bis Fr. 10.00–21.00 Uhr, Sa. und So. 9.00–18.00 Uhr.
Freibad, Karpatenstraße, ☎ 05631/974-294. Öffnungszeiten:Mai bis September Mo. bis Fr. 8.00–20.00 Uhr, Sa. und So. 8.00–19.00 Uhr.

Wintersport
Freunde des Langlaufsports können sich im Winter auf den direkt am Ortsrand von Lengefeld beginnenden gespurten Loipen „austoben“. Alpin-Skifahrer finden in den nahe gelegenen Wintersportorten Willingen (15 Kilometer) und Winterberg (30 Kilometer) Möglichkeiten ihrem Sport nachzugehen. Dort können auch ausgedehnte Rodelpartien unternommen werden.

Feste und Veranstaltungen

Salatkirmes Strothe (Mai)
Gold- und Töpfermarkt (Mai)
Kiliansmarkt (Juni)
Altstadt- und Kulturfest (Juli)
Mittelalterlicher Markt (September)
Herbstmarkt (Oktober)
Adventskalender (Dezember)
„Christkindchenwiegen“ (Dezember)

Meinhard

(Werra-Meißner-Kreis)

EINWOHNER: 5 466. ORTSTEILE: Frieda, Grebendorf, Hitzelrode, Jestädt, Motzenrode, Neuerode, Schwebda.
Nördlich von Eschwege gelegen, erstreckt sich das Gemeindegebiet vom Werratal mit dem Seitenteil der Frieda bis zu dem im Norden ansteigenden Höhenzug des „Meinhard“, dem Namensgeber der 1972 gegründeten Gemeinde. Die Seitentäler der Werra, die Grabenbrüche im Gobertvorland und die dortigen Hochterrassen sind es auch, die dieser Landschaft ihren Reiz verleihen. Die nahe der Werraaue gelegenen Dörfer von Jestädt bis Frieda gehören zu den ältesten Niederlassungen der Gegend.

ⓘ Information

Tourist-Information Eschwege – Meißner – Meinhard – Wanfried, Hospitalplatz 16, 37269 Eschwege, ☎ 05651/331985 und 331986, 🖷 05651/50291, ✉ tourist-information@eschwege.de, 💻 www.werra-meissner. de/meinhard

Sehenswertes

Schloss Wolfsbrunnen
Hoch über dem Werratal, nördlich des Ortsteils Schwebda, ragt die mächtige Sandsteinfassade des Schlosses Wolfsbrunnen aus den Baumwipfeln des Mischwaldes. Der Spiegelsaal und die zünftige Ritterstube zeugen noch heute vom Leben der ehemaligen Bewohner. Heute befindet sich in den Räumen des ehemaligen Schlosses die größte Hotelanlage des Werra-Meißner-Kreises.

Malerisch gelegenes Schloss Wolfsbrunnen

Schwebdaer „Wachholderjäger“
Die lebensgroße Plastik des Schwebdaer Wahrzeichens steht vor der Stephanuskirche

mit ihrem romanischen Kirchturm aus dem 12. Jahrhundert.

Backhaus Motzenrode

Neben der kleinen Kirche ist das Backhaus Blickfang und Attraktion des kleinsten Meinharder Ortsteils. Für Vereine und Gästegruppen besteht die Möglichkeit, in der urigen Atmosphäre gemütlich zu feiern und sich mit saftigem Braten und frischem Brot, welches im dortigen Backofen zubereitet wird, verwöhnen zu lassen.

Backhaus Motzenrode – beliebter Treffpunkt zum gemeinsamen Feiern und Backen

Motzenroder Kirche – Kleinod in der Ortsmitte

Kirche Neuerode

Die kleine Kirche (Kernbau aus dem Jahr 1345), die neben dem Anger stets den Mittelpunkt des dörflichen Lebens bildete, wurde 1596 nach Osten und 1882 nach Westen erweitert. Das Abendmahlgerät erinnert noch heute an die Familie von Boyneburg zu Jestädt, die seit dem 15. Jahrhundert die Herrschaft in Neuerode ausübte. Maria Christina von Boyneburg stiftete es am 13. Dezember 1736.

Vom Herrenhaus zum „Rathaus" – der heutige Sitz der Gemeindeverwaltung Meinhard

Herrenhaus derer von Keudell

Das stattliche, zwischen Grebendorfs Ober- und Unterdorf gelegene Herrenhaus, in dem sich heute die Gemeindeverwaltung befindet, wurde um 1600 von Bernhard von Keudell und seiner Frau Beata von Berlepsch errichtet. Noch heute zeugt das Wappen am Hauptportal von dem Erbauer und seiner Frau.

Schloss Jestädt
Das in den Jahre 1561–1562 erbaute Schloss zeugt noch heute vom Glanz der Vergangenheit.

Kultur

Heimatmuseum Meinhard
Das 1989 eröffnete Museum befindet sich im ersten und zweiten Geschoss des ehemaligen Haferbodens über der alten Beschlagschmiede des Rittergutes in Schwebda. Die Exponate stehen alle in unmittelbarer Verbindung zur Geschichte und Entwicklung der Dörfer der Region. Ein Raum widmet sich der ehemaligen innerdeutschen Grenze.

Heimatmuseum Meinhard – die Sonderausstellung „Historische Fernsprechapparate"

Heimatmuseum Meinhard – Utensilien zum Tabakanbau

Die Sonderausstellung „Historische Fernsprechapparate" mit einer funktionstüchtigen Fernemeldestrecke ist eine besondere Attraktion. Hier kann mit Fernsprechapparaten, deren Entstehungsdaten bis ins Jahr 1904 zurückreichen, telefoniert werden.
ADRESSE: Heimatmuseum, Lindenanger, Meinhard-Schwebda, ☎ 05651/50659 ab 15.00 Uhr. ÖFFNUNGSZEITEN: April bis Oktober jeden ersten Sa. im Monat 14.00–17.00 Uhr sowie nach Vereinbarung mit Herrn E. Heuckeroth, ☎ 05651/50659.

Natur und Landschaft

„Hessische Schweiz" bei Hitzelrode
Die steil aufsteigenden Kalkfelsen mit den Felsabbrüchen des Weißen Grabens, der alten Kultstätte des Wolfstisches, der alpinen Klammbildung des Pferdeloches und der Salzfrau haben dem Naturschutzgebiet zu Recht den Namen „Hessische Schweiz" eingebracht. In üppiger Vegetation kann der Besucher bei genauem Hinsehen manch selten gewordene Pflanzen- bzw. Tierart (z. B. wilde Orchideen, seltene Schmetterlings- und Vogelarten, Eidechsen) entdecken.

Jestädter Weinberg
Die Jestädter Weinberge wurden bereits im 16. Jahrhundert angelegt. Bis in die zweite Hälfte des 18. Jahrhunderts hinein wurde der

Luftkurort Hitzelrode – die „Hessische Schweiz“

Erholung am „Boote-See“

Weinanbau betrieben. Wegen der besonderen Flora und Fauna in den Weinbergen sowie selten vorkommender Gesteinsbildungen wurde das Gebiet im Jahre 1978 als Naturschutzgebiet ausgewiesen.

Freizeitangebote

Freizeit- und Erholungszentrum (FEZ)

Schwimmen – Angeln – Bootfahren – Surfen – Sauna – Minigolf: Die ganzjährig geöffnete Freizeitanlage liegt, umgeben von herrlichen Wäldern, zwischen den Meinharder Ortsteilen Grebendorf und Jestädt. Auf einer Gesamtfläche von 48 Hektar, davon 30 Hektar Wasserfläche, bietet die Freizeitanlage nahezu jedem etwas.
ADRESSE: Betriebsgemeinschaft FEZ, Södenweg 10, Meinhard-Jestädt, ☎ 05651/6200.

Rad- und Wanderwege

Besucher können die landschaftlichen Schönheiten der Gemeinde auf den insgesamt 45 Kilometern markierter Wanderwege erkunden. Ein besonders lohnenswertes Ziel sind die steil aufsteigenden Kalkfelsen der so genannten *„Hessischen Schweiz“* bei Hitzelrode. Ebenfalls interessant ist ein Wanderung von Jestädt in Richtung Albungen, bei der Sie sämtliche Formationen von Zechstein in Augenschein nehmen können.
Wer lieber auf zwei Rädern unterwegs ist, kann die Umgebung auf den gut ausgebauten Radwegen oder auf dem 300 Kilometer langen *Werratal-Radweg* entdecken.
Eine Freiluftgalerie unter dem Motto *„Kunst am Radweg“* weist auf einer Länge von 69 Kilometern den Weg durch den Werra-Meißner-Kreis. Informationstafeln geben Auskunft zu radlerfreundlichen Übernachtungsbetrieben, Sehenswertem am Wegesrand sowie über Zweirad-Service-Betriebe.
Kartenmaterial zu den Rad- und Wanderwegen des Werratals hält die Tourist-Information für Sie bereit. Dort können Sie auch Pauschalangebote buchen.

Kanu-/Bootfahren

Sie können den Reiz der Landschaft des Werratals auch einmal aus einer anderen

Perspektive kennen lernen. „Erpaddeln" Sie die Werra auf einer Tagestour oder buchen Sie eine drei-, vier- oder fünftägige Tour als Komplettpaket der Tourist-Information.

Meißner

(Werra-Meißner-Kreis)

EINWOHNER: 3 622. ORTSTEILE: Abterode, Alberode, Germerode, Vockerode, Weidenhausen, Wellingerode, Wolfterode

Im nordöstlichen Teil des Altkreises Eschwege gelegen, erstreckt sich die Gemeinde am nordöstlichen Fuß des Meißnermassivs in dem sich zum Werratal erstreckenden Meißnervorland. Aufgrund der wenig ergiebigen Sandstein- und Zechsteinböden herrschte in den östlichen Meißnerdörfern früher Armut. Heute gewinnt der Fremdenverkehr in der Gemeinde zunehmend an Bedeutung. Der Naturpark Meißner-Kaufunger Wald und hier insbesondere der Hohe Meißner sind sommers wie winters ein Anziehungspunkt für Erholungssuchende, Wanderer und Wintersportler.

ⓘ Information

Heimat- und Verkehrsverein e. V., Neuer Weg 1, 37290 Meißner-Germerode, ☎ 05657/462, ✉ verkehrsverein.meissner@werra-meissner.de, 💻 www.werra-meissner.de/meissner. *Tourist-Information Eschwege-Meißner-Meinhard-Wanfried*, Hospitalplatz 16, 37269 Eschwege, ☎ 05631/331985 und 331986, ✉ tourist-information@eschwege. de, 💻 www. eschwege.de. *Gemeindeverwaltung Meißner*, Hinterweg 4, 37290 Meißner-Abterode, ☎ 05657/9896-0, 🖷 05657/ 91260, ✉ gemeinde.meissner@kgrz-kassel. de

Das schöne Land rund um den Hohen Meißner

Blick auf den Hohen Meißner

Sehenswertes

Kloster Germerode

Schon von weither erkennt man die Kirche des ehemaligen Prämonstratenser-Klosters in Germerode. Nach der Gründung des Stiftes durch Graf Rudger II. von Bilstein 1144/45 wurde wenig später mit dem Bau der Kirche (1150–1165) begonnen. Schon bald darauf wurde es als reines Nonnenkloster weitergeführt. Von der einstigen

Gotische Kirche Wolfterode

Romanische Klosterkirche Germerode (oben) mit alter Vogtei des ehemaligen Klosters (unten)

Klosteranlage sind nur noch die Kirche – eine dreischiffige Pfeilerbasilika mit hochgelegtem Chor und darunter liegender Krypta – und das 1220 fertig gestellte Refektorium erhalten. Bemerkenswerte Ausstattungsgegenstände der Kirche sind die im Jahre 1605 fertiggestellte Empore sowie die Orgel von Altstätter.
ÖFFNUNGSZEITEN: täglich 10.00–18.00 Uhr. Gruppenführungen nach telefonischer Absprache mit dem Pfarramt, ☎ 05657/278, möglich.

Gotische Kirche Wolfterode

Die erste urkundliche Erwähnung der Kirche in Wolfterode datiert aus dem Jahr 1334. Der Chor wurde 1515 errichtet. Im Innern sind neben den vorreformatorischen Wand- und Deckengemälden insbesondere die Skulpturen der Landgräfin Anna von Hessen und ihres Sohnes sowie der gotische Taufstein und die Altarmensa sehenswert.

Judenfriedhof Abterode

Die große jüdische Gemeinde war für die Ortsgeschichte Abterodes von jeher bedeutsam. Der Friedhof, die ehemalige Synagoge und die ehemalige Schule legen davon noch heute ihr architektonisches Zeugnis ab. Der Friedhof wurde bereits zum Ende des 17. Jahrhunderts belegt und ist heute der größte seiner Art im Werra-Meißner-Kreis. Erhalten geblieben sind insgesamt 494 Grabstellen, von denen 490 mit Grabsteinen geschmückt sind, unter denen die ältesten barocke Formen zeigen.

Gotische Kirchenruine Abterode
Der Kern der einst in wehrhafter Gestalt auf einem Hügel etwas außerhalb der Ortslage errichteten Kirche stammt aus dem 14. Jahrhundert. 1809 wurde sie bis auf die bis heute erhaltenen Reste zerstört. Das gegenwärtige Erscheinungsbild zeigt einen ruinösen Baukörper, bestehend aus einem einschiffigen Langhaus, das von einem Turm abgeschlossen wird. Die Ruine ist jederzeit frei zugänglich. Führungen werden nicht angeboten.

Gotische Kirchenruine Abterode

Chattenloh bei Weidenhausen
Das Chattenloh, eine ehemalige Gerichtsstätte des Amtes Bilstein vor den Toren des Ortsteils Weidenhausen, zeugt von der verwaltungsgeschichtlichen Bedeutung, die dem Ort im Spätmittelalter zukam.

Ortskern Vockerode
Das ehemals königliche Gut Vockerode wurde erstmals im Jahre 1074 urkundlich erwähnt. Rund um die in ihrem Kern erhaltene gotische Pfarrkirche konnte die historische Bebauung der Ortsmitte bis heute nahezu lückenlos erhalten werden. Entlang der Durchgangsstraße erheben sich einzelne historische Hofanlagen im Rang eines schützenswerten Kulturdenkmals, deren Entstehungszeit bis in das 18. Jahrhundert zurückreicht.

Ortskern des Fachwerkdorfes Vockerode

Museen

Besucherbergwerk Grube Gustav
Das im romantischen Höllental nahe der ehemaligen Bergarbeitergemeinde Abterode gelegene Bergwerk wurde nach seiner Schließung im Jahre 1968 für die Öffentlichkeit zugänglich gemacht. Bereits seit dem 16. Jahrhundert war hier Kupferschiefer abgebaut worden. Zu Beginn des 20. Jahrhunderts begann man auch mit dem Abbau von Schwerspat, zunächst im Tagebau, später auch unter Tage. Im Rahmen einer Führung erhalten Besucher einen Einblick in die Entwicklung des Bergbaus im Höllental und einen Eindruck von den überaus schwierigen Arbeitsbedingungen der Bergarbeiter. In der ehemaligen Fördermaschinenkammer wurde ein kleines *Museum* eingerichtet. Zu sehen sind Mineralien und Gesteine der Umgebung sowie altes und modernes bergmännisches Gerät. Ein Rettungsschlitten erinnert an eine dramatisch, aber erfolgreich verlaufene Rettungs-

Besucherbergwerk Grube Gustav: Eingangsbereich (links); Stollendurchgang mit Sicherungsausbau (oben rechts); Besucherführung unter Tage (unten rechts)

aktion von zwei verschütteten Bergleuten im Jahr 1957.

Auskunft: Gemeindeverwaltung Meißner, Hinterweg 4, Meißner-Abterode, ☎ 05657/ 9896-0.

ÖFFNUNGSZEITEN: 15. März bis 31. Oktober Di. bis So. und an Feiertagen 13.00–16.00 Uhr. Führungsdauer ca. eine Stunde. Gruppen ab 15 Personen und Schulklassen ganzjährig nach Vereinbarung unter ☎ 05657/ 7500. Kiosk geöffnet.

Natur und Landschaft

Hoher Meißner

Der aufgrund seiner herausragenden Form auch „König der hessischen Berge“ genannte Meißner ist der höchste Berg und das größte zusammenhängende Basaltmassiv Nordhessens. Südwestlich von Bad Sooden-Allendorf erstreckt er sich in nordsüdlicher Richtung und bildet den wesentlichen Bestandteil des Naturparks Meißner-Kaufunger Wald. Die höchste Erhebung ist die Kasseler Kuppe mit 754 Metern über dem Meeresspiegel. Ein 1970 ausgewiesenes Naturschutzgebiet umschließt ringförmig die Bergkuppe und wird nur im Norden durch den Steinbruch bei Bransrode unterbrochen. Zusätzlich sind auf der Hochfläche einige Wiesen geschützt. Weite Teile des Meißners wurden jedoch nicht nur aufgrund des Erhalts ihrer landschaftlichen Schönheit und Vielfalt unter Schutz gestellt, vielmehr ist der Meißner aus geologischer und botanischer Sicht für die Eiszeitforschung von großer Bedeutung.

Waldlehrpfad Frau-Holle-Teich

Bereits 1926 wurde das Gebiet um den Frau-Holle-Teich als Naturschutzgebiet ausgewiesen. 1970 richtete man hier einen Waldlehrpfad ein, dessen Konzeption und Anlage Anfang der 90er Jahre überarbeitet wurde. Ausgangs- und Endpunkt des Lehrpfades ist der Parkplatz Frau-Holle-Teich, der unmittelbar an der L 3242 von Schwalbach nach Bad Sooden-Allendorf liegt. Anhand von im Verlauf des Rundweges aufgestellten Informationstafeln, die in direktem Bezug zum Standort stehen, erhält der Besucher Kenntnisse über die Natur, die Gefährdung der natürlichen Umwelt sowie über die Schutzmöglichkeiten. An einigen der insgesamt 14 Stationen wird dem Besucher die Möglichkeit gegeben sich selbst aktiv zu beteiligen. Zeitlich sollte man etwa 2 ½ Stunden für den Rundweg veranschlagen. Für Gruppenführungen wenden Sie sich bitte an das Hessische Forstamt Bad Sooden-Allendorf, Waldstraße 12, 37242 Bad Sooden-Allendorf, ☎ 05652/9589-0. Auskünfte erteilt auch die Geschäftsstelle Naturpark Meißner-Kaufunger Wald, Nordbahnhofsweg 1, 37213 Witzenhausen, ☎ 05542/958-151.

Naturidyll am Frau-Holle-Teich

Aussichtspunkt Kalbe

Vom Frau-Holle-Teich lohnt sich ein Abstecher auf die Kalbe-Aussicht. Von hier hat man einen schönen Blick auf das östliche Meißnervorland.

Aussichtspunkt „Kalbe" auf dem Hohen Meißner

Wild- und Erholungspark Germerode

In diesem Park finden Sie fast alle heimischen Wildarten. In großzügig angelegten Volieren fühlen sich die verschiedensten Vogel- und Kleintierarten pudelwohl. Zwei große Fischteiche bieten die Möglichkeit zum Verweilen und Füttern.

Ein großer, kindgerecht gestalteter Kinderspielplatz mit Kinderkarussell, Spielbagger, Schach- und Mühlespiel sowie viele schöne Wanderwege und Ruhebänke in einer reizvollen Waldlandschaft laden zum Spielen und Ausruhen ein.

Viele Ideen, Anregungen, antike Gegenstände und Raritäten wurden zusammengetragen und mit viel Arbeit und Mühe zu dem heutigen Waldmuseum *„Waldwichtelhaus"* aufgebaut. Ein kleiner Waldwichtel leitet Kinder und Erwachsene durch das Museum, so dass der Besuch für Jung und Alt zu einem bleibenden Erlebnis wird.

Zum gemütlichen Verweilen und für das leibliche Wohl bietet sich die gut eingerichtete „Wildparkstube" an.

Wild- und Erholungspark im Luftkurort Germerode

ADRESSE: Wildpark 1, 37290 Meißner-Germerode (ausgeschildert). ÖFFNUNGSZEITEN: 1. April bis 31. Oktober täglich von 10.00– 18.00 Uhr, außer montags (Ruhetag). 1. November bis 31. März nur Sa., So. und an Feiertagen von 10.00–17.00 Uhr. 15. Dezember bis 15. Januar geschlossen.

Freizeitangebote

Rad- und Wanderwege

Das Meißnervorland wird von einem 35 Kilometer umfassenden markierten Wanderwegenetz erschlossen. Hauptattraktion ist natürlich das zu großen Teilen unter Naturschutz stehende Gebiet des Hohen Meißners.

Radtouren sind im Meißnervorland naturgemäß mit gewissen Anstrengungen verbunden. Dennoch durchzieht ein gut ausgebautes und ausgeschildertes Radwegenetz die Region Werra-Meißner. So führt die Radwander-Tour 10 – ein Rundweg – zu alten Klöstern zwischen Werra und Meißner von Frankershausen über Abterode und Germerode, Reichensachsen, Oberhone, Bad Sooden-Allendorf zurück nach Frankershausen.

Fahrradverleih: Haus des Gastes, Neuer Weg 2, Meißner-Germerode, ☎ 05657/462 von 10.00–12.00 Uhr.

Kutsch-/Planwagenfahrten

Bitte wenden Sie sich an den Heimat- und Verkehrsverein Meißner-Germerode, ☎ 05657/462 oder an die Tourist-Information ☎ 05631/331985, wenn Sie die Landschaft rund um den „Hohen Meißner" einmal im Rahmen einer gemütlichen Planwagenfahrt erleben möchten.

Radtouren im Meißnervorland

Wintersport

Das Skigebiet auf dem „Hohen Meißner" bietet Alpin-Skifahrern verschiedene mit Skilift versehene Abfahrtsstrecken. Freunden des Langlaufsports steht eine zehn Kilometer lange Rundloipe mit verschiedenen Einstiegspunkten zur Verfügung. Wer den Hausberg der

Winterfreuden auf den Hängen des Hohen Meißners für Groß und Klein

Langlaufsport auf einer Rundloipe am Hohen Meißner

Frau Holle lieber auf dem Schlitten hinuntersausen möchte, findet am Naturfreundehaus eine eigens ausgewiesene Rodelstrecke. Aktuelle Informationen zu den Wintersportbedingungen erhalten Sie über das Schneetelefon, ☎ 05602/935617.

Feste und Veranstaltungen

Salatkirmes (alljährlich am Wochenende vor Pfingsten)

Auch das bietet der Meißner: urige ländliche Feste mit allem, was der Gaumen begehrt

Melsungen
(Schwalm-Eder-Kreis)

EINWOHNER: 14 100. ORTSTEILE: Adelshausen, Günsterode, Kehrenbach, Kirchhof, Melsungen, Obermelsungen, Röhrenfurth, Schwarzenberg.

Bereits Ende des 12. Jahrhunderts hatte sich Melsungen zu einer kleinen Stadt (burgus) entwickelt; aus dieser Zeit stammt auch das alte Siegel und heutige Wappen der Stadt. Die historische Bedeutung der Stadt kommt nicht von ungefähr, lag sie doch an der Kreuzung dreier wichtiger mittelalterlicher Handelsrouten, dem Sälzerweg, auf dem das wichtigste mittelalterliche Handelsgut, Salz, aus den osthessischen und thüringischen Salzbergwerken nach Westen transportiert wurde, der Nürnberger Landstraße, die noch bis in das 20. Jahrhundert als wichtige Heer- und Handelsstraße diente, und der Straße „Durch die langen Hessen". Die Stadt war jedoch nicht nur Durchgangsstation, sondern auch Umschlagplatz für die transportierten Waren. Regelmäßig wurden Wochen- und Jahrmärkte abgehalten, zahlreiche Gewerbe ließen sich nieder. Insbesondere das Textilgewerbe war bis in das 20. Jahrhundert hinein ein bedeutender Wirtschaftszweig der Stadt. Zudem war Melsungen immer auch Verwaltungssitz und von 1821 bis 1974 selbstständige Kreisstadt des Altkreises Melsungen.

Auf Melsungens idyllischem Marktplatz das berühmte Rathaus mit Bartenwetzerfigur

ⓘ Information

Tourist-Info & Kulturamt Melsungen, Kasseler Straße 44 (im Haus der Kreissparkasse), 34212 Melsungen, ☎ 05661/921100, 🖷 05661/921112, ✉ tourist-info@melsungen.de, 💻 www.melsungen.de

ÖFFNUNGSZEITEN: Mai bis Oktober Mo. bis Fr. 9.00–17.00 Uhr und Sa. 10.00–12.00 Uhr; November bis April Mo. bis Do. 9.00–16.00 Uhr sowie Fr. 9.00–12.00 Uhr.

☞ Stadtführungen

Von Mai bis September bietet die Tourist-Info für Einzelpersonen und Familien jeden Di. um 14.00 Uhr sowie jeden Samstag um 11.30 Uhr einen ca. einstündigen Rundgang durch die Melsunger Altstadt an. Treffpunkt und Anmeldung bei der Tourist-Info. Gruppen werden um gesonderte Anmeldung gebeten.

Sehenswertes

Altstadt/Marktplatz
Rund um den Marktplatz mit dem Rathaus, in der Fritzlarer Straße, der Kasseler Straße und der Brückenstraße findet sich eine Reihe stattlicher Patrizierhäuser, die zum großen Teil nach dem großen Brand von 1554 bis zum Ende des 16. Jahrhunderts erbaut worden sind. Gemeinsam sind allen die vorkragenden Geschosse sowie die reichen Verzierungen durch farbiges Schnitzwerk.

Sommerliches Treiben auf Melsungens Marktplatz

Rathaus mit Bartenwetzerfigur
1555/56 anstelle des beim großen Brand von 1554 zerstörten alten Rathauses erbaut, gilt es als eines der schönsten Fachwerkrathäuser Deutschlands. Frei nach allen Seiten, erhebt es sich in der Mitte des Marktplatzes. Die drei vorkragenden Geschosse und die zwei Giebelgeschosse ruhen auf einem steinernen Sockel. Das Krüppelwalmdach mit Dachreiter und die vier Ecktürmchen auf den Gebäudekanten verleihen ihm seinen besonderen Charakter. Gekrönt wird das Gebäude von seinem Dachreiter-Uhrturm, in dem sich täglich um 12.00 und um 18.00 Uhr die geschnitzte Holzfigur des Bartenwetzers – das Wahrzeichen der Stadt – zeigt.

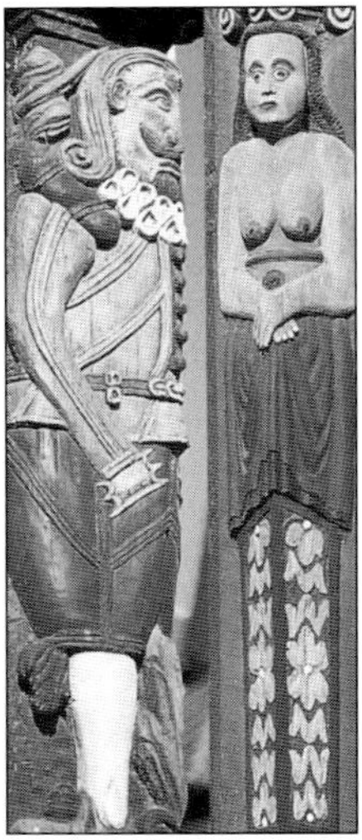
Rathausfiguren

Eulenturm

Schloss
Das Melsunger Schloss wurde in den Jahren 1550–1557 für Landgraf Philipp den Großmütigen als Jagdschloss erbaut. Der dreigeschossige, durch Treppentürmchen und Erker gegliederte Renaissancebau ersetzte eine erstmals im Jahr 1325 erwähnte mittelalterliche Burg. Unter Landgraf Wilhelm IV. wurde 1577 der *Marstall* im rechten Winkel angefügt und durch eine Galerie mit dem Schloss verbunden. Von 1627–1632 diente das Schloss Landgraf Moritz dem Gelehrten als Sitz. Später war das Schloss Garnison der kurfürstlichen Reiter und von 1826–1868 Sitz der Hessischen Forstakademie. Heute sind hier Finanzamt und Justizbehörden untergebracht.

Schlossgarten mit Stadtmauer
Passiert man westlich des Schlosses einen kleinen Wirtschaftshof, so gelangt man in den Schlosspark. Linker Hand wird ein noch gut erhaltenes Stück der alten *Befestigung* sichtbar, in der ein Rundturm (15. Jahrhundert), der einst als Wachturm diente, eingebaut ist. Der Schlosspark zeichnet sich aber auch durch seinen *alten Baumbestand*, der zum Großteil noch aus den Jahren stammt, in denen das Schloss als Forstlehranstalt genutzt wurde, und den im Jahr 1996 wieder hergestellten *Schlossteich* aus.

Eulenturm
Der Turm, der zwischen Rotenburger und Fritzlarer Tor in die Stadtmauer eingebunden war, ist als einziger Befestigungsturm noch in seiner ursprünglichen Höhe erhalten geblieben. Er war von großer strategischer Bedeutung, da man von seiner Spitze bis weit in Richtung Süden die Fulda und die Nürnberger Straße entlang blicken konnte. In der Zeit von 1575–1690 wurde der so genannte Diebesturm als Gefängnis genutzt. Nach 1690 wurde in der oberen Hälfte des Turmes eine Wohnung für den Stadtdiener eingerichtet, deren Spuren noch heute vorhanden sind.

Bartenwetzerbrücke über die Fulda

1977/78 wurde das Gebäude schließlich umgebaut und zur Stadthalle erweitert.

Zwei-Pfennigs-Brücke

Errichtet wurde die Brücke 1890 von einer Bürger-Genossenschaft, um eine schnellere Verbindung von der Innenstadt zum auf der anderen Fuldaseite gelegenen Bahnhof zu bekommen. Um die Baukosten wieder einzubringen, wurde von jedem Passanten eine Maut in Höhe von zwei Pfennigen erhoben. In einem eigens gebauten Häuschen wachte ein Brückenwärter über die Entrichtung der Maut.

Bartenwetzerbrücke

Die 1595/96 unter Landgraf Moritz erbaute steinerne Renaissancebrücke gilt als einer der schönsten Brückenbauten Hessens. Sie weist massive Pfeiler aus, die flussaufwärts mit starken Wellen- bzw. Eisbrechern und flussabwärts mit Rundbögen versehen sind. Der Brückenbau zählte ebenso wie seine Vorgängerbauten zu den ältesten und wichtigsten Verkehrsverbindungen. Die seinerzeit Holz schlagenden Bürger Melsungens, die Bartenwetzer, schärften in dem weichen Sandstein der Brücke ihre „Barten“ (Äxte). Diese Spuren sind noch heute zu sehen.

Partie an der Fulda

Stadthalle

Im Jahre 1823 gründeten Melsunger Bürger die „Abendgesellschaft“ zur Pflege von Geselligkeit und zur Belebung des kulturellen Lebens in der Stadt. Da dem Verein jedoch die geeigneten Räume fehlten, entschloss man sich zum Bau des „Casino“, das 1838 im Stil des Klassizismus fertig gestellt wurde.

Kurhessische Poststation

Das Eckhaus Fritzlarer Straße/Kirchgasse ist etwa 1532 entstanden. Von 1797–1815 war es landgräfliche bzw. kurhessische Poststation, von 1815–1868 Poststation und Gastwirtschaft derer von Thurn und Taxis. Seit 1869 ist es Geschäftshaus.

Museen

Heimatmuseum

Das Erdgeschoss des Museums ist der Stadtgeschichte vorbehalten. Der erste Raum des Obergeschosses widmet sich dem Thema Fachwerkbau. Eingegangen wird auf die Geschichte und die speziellen regionalen Ausprägungen und Wandlungen der Holzbauweise. Komplett eingerichtete Werkstätten zeigen mittelalterliche Arbeitsplätze von Schuhmacher, Schreiner, Bäcker etc. Weitere Themenbereiche sind die Leineweber- und Tuchmacherei sowie die Güter- und Nahrungsmittelproduktion.

ADRESSE: Ehemaliges Elektrizitätswerk an der Bartenwetzerbrücke, Melsungen. ÖFFNUNGSZEITEN: Sa. 15.00–17.00 Uhr und So. 14.00–16.00 Uhr sowie nach telefonischer Vereinbarung unter ☎ 05661/2378, Herr Wiegand.

Kultur

Schwarzenberg-Theater

ADRESSE: Riedforststraße 57, Melsungen-Schwarzenberg, ☎ 05661/53666, ✉ info@schwarzenberg-theater.de, 💻 www.schwarzenberg-theater.de

Sommer-Samstags-Konzerte

An jedem Samstag (Juni–Juli–August) von 10.30–12.00 Uhr spielen Musikgruppen auf dem Marktplatz Melsungens. Auskunft: Tourist-Info u. Kulturamt 05661/921100.

Melsunger Kabarett-Tage

Kabarettwettbewerb um die „Scharfe Barte“; Oktober: An drei Wettbewerbsabenden präsentieren die Endrundenteilnehmer ihre Programme vor einer fachkundigen Jury und dem Publikum.

Melsunger Kulturfabrik

ADRESSE: Spangerweg, 34212 Melsungen. Auskunft und Buchung: Tourist-Info e. V., Kasseler Straße 44, 34212 Melsungen ☎ 05661/921100, 🖷 05661/921112, ✉ tourist-info@melsungen.de, 💻 www.melsungen.de

Melsunger Kulturfabrik: ein Ort für vielfältige Veranstaltungen und Begegnungen

James Last mit seiner Band bei einem Konzert in Melsungen

Natur und Landschaft

Tierpark mit Ponyhof und Waldgaststätte in Röhrenfurth

ADRESSE: Eichwiesen 2, 34212 Melsungen-Röhrenfurth, ☎ 05661/4331.

Auskunft und Buchung: Tourist-Info Melsungen 05661/921100.

Motorsport

MSC Melsungen 1927 e. V. (Motorradtrial, Bahnsport, Fahrradtrial), Thüringer Straße 2,

Melsunger Bootsverleih

Floßfahrten auf der Fulda (oben); im Melsunger Schwimmbad (unten)

Melsungen, ☎ 05661/51177, 💻 www.msc-melsungen.de; ASC Melsungen e. V. (Automobilslalom, -ralley, -Orientierungsfahrten, Kartslalom); 💻 www.asc-melsungen.de.

Freizeitangebote

Bootsverleih

Wasservelos und Ruderboote an der „Zwei-Pfennig-Brücke" (Mai bis Oktober) ÖFFNUNGSZEITEN: bei schönem Wetter.

Floßfahrten

Auf der Fulda zwischen Morschen und Melsungen, siehe auch unter Gemeinde Morschen.

Schwimmbad

ADRESSE: Frei- und Hallenbad Melsungen, Dreuxallee 32, 34212 Melsungen, ☎ 05661/3200. ÖFFNUNGSZEITEN Freibad: täglich von 8.00–20.00 Uhr, in der Vorsaison leicht geänderte Öffnungszeiten. ÖFFNUNGSZEITEN Hal-

Markttag in Melsungen

Feste feiern in Melsungen

lenbad: Mo. 15.30–21.30 Uhr, Di. 8.00–13.00 Uhr/15.00–22.00 Uhr, Mi. 8.00–13.00 Uhr/ 15.00–20.00 Uhr, Do. 8.00–13.00 Uhr/ 15.00–18.00 Uhr, Fr. 8.00–22.00 Uhr, Sa. 8.00–18.00 Uhr, So. Feiertag 8.00–13.00 Uhr.

Rad- und Wanderwege
Über 350 Kilometer markierte Wander- und Radwanderwege stehen dem Besucher der Stadt rund um Melsungen zur Auswahl. Ausführliches Kartenmaterial ist bei der Tourist-Info, ☎ 05661/921100, erhältlich.
Fahrradverleih: an der „Zwei-Pfennig-Brücke" (Mai bis Oktober).

Reiten
Freizeitreiter Röhrenfurth, Vorstand Achim Landau, Sonneneck 7, Melsungen-Röhrenfurth, ☎ 05661/4944, ✉ cal34212@aol.com

Modellfliegen
Modellflugplatz am Siebenstern, Information: Vereinsvorsitzender Hr. Schicker, ☎ 05661/921267.

Feste und Veranstaltungen

Frühlingsmarkt (April/Mai)
Schützenfest (Mai/Juni in zweijährlichem Wechsel)
Volks- und Heimatfest (Mai/Juni in jährlichem Wechsel)
Melsunger Weinfest (Ende Juli)
Internationales Grasbahnrennen (erstes Augustwochende)
„Speichenfest im Fuldatal" – autofreier Radlersamstag (Ende August)
Michaelismarkt (Ende September)
Advents- und Weihnachtsmarkt (Dezember)

Naumburg

(Landkreis Kassel)

Naumburg mit dem Bürgerteich im Vordergrund

EINWOHNER: 6 000. ORTSTEILE: Naumburg, Elbenberg, Altenstädt, Heimarshausen, Altendorf.

Die Stadt Naumburg – im Jahre 1170 erstmals urkundlich erwähnt – verdankt ihren Namen einer von den Grafen von Naumburg erbauten Burg. Unterhalb der Burg entwickelte sich eine Ackerbürgerstadt, die bis 1802 zum Erzbistum Mainz gehörte und dadurch sozusagen katholischer „Vorposten" im protestantischen Nordhessen war. Erfreuliches Relikt aus dieser Zeit ist der Karneval, für den die Stadt weit über ihre Grenzen hinaus bekannt ist. Seit 1995 ist Naumburg zudem staatlich anerkannter Kneippkurort.

ⓘ Information

Stadtverwaltung Naumburg, Burgstraße 15, 34311 Naumburg, ☎ 05625/7909-0, 🖷 05625/7909-50, ✉ info@naumburg.kgrz-kassel.de, 💻 www.hessennet.de/naumburg

Kur- und Verkehrsverwaltung Naumburg, Hattenhäuser Weg 10, 34311 Naumburg, ☎ 05625/7909-13, 🖷 05625/7909-50, ✉ kurverwaltung@naumburg.kgrz-kassel.de, 💻 www.hessennet.de/naumburg

☞ Stadtführungen

Bei der Kur- und Verkehrsverwaltung ist ein historischer Stadtführer erhältlich, der ausführliche Beschreibungen der Sehenswürdigkeiten enthält. Hier werden auch Stadtführungen organisiert.

Sehenswertes

Altstadt

Naumburgs Altstadt ist ein Freilichtmuseum. Der aus dem Mittelalter stammende trapezförmige Stadtgrundriss mit zwei Hauptstraßen in T-Form und den vielen kleinen anheimelnden Gassen hat sich bis heute erhalten. Entlang den Straßen und Gassen bieten die zahlreichen Fachwerkhäuser mit ihren reichen und bunten Verzierungen ein abwechslungsreiches Bild, das es dem Besucher leicht macht, sich in vergangene Zeiten zurückzuversetzen. Im Süden der Altstadt ist die Stadtmauer noch gut erhalten. Von hier hat man einen schönen Blick ins Elbetal.

Stadtkirche

Die Stadtpfarrkirche, ein gotischer Hallenbau aus dem 14./15. Jahrhundert, thront über dem Marktplatz. Im Innern befindet sich die berühmte „Naumburger Madonna", eine Steinplastik aus dem Jahre 1430.

ADRESSE: Katholisches Pfarramt, Jürgen Trzeciok, Kirchstraße 22, 34311 Naumburg, ☎ 05625/340. ÖFFNUNGSZEITEN: täglich ab 9.00 Uhr.

Naumburger Fachwerk

Historischer Grenzsteinpfad

Naumburg stand oft zwischen den Fronten, vor allem bei den Kämpfen zwischen den Mainzer Kurfürsten und den Hessischen Landgrafen. War endlich ein Sieger der Auseinandersetzung ermittelt, so sah sich dieser verpflichtet, als erstes einen Grenzstein mit seinem Symbol als Markierung für das eroberte Gebiet aufzustellen. So entstand rund um Naumburg, für Hessen einmalig, eine Art „Grenzsteinwald“, in dem ca. 20 Grenzsteine mit einem Wappen verziert sind, die Symbole derer von Buttlar, von Elben, von Waldeck, von Mainz oder Hessen zeigen. Über 400 Jahre alte Steinmetzarbeiten sind auf diese Art und Weise bis heute erhalten geblieben. Eine Broschüre zum historischen Grenzsteinpfad erhalten Sie bei der Kur- Verkehrsverwaltung.

Schloss Elbenberg

Der Elbenberger Schlossberg ist seit alters her Standort der Burg des Ortsadels und des dazugehörigen Wirtschaftshofes. Zunächst im Besitz der Herren von Elben, ging der Komplex 1693 in den alleinigen Besitz derer von Buttlar über. Kammerherr Rudolph von Buttlar erbaute das heutige Schloss, das immer noch im Privatbesitz ist und daher der Öffentlichkeit nicht zum Besuch zugänglich ist. Den Südosthang erschließt eine barocke Gartenanlage mit Mammut- und Ginkgobaum.

Museen

„Hessencourrier“

Als man im Jahre 1904 die Kassel–Naumburger-Kleinbahn baute, glaubte man Anschluss an die aufstrebende Wirtschaftsmetropole Kassel gefunden zu haben. Doch heute verkehrt auf der Strecke nur noch Hessens älteste Museumseisenbahn – der „Hessencourrier“. Die Fahrt von Kassel nach

Haus des Gastes in Naumburg

Naumburg dauert je nach Zwischenaufenthalt eineinhalb bis zweieinhalb Stunden.

„Unter Dampf“ verkehrt der Hessencourrier von Mai bis Oktober an zehn Tagen im Jahr. Sonderzüge können auf Wunsch vorbestellt werden. Am Kopfbahnhof Naumburg erwartet die Besucher die in Westdeutschland einzige Dampflokomotivenwerkstatt, in der samstags ehrenamtlich Tätige Reparaturarbeiten durchführen. Besucher sind herzlich willkommen.
Informationen und Buchung: Hessencourrier e. V., Kaulenbergstraße 5, 34131 Kassel, ☎ 0561/35925, 581550, 21981, ✉ info@hessencourrier.de, 💻 www.hessencourrier.de.

Eisenbahnmuseum
Im denkmalgeschützten Bahnhofsgebäude Naumburgs befindet sich das Eisenbahnmuseum, dessen Sammlung 30 größtenteils noch betriebsfähige Eisenbahnfahrzeuge der Baujahre 1894–1955 umfasst. Der Lokschuppen mit Bekohlungsanlage vermittelt echte Eisenbahnatmosphäre.
Informationen: Eisenbahnmuseum e. V., Horst Ludovici, ☎ 05625/5121.
ÖFFNUNGSZEITEN: Während der Aufenthaltsdauer des Hessencourriers und nach Absprache unter o. g. Telefonnummer. Weiterführen de Informationen erhalten Sie auch bei der Kur- und Verkehrsverwaltung in Naumburg.

Heimatmuseum Jacobi
Das 1983 eröffnete Heimatmuseum bietet eine Sammlung volkskundlicher und ortsgeschichtlicher Objekte. Eine Sammlung von Fossilien, Mineralien und Gesteinen gibt Einblicke in die geologischen Gegebenheiten der Region. Für viele Besucher ist das „Geschichte hören“ eine ungleich spannendere Angelegenheit als das bloße Sehen der über 1 000 Exponate.
ADRESSE: Heimatmuseum, Willi Jacobi, Kronbergweg 30, Naumburg, ☎ 05625/1632. ÖFFNUNGSZEITEN: In den Sommermonaten Mi., Sa., So. 14.00–17.00 Uhr und nach telefonischer Absprache unter o. g. Telefonnummer.

Im Eisenbahnmuseum

Natur und Landschaft

Naturschutz-Informationszentrum „Raum für Natur“

Den Machern des Naturschutz-Informationszentrums geht es um „kreatives Schauen“ in der Natur. Erster Anlaufpunkt ist der zentrale „Natur-Erlebnisraum“ im „Haus des Gastes“ in Naumburg mit Naturbingo heimischer Baumarten, Drehwürfeltisch zum Thema Libellen, Holzmosaik mit heimischen Tieren und Pflanzen, Großlupen und Mikroskopen, Fellen heimischer Wild- und Nutztiere und Bestimmungsbüchern. Darüber hinaus gibt es jedoch auch noch eine Vielzahl beispielhafter Außenprojekte, wie z. B. die über 50 Merkpfosten im gesamten Elbetal des landschaftskundlichen Merkpfostenpfades mit Merkpfosten-denk'mal-Heft, das Fledermauskreuz, die einfarbigen Gärten in Naumburg und den Stadtteilen und Deutschlands einzigartige Hummelwerkstatt.

ADRESSE: Raum für Natur, Burgstraße 15, 34311 Naumburg, ☎ 05625/7909-12, 🖷 05625/7909-50, ✉ kurverwaltung@naumburg.kgrz-kassel.de. Öffnungszeiten Natur-Erlebnisraum: Mai bis Oktober Di. 16.00–19.00 Uhr, Sa. 9.00–12.00 Uhr und nach Terminabsprache unter o. g. Adresse.

Landschaftslehrpfad

„Über der langen Hecke" – einzelne Tafeln an schönen Aussichtspunkten entlang eines Wanderweges geben Informationen über Landschaftselemente, Landwirtschaft und wegbegleitende Bäume.

„Riesenstein"

Folgt man von der Siedlung „Auf der Badung" im Ortsteil Heimarshausen dem Weg durch den „Steingrund" und die „Steinkaute", so gelangt man zum Rand des ehemaligen Waldortes Ruhleib. Hier wurden Gräberfunde aus der Bronzezeit gemacht. Folgt man dem Zeichen 0, so erreicht und umläuft man den Ziegenrück und gelangt zur keltischen Opferstätte auf dem Riesenstein.

Aussichtspunkte/-türme

Die *Warte*, ein „Feindbeobachtungsposten" aus dem Mittelalter, liegt zwischen Naumburg und Altenstädt. Sie ist gut erhalten und kann bestiegen werden.

Das *Elbsche Türmchen* wurde von Rudolph von Buttlar 1825 vielleicht den romantischen Gefühlen seiner Zeit folgend erbaut. Es beherbergte den Wächter einer nahegelegenen Kirschenplantage, später die Waffensammlung eines Familienmitgliedes. Von hier hat man einen weiten Blick zum Alten Wald, dem Waldgebiet zwischen Naumburg und dem Waldecker Land.

Die *Weingartenkapelle* liegt am Ortsausgang Naumburgs Richtung Ippinghausen. Man hat einen Blick auf das zwischen zwei Bergen zu hängen scheinende Naumburg Richtung Süden und zur Weidelsburg im Norden.

Die *Weidelsburg* ist Hessens größte Burgruine. Sie wurde als Ritterburg erbaut. 1170 wurde von hier aus die Naumburg begründet. Heute liegt sie in der Gemarkung Wolfhagens.

Ein schöner *Panoramaweg* führt westlich oberhalb der Altstadt um Naumburg. Er beginnt, von Netze kommend, nach den ersten Häusern gleich rechts. Bänke laden zum Verweilen und Schauen ein.

Freizeitangebote

Wandern/Radwandern

Die Kur- und Verkehrsverwaltung hält für Interessierte verschiedene Wanderkarten mit Radwegen über die nähere und weitere Umgebung bereit. Die Wanderwegenetze des Naturparks Habichtswald und des Waldecker Berglandes bieten eine Fülle von Möglichkeiten die abwechslungsreiche nordhessische Berglandschaft zu Fuß oder per Rad zu entdecken. Ein Mountainbike-Club lädt zum gemeinsamen Radeln ein.

Reiten

Familie Günst, Weidelshof 1, 34311 Naumburg, ☎ 05625/278, Urlaub mit dem eigenen Pferd, Ponys für Kinder.

Ferienhof Schneider, Kirschhäuser Weg 7, 34311 Naumburg-Heimarshausen, ☎ 05622/915112 mit Reithalle und Außenplatz, Urlaub mit dem eigenen Pferd und Verleihpferde, Reiterferien für Kinder, geführte Wanderritte, Kutschfahrten.

Ponyeck Weidelshof, Michael Heger, Weidelshof 7, 34311 Naumburg, ☎ 05625/5924 oder 📱 0177/3960938. Freizeit- und Westernreiten, Reiterferien für Kinder, geführte Wanderritte, Außenplatz.
Familie Rabanus, In der Röde 34, 34311 Naumburg, ☎ 05625/7482, Urlaub mit dem eigenen Pferd, mit Reithalle und Außenplatz, Kutschfahrten.

Schwimmbäder
Freibad Naumburg, Zum Krebsbach, 34311 Naumburg, ☎ 05625/666. ÖFFNUNGSZEITEN: Mitte Mai bis Anfang September tägl. 11.00– 19.00 Uhr.
Freibad Heimarshausen, Elbstraße 14, 34311 Naumburg-Heimarshausen, ☎ 05622/5698. ÖFFNUNGSZEITEN: Mitte Mai bis Anfang September tägl. 11.00–19.00 Uhr.
Gesundheitsoase mit Bewegungsbad (26° C), Brinsa-Fritsch, Eulenbergweg 1, 34311 Naumburg, ☎ 05625/394 oder 1788. ÖFFNUNGSZEITEN: ganzjährig auf Anfrage.

Feste und Veranstaltungen

Naumburger Karneval (Januar/Februar)
Weidelsburgfest (Christi Himmelfahrt)
Johanni- und Kirchweihfest (Juni)
Bahnhofsfest (Juli)
„Kulturfest in der Altstadt“ (August)
„Fest der tausend Lichter im Kurpark“ (September)
Pomologentage (erstes Novemberwochenende)
Weihnachtsmarkt (2. Advent)
Weihnachtskonzert (3. Advent)

Neuenstein

(Landkreis Hersfeld-Rotenburg)

EINWOHNER: 3 513. ORTSTEILE: Aua, Gittersdorf, Mühlbach, Obergeis, Raboldshausen, Saasen, Salzberg, Untergeis

Blick auf Neuenstein-Saasen mit Burg Neuenstein

Entstanden ist die Großgemeinde, die sich über das Geisbachtal und dessen Ausläufer vor den Toren der Kur- und Festspielstadt Bad Hersfeld erstreckt, im Jahre 1972 durch den Zusammenschluss der ehemals selbstständigen Ortschaften. Bekannt ist die Gemeinde vor allem für die Pflege alter Traditionen und dörflichen Brauchtums, welches hier noch am Leben gehalten wird. Insbesondere die urigen Dorffeste, die vom Schlachte- bis zum Backhausfest reichen, geben hiervon einen Eindruck.

ⓘ Information

Verkehrsamt der Gemeinde Neuenstein, Freiherr-vom-Stein-Straße 5, 36289 Neuenstein-Aua, ☎ 06677/9210-0, 🖷 06677/9210-21.

Sehenswertes

Burg/Schloss Neuenstein

Am nördlichen Rande des Ortsteils Saasen erhebt sich auf steilem Kalkfelsen das Schloss Neuenstein. Das 1267 erstmals erwähnte Schloss wurde um die Mitte des 13. Jahrhunderts durch den Grafen Albert I. von Wallenstein als Neuwallenstein erbaut. Von der Schlossanlage des 13. Jahrhunderts haben sich jedoch nur wenige Reste erhalten, da es bereits im Jahre 1318 durch hessische, ziegenhainische und hersfeldische Truppen als „Räubernest" belagert und zerstört wurde. Anschließend blieb es bis 1357 in Trümmern liegen, ehe es von Simon von Wallenstein wieder aufgebaut wurde. 1998 erwarb es die Gemeinde Neuenstein, die beabsichtigt in den Räumen des Schlosses ein Tagungs-, Kultur- und Veranstaltungszentrum einzurichten.

Natur und Landschaft

Borgmannturm

Der Aufstieg auf den im Jahre 1913 vom Knüllgebirgsverein erbauten Borgmannturm auf dem 636 Meter hohen Eisenberg wird mit einem großartigen Ausblick über das Wäldermeer belohnt.

Freizeitangebote

Rad- und Wanderwege

In und um Neuenstein stehen dem Besucher etwa 120 Kilometer Wanderwege und der Geisbachtalradweg zur Verfügung. Besonders hervorzuheben sind die themenbezogenen Wanderwege der Gemeinde wie der *Grenzstein-Rundwanderweg* am Eisenberg, der *historische Rundwanderweg Flachsröste* in der Gemarkung Raboldshausen und der *Archäologische Wanderweg* am Eisenberg, der Sie zu vorgeschichtlichen Hügelgräbern, einem Meilerplatz, einem spätmittelalterlichen Eisenbergwerk und zur mittelalterlichen Kirchenruine der Wüstung Holnstein (alles Objekte im Rang von geschützten Kulturdenkmälern, die hier in seltener Vielfalt beieinander liegen) führt. Bei der Gemeindeverwaltung/Verkehrsamt sind ausführliche Informationsblätter zu den Wanderwegen erhältlich. Dort können Sie sich auch über die angebotenen geführten Wanderungen erkundigen.

Natur und Erholung pur im Knüll

Salzberger Freizeit- und Erlebnispark

Zu den Attraktionen des Vergnügungsparks zählen das große Wikingerschiff Tagada, Riesenrutsche, Auto-Scooter, Nautic-Jets, Kettenkarussell, Trampolin, Go-Kart u. v. m. – ein

Wintersportgebiet Eisenberg in Neuenstein

Erlebnis für alle, die Spaß und Abwechslung suchen.
ADRESSE: In den Auewiesen 1–3, Neuenstein-Aua, ☎ u. 🖷 06677/919967. 💻 www.freizeitparks.de. ÖFFNUNGSZEITEN: Ende März bis Ende Oktober täglich 10.00–18.00 Uhr.

Reiten
Die reizvolle Mittelgebirgslandschaft rund um Neuenstein können Sie auch „hoch zu Roß" kennen lernen. Das Verkehrsamt vermittelt Sie gern weiter.

Wintersport
Auf dem Eisenberg finden Wintersportfreunde eine Abfahrtspiste mit Skilift und Flutlichtanlage sowie eine gespurte Loipe.

Neukirchen

(Schwalm-Eder-Kreis)

EINWOHNER: 8 286. ORTSTEILE: Neukirchen-Stadt, Asterode, Christerode, Hauptschwenda, Nausis, Riebelsdorf, Rückershausen, Seigertshausen, Wincherode
Das Kneippheilbad Neukirchen wurde erstmals in einer Urkunde des Klosters Hersfeld im Jahre 1142 erwähnt. Geprägt wird der Ort durch seine zahlreichen, gut erhaltenen bzw. sanierten Fachwerkhäuser und den Stadtmauerring. Rings um den historischen Marktplatz und der angrenzenden Fußgängerzone laden zahlreiche Fachgeschäfte, Cafés und Gaststätten zum Einkaufsbummel und zum Verweilen ein.

ⓘ Information

Kurverwaltung der Stadt Neukirchen, Am Rathaus 10, 34626 Neukirchen, ☎ 06694/808-0, 🖷 06694/808-38, ✉ kurverwaltung@neukirchen.com, 💻 www.neukirchen.com

☞ Stadtführung

Jeden Freitag findet um 15.00 Uhr eine Stadtführung statt. Treffpunkt ist am Rathaus.

Sehenswertes

Nikolaikirche
Die Kirche stammt vermutlich aus dem Jahre 1150. Laut einer Inschrift wurden 1497 Um- und Erweiterungsbauten durchgeführt, die die Stadtkirche in eine dreischiffige gotische Hallenkirche mit unregelmäßigen, an die Seitenschiffe anstoßenden Kreuzflügeln und einem achteckigen Chorraum umformte. Der 36 Meter hohe Turm, das Wahrzeichen der Stadt, ist als mächtiger Wehrturm gebaut. Das Dach des Turmes besitzt einen Rundgang mit einer Maßwerkgalerie aus der Zeit um 1500. In gleicher Höhe befindet sich die frühere Wohnung des Turmwächters. Ein faszinierender Eindruck über das

Blick vom Kirchturm auf die Altstadt von Neukirchen

Leben und Wohnen der Türmerfamilie steht jedem bevor, der sich einer Turmführung anschließt. Der Aufstieg über 132 Stufen wird mit einem wunderschönen Blick über Neukirchen und das Knüllgebirge belohnt. Besuch der Türmerstube: Jeden Freitag um 16.00 Uhr, Treffpunkt ist der Eingang der Nikolaikirche.

Backhaus

Eine besondere Attraktion ist das Brotbacken im Backhaus von Neukirchen-Riebelsdorf. Werktags kann hier zugesehen werden, wie nach alter Weise Brot gebacken wird. Anschließend kann man in gemütlicher Runde Backhausspezialitäten wie Kartoffel-, Zwiebel- oder Apfelplatz, Schwälmer Kuchen oder Steinofenbrot probieren. Nähere Informationen erhalten Sie bei der Kurverwaltung.

Kultur

Schwälmer Tracht

Neukirchens Tradition wird nicht nur wie ein Schatz sorgfältig gehütet, sondern auch gelebt: Die Schwälmer Tracht, die die Brüder Grimm zum Märchen des Rotkäppchens inspirierte, wird noch heute von den älteren Frauen in den Stadtteilen Neukirchens getragen. Den ungewöhnlichen, märchenhaften Zauber kann man miterleben, wenn die Märchenerzählerin ihre kleinen und großen Zuhörer mit Grimms Märchen in ihren Bann zieht.

Museen

Heimatmuseum

Neukirchener Stadtgeschichte, eine vollständige Schulklasse und vorgeschichtliche

Sammlungen sind im Museum gleich neben der Nikolaikirche zu sehen. Die Schwälmer Wohnung vermittelt einen Eindruck vom Schwälmer Brauchtum. Regelmäßige Sonderausstellungen ergänzen das Programm. ADRESSE: Marktplatz 5/6, Neukirchen. ÖFFNUNGSZEITEN: Di., Do. und jeden ersten So. im Monat von 10.00–12.00 Uhr und 15.00– 17.00 Uhr und nach Vereinbarung. Informationen unter ☎ 06694/440 oder über die Kurverwaltung.

Freizeitangebote

Freizeitanlage „Grenf"
Mit dem Prädikat „Kneippheilbad" wurde die Kuranlage „Grenf" um eine Freizeitanlage mit Skateplatz, Spiel- und Sportelementen, optischen und akustischen Phänomenen sowie Holzskulpturen der Bayrischen Fachschule für Schnitzerei, Bildhauerei und Tischlerhandwerk Berchtesgaden erweitert.

Schwimmbäder
Badefreuden kann man je nach Witterung im *Bewegungsbad* oder im *Freibad* genießen. Bezüglich der Öffnungszeiten wenden Sie sich an die Kurverwaltung.

Rad- und Wanderwege
Auf 70 Kilometern markierten Wanderwegen kann man die reizvolle Landschaft des Knülls erkunden.
Bei Radtouren durch das kurhessische Bergland auf Radwegen bzw. ruhigen Landstraßen mit leichten bis schweren Steigungen kommen auch die Freunde des Radsports auf ihre Kosten.

Niedenstein
(Schwalm-Eder-Kreis)

EINWOHNER: 5 669. STADTTEILE: Niedenstein, Ermetheis, Metze, Kirchberg, Wichdorf
Niedenstein, im nördlichsten Zipfel des Schwalm-Eder-Kreises gelegen, wurde um 1250 als militärischer Stützpunkt zum Schutze des althessischen Kernlandes angelegt. Auch wenn der Dreißigjährige und der Siebenjährige Krieg viel Leid und Zerstörung über Bevölkerung und Stadt brachten, ist der frühere Plan, nach dem Niedenstein erbaut wurde, im Stadtbild noch gut zu erkennen. Heute ist Niedenstein eine der kleinsten Städte Hessens und seit 1982 staatlich anerkannter Luftkurort.

ⓘ Information

Magistrat der Stadt Niedenstein, Obertor 8, 34303 Niedenstein, ☎ 05624/9993-0, 🖷 05624/9993-10, ✉ info@niedenstein.de

Sehenswertes

Altenburg
Folgt man dem Altenburger Weg und steigt den „Goldpfad" zum Plateau der Altenburg hinauf, so befindet man sich in der mit einer Länge von ca. 6 Kilometern größten Ringwallanlage Hessens. Hier vermutet man das von den Römern im Jahre 15 n. Chr. zerstörte „Mattium", den Stammesmittelpunkt der Chatten, welcher das Gebiet um Maden, Metze und Gudensberg umfasste. Die Altenburg war vermutlich der militärische Mittelpunkt Mattiums. Heute sind noch der Außenwall und der Mittelwall mit Torlücken zu erkennen (ca. 70 bis 80 Hektar Siedlungsfläche). Die Fundstücke der Ausgrabungen,

die man von 1905–1913 hier vorgenommen hat, befinden sich im Hessischen Landesmuseum in Kassel. Etwas unterhalb der Altenburg am Wegekreuz befindet sich eine sehenswerte Steinbank.

Burgruine Falkenstein
Zur Burgruine Falkenstein auf der gleichnamigen Basaltkuppe (462 Meter) gelangt man über den Altenburger Weg. Die ehemalige landgräfliche Burg wurde im 13. Jahrhundert erbaut und im 16. Jahrhundert nach mehrmaligen Zerstörungen aufgegeben. Dem Besucher bietet sich von der Kuppe ein lohnenswerter Ausblick auf die nähere Umgebung.

Weißenthalsmühle
Die Weißenthalsmühle, im von der Ems durchflossenen Weißenthal zwischen Kirchberg und Riede gelegen, ist ein lohnenswertes Ausflugsziel. Eine Gastwirtschaft sowie ein schöner Kinderspielplatz laden hier zum Verweilen ein. Wer länger bleiben möchten, findet auf dem angegliederten Campingplatz sicher ein Plätzchen.

Lautariusgrab
Östlich des Niedensteiner Stadtteils Metze, im Gebiet des Langenbergs, stößt man auf das Lautariusgrab, ein Steinkammergrab aus dem Ende der Jungsteinzeit (ca. 1600 v. Chr.). Vermutlich diente es als Begräbnisstätte einer Sippe.

Museen

Kirchberger Heimatmuseum
Im Bergtor des Gutes der Ritter „Hund“ zu Kirchberg unterhält der Heimat- und Geschichtsverein Kirchberg ein kleines Heimatmuseum. Gezeigt werden Arbeits- und Hausgeräte, Möbel, Wäsche- und Kleidungsstücke sowie eine Schuhmacherwerkstatt. Im Archiv sind einige alte Schriftstücke zu bewundern.

Natur und Landschaft

„Tanzlinde“
Die tausendjährige Tanzlinde vor dem „Wichdorfer Tor“ gilt als Naturdenkmal. In ihrer Krone wurde früher ein Podium für Musikanten errichtet, die dann für die Anwesenden aus luftiger Höhe aufspielten. Vermutlich wurden unter der Linde auch Gerichtstage abgehalten.

„Hessenturm“
Der Aussichtsturm auf dem Niedensteiner Kopf (475 Meter) wurde 1931 durch den Hessisch-Waldeckschen Gebirgs- und Heimatverein auf den Resten der ehemaligen Burg Niedenstein erbaut. Von seiner Plattform aus kann man einen schönen Rundblick über den Chattengau genießen.

Ringwall am Bilstein
Die Ringwallanlage auf dem 459 Meter hohen Bilstein stammt aus der Zeit der Michaelsberger Kultur (2000 v. Chr.).

Freizeitangebote

Schwimmbad
ADRESSE: *Frei- und Hallenbad/Bewegungsbad*, Schulstraße 32; Niedenstein, ☎ 05624/1222. ÖFFNUNGSZEITEN Winterbetrieb: Di. 9.00–11.30 Uhr, Mi. 15.00–20.00 Uhr, Do. 8.00–11.00 und 15.00–20.00 Uhr (Warmbadetag), Fr. 15.00–18.30 Uhr, Sa. 14.00– 17.00 Uhr sowie So. 9.00–12.00 Uhr. Die ÖFFNUNGSZEITEN der Sommersaison entnehmen Sie bitte „Niedenstein aktuell“.

Rad- und Wanderwege
70 Kilometer gut ausgebaute und markierte Wanderwege.

Wintersport
Abfahrtspiste mit Skilift sowie mit gespurten Loipen am *„Niedensteiner Kopf"*.

Feste und Veranstaltungen

Weihnachtsmarkt (zweites Adventswochenende).

Niestetal

(Landkreis Kassel)

EINWOHNER: 10 111. ORTSTEILE: Heiligenrode, Sandershausen

ⓘ Information

Gemeindeverwaltung Niestetal, Heiligenröder Straße 70, Niestetal-Sandershausen, 0561/5202-0, 0561/520260, info@niestetal.de, www.niestetal.de

Sehenswertes

Gut Windhausen mit Affendenkmal
Unweit von Niestetal, dort, wo die Nieste in die Fulda mündet, liegt Gut Windhausen. Graf Martin Ernst von Schlieffen (1732– 1825) hatte von seiner Afrikareise im Jahre 1763 einige Magots (Affen aus dem nordafrikanischen Raum) mitgebracht, die sich schnell vermehrten. Sie begingen allerlei Streiche wie das Klauen von Butter und Golddukaten. Mit der Zeit wurden die Affen in der näheren Umgebung berühmt. Wilhelm Busch nutzte die Albernheiten der Affen als Anregung für seine Bildergeschichte „Fipps, der Affe". Leider mussten 1784 alle 60 Magots erschossen werden, nachdem ein Magot mit einem tollwütigen Hund aneinander geraten war. Als Andenken ließ Graf Schlieffen eine Sandsteinsäule errichten.

Freizeitangebote

Wichtelbrunnenbad
ADRESSE: Wichtelbrunnenbad, Hugo-Preuß-Straße, Niestetal, ☎ 0561/527005. ÖFFNUNGSZEITEN: Mo. geschlossen, Di. 8.00– 20.00 Uhr, Mi. 13.30–22.00 Uhr, Do. 8.00– 22.00 Uhr, Fr. 13.30–22.00 Uhr, Sa. u. So. 8.00–18.00 Uhr.

Oberaula

(Schwalm-Eder-Kreis)

EINWOHNER: 3 600. ORTSTEILE: Hausen, Friedigerode, Ibra, Olberode, Wahlshausen.
Der staatlich anerkannte Luftkurort zählt zu den Fremdenverkehrschwerpunkten des Schwalm-Eder-Kreises. Am Südhang des Knüllgebirges, im Tal der Aula gelegen, finden Erholungssuchende hier ein ausgedehntes Wanderwegenetz vor, welches die Naturschönheiten erschließt. Schon um die Jahrhundertwende schätzte man Oberaula als Sommerfrische. Bereits 1966 erhielt der Ort das Prädikat „Staatlich anerkannter Erholungsort". Wenige Jahre später folgte die Auszeichnung „Staatlich anerkannter Luftkurort".

ⓘ Information

Touristik-Service Oberaula, Rathaus, Hersfelder Straße 4, 36280 Oberaula, ☎ 06628/

Ansicht vom Luftkurort Oberaula

Rad- und Wanderwege
Oberaula wird von dem Aulatal und seinen Nebentälern sowie den umliegenden waldreichen Bergen des Knüllgebirges, die hier Höhen von 500 bis 600 Metern erreichen, geprägt. Wanderern steht hier ein gut beschildertes Wanderwegenetz zur Verfügung, welches sie durch laubgrüne Wälder, freie Hochflächen und verträumte Waldwiesentäler führt. Beim Touristik-Service ist umfangreiches Kartenmaterial erhältlich. Tourenvorschläge für Radfahrer sind ebenfalls vorhanden.

9208-0, 🖷 06628/920888, ✉ touristbuero@ oberaula.de, 💻 www.oberaula.de

Sehenswertes

Burg Herzberg
Die größte Höhenburg Hessens befindet sich auf dem 508 Meter hohen Basaltkegel des Herzberges und bietet einen überwältigenden Rundblick.

Natur und Landschaft

Borgmannturm
Der Aussichtsturm auf dem 636 Meter hohen Eisenberg belohnt den Aufstieg mit einem prächtigen Rundblick auf das Knüllgebirge.

Freizeitangebote

Schwimmbad
Das beheizte Waldschwimmbad ist während der Sommermonate täglich von 10.00–20.00 Uhr geöffnet.

Olberöder See
Über die B 454 erreicht man den 15 000 Quadratmeter großen Freizeitsee im Ortsteil Olberode, der zum *Baden* einlädt. Am See befinden sich auch ein *Wassertretbecken*, ein *Waldsportpfad* sowie ein idyllisch gelegener Grillplatz mit Schutzhütte.

Badesee im Ferienpark Hausen
Der am Ortsrand gelegene Ferienpark ist die größte Fremdenverkehrseinrichtung Oberaulas. U. a. ist hier ein Bade- und Angelsee angelegt. Kinder können sich auf dem großen Abenteuerspielplatz austoben.

Golf
Im Ortsteil Hausen finden Golfinteressierte einen modernen 18-Loch-Golfplatz (72 par), der sich harmonisch in die Mittelgebirgslandschaft einfügt. Green Fee-Spiele und neue Mitglieder sind hier willkommen. Nähere Informationen erhalten Sie beim Kurhessischen Golfclub Oberaula-Bad Hersfeld, Oberaula, ☎ 06628/1573 oder 348.

Wintersport
Wintersportler können – sofern Frau Holle mitspielt – am Eisenberg (Lift, Loipe) und in Olberode (Loipe) ihrem Hobby nachgehen.

Feste und Veranstaltungen

Sommermarkt (Juli)
See- und Lichterfest (August)

Philippsthal (Werra)

(Landkreis Hersfeld-Rotenburg)

EINWOHNER: 5 000. ORTSTEILE: Philippsthal, Röhrigshof, Heimboldshausen, Harnrode, Unterneurode, Gethsemane.
Der in einem von der Werra durchflossenen Talkessel an der Landesgrenze zu Thüringen gelegene Ort war ursprünglich ein Edelsitz des Rittergeschlechts von „Cruceburg“. Erstmals urkundlich erwähnt wurde er am 11. November 1191 in einem Schutzbrief des Papstes Cölestin III. für das von der Abtei Hersfeld dort gegründete Benediktinerinnenkloster. Das Kloster nahm den Namen des Rittergeschlechtes an und hieß fortan ebenso wie der Ort selbst „Creuzburg“. Im Bauernkrieg weitgehend zerstört, wurde das Kloster nach der Reformation von den Nonnen 1568 verlassen und 1593 säkularisiert. Im Jahre 1685 ließ Prinz Philipp von Hessen an Stelle der Klosterruinen ein Schloss errichten, dem er den Namen „Philippsthal“ gab. Nach und nach bürgerte sich dieser dann auch als Ortsname ein.

ⓘ Information

Fremdenverkehrsamt Philippsthal (Werra), Schloss 1, 36269 Philippsthal (Werra), ☎ 06620/9210-0, 🖷 06620/9210-41, ✉ Gemeinde.philippsthal@krgz-kassel.de

Sehenswertes

Schloss
Im Jahre 1685 begann Prinz Philipp von Hessen mit dem Bau eines Schlosses an Stelle der ehemaligen Klosteranlage. Zwei Torbauten vom Ende des 17. Jahrhunderts bzw. aus dem Jahre 1734 begrenzen den Eingang in den hufeisenförmigen Wirtschaftshof. An der offenen Südseite liegt der Schlossbau von 1690, der 1731 erneuert wurde. Die aus dem 12. Jahrhundert stammende Klosterkirche wurde im 18. Jahrhundert stark verändert. Ihre romanische Anlage ist aber nach wie vor erkennbar.

Luftaufnahme der Philippsthaler Schlossanlage

Das Schloss wird heute als modernes Handels- und Dienstleistungszentrum genutzt.

Eine Besichtigung ist daher nur eingeschränkt möglich.

Das Philippsthaler Schloss – Dienstleistungszentrum für die Bürger und Mittelpunkt des öffentlichen Lebens in Philippsthal

Orangerie
Die 1731 von den damals in Philippsthal residierenden Landgrafen zu Hessen und Philippsthal errichtete Orangerie befindet sich im Garten und Parkbereich. Hier wurde „gelustwandelt“ und manch gesellschaftliches Ereignis gefeiert.

Museen

Grenzmuseum
Ursprünglich eine Informationsstelle des Grenzzolldienstes, eingerichtet um dem zunehmenden Interesse an der innerdeutschen Grenze Rechnung zu tragen, informiert die Ausstellung über die Grenzsperranlagen der ehemaligen DDR. Anlässlich der Grenzöffnung entstandene Bilddokumente ergänzen die Ausstellung. Betreut wird die Einrichtung von der örtlichen Arbeiterwohlfahrt. Besichtigungen können mit dem Vereinsvorstand, ☎ 06620/1432 oder 7487 vereinbart werden. Die Führung dauert eine Stunde und ist kostenlos.

Natur und Landschaft

Schlosspark
Mit seinen alten Bäumen, den Teichanlagen und der Orangerie ist der Schlosspark eine Oase der Ruhe.

Freizeitangebote

Reiten
Reitsportfreunde können sich in der Reithalle des Reitvereins Philippsthal, ☎ 06620/7603 nach den Möglichkeiten erkunden ihrem Sport nachzugehen.

Das Grenzmuseum im Torbogenhaus (17. Jh.), links die alte Klostermühle (12. Jh.)

Schwimmbad
ADRESSE: Freibad, Am Bad 3, Philippsthal (Werra). ÖFFNUNGSZEITEN: Mai bis September.

Feste und Veranstaltungen

„*Krammarkt*" im Innenhof des Schlosses (Aschermittwoch, Mittwoch vor Pfingsten, Mittwoch vor Michaelis, Mittwoch vor Heiligabend).

Reinhardshagen

(Landkreis Kassel)

EINWOHNER: 5 400. ORTSTEILE: Vaake, Veckerhagen
Der Reinhardswald – eines der größten zusammenhängenden Waldgebiete Deutschlands – stand bei der Namensgebung für die 1971 im Zuge der Gebietsreform zusammengeschlossenen Fachwerkorte Veckerhagen und Vaake Pate.
Vaake kann zu den ältesten Orten des Oberwesergebietes gezählt werden, seine urkundliche Ersterwähnung datiert aus dem Jahr 866. Veckerhagen wird in einer lateinischen Stiftungsurkunde der Witzenhäuser Kaufmannsgilde vom 2. Oktober 1297 erstmals genannt.

ⓘ Information

Gemeindeverwaltung, Amtsstraße 10, 34359 Reinhardshagen-Veckerhagen, ☎ 05544/9507-0, 🖷 05544/9507-33, ✉ gemeindeverwaltung@reinhardshagen.de, 💻 www.reinhardshagen.de

Sehenswertes

Evangelische Kirche Vaake

Die reizvoll am Weserufer gelegene Wehrkirche aus dem 15. Jahrhundert wurde in Verbindung mit dem im Jahre 970 gegründeten Benediktinerkloster Hilwartshausen erbaut. Im Chor finden sich Wandmalereien im mittelrheinischen Stil.

Kirche Veckerhagen
Bei der evangelischen Pfarrkirche handelt es sich um einen Barockbau aus dem Jahre 1778 mit einem stattlichen Haubendachreiter.

Habich's Schloss
In der ersten Hälfte des 15. Jahrhunderts errichtete Landgraf Ludwig I. eine von einem Graben umgebene Burg, die den Hessen als Stützpunkt an der Weser diente. Im 17. Jahrhundert ließ sich Landgraf Karl in Anlehnung an die Burg ein Schloss im barocken Stil erbauen. Den Entwurf hierfür lieferte vermutlich der hessische Hofbaumeister Paul du Ry. Im Jahre 1810 verkaufte König Jérome – auch als „König Lustig" bekannt – das Schloss an die heutigen Besitzer, die Familie Habich.

Ehemalige Eisenhütte
Die 1666 gegründete Hütte, in der Denis Papin (1647–1712) im Jahre 1699 den ersten Dampfkessel der Welt gießen ließ, liegt am östlichen Ortsrand Veckerhagens.

Weserfähre
Einen Hauch von Nostalgie kann der Besucher in Veckerhagen bei der Überquerung der Weser erfahren. Wie in alten Zeiten bringt die alte Gierseilfähre Menschen und Fahrzeuge sicher über den Fluss ins niedersächsische Hemeln (Stadtteil Hann. Mündens) und zurück. Die Fähre hat aber auch heute noch ihren prakti-

schen Nutzen, denn um die Weser auf einer Brücke zu überqueren muss man sonst bis ins südlich gelegene Hann. Münden bzw. nach Gieselwerder im Norden fahren.

Weserpromenade Vaake
Ein malerisches Fachwerkensemble erwartet den Besucher am Ufer der Weser im Ortsteil Vaake. Die zumeist in Ständerkonstruktion errichteten diemelsächsischen Fachwerkhäuser mit ihren der Weser zugewandten Hauseingängen geben dem Ortsbild seinen ganz besonderen Reiz. Jedes einzelne von ihnen steht im Rang eines Denkmals.

Brama am Weserufer
Die Brama-Statue am Weserufer ist ein Geschenk des Landkreises Kassel an die Gemeinde Reinhardshagen. Sie erinnert an eine der drei „sagenhaften" Töchter des mächtigen Reinhardswaldriesen Kruko. Wie ihre Schwestern Saba und Trendula erbaute sie sich in dem der Gemeinde Reinhardshagen gegenüberliegenden Bramwald eine Burg, deren Reste noch heute zu sehen sind. Wegen ihres christlichen Glaubens wurde Brama von einer ihrer heidnischen Schwestern um ihr Augenlicht gebracht.

Brunnen des Lebens
Der Brunnen des Lebens stellt in besonderer Weise den Kreislauf des Lebens von der Entstehung bis hin zu seinem Ende (symbolisiert durch den Rückfluss des Wassers in den Sternenkreis) dar.

Freizeitangebote

Rad- und Wanderwege
In dieser vom engen Flusstal und den zu beiden Seiten des Flusses aufsteigenden Wäldern – dem Reinhardswald auf hessischer sowie dem Bramwald auf niedersächsischer Seite – geprägten Landschaft erschließen über 200 Kilometer gekennzeichnete Wanderwege dem Wanderer und Erholungssuchenden die Reize der Mittelgebirgslandschaft. Genannt seien an dieser Stelle aber auch der *Märchenlandweg*, der auf einer Länge von 380 Kilometern die sagen- und märchenhaften Orte inmitten der abwechslungsreichen Mittelgebirgslandschaft des Kreises Kassel miteinander verbindet, und die *Hugenotten-Route Nordhessen*, die in und durch die einstigen Waldenser- und Hugenottenkolonien des nordhessischen Raumes führt.
Der Heimat- und Verkehrsverein Reinhardshagen e. V. bietet auf Anfrage auch geführte Wanderungen an. Auskunft erteilt Herr Reinhard Hahn, ☎ u. 🖷 05544/498, ✉ rein.hahn @t-online.de
Informationen zum Thema Radwandern im Kasseler Land finden Sie im Internet unter 💻 www.hb-internetservice/rad.de. Unter 💻 www.weserradweg.de finden Sie zudem nähere Informationen zum Weserradweg.

Schwimmbäder
Adresse: *Freibad Reinhardshagen-Veckerhagen*. Öffnungszeiten: Juni bis August täglich 10.00–19.00 Uhr
Adresse: *Gartenhallenbad Reinhardshagen-Vaake*. Öffnungszeiten: September bis Mai. Mo. geschlossen, Di. 15.00–19.00 Uhr, Mi. und Do. 10.00–12.00 und 15.00–19.00 Uhr, Fr. 15.00–19.00 Uhr, Sa. 15.00–18.00 Uhr sowie So. 9.00– 13.00 Uhr.

Kanu-/Bootfahren
Die Weser ist ein ideales Wandergewässer für eine Tour mit dem Boot oder Kanu. Wer über keine eigene Ausrüstung verfügt, kann sich an den *Kanuverleih* Busch Freizeitservice in Oberweser, ☎ 05541/12257 wenden.

Floßfahrten
In der Zeit von Juni bis August besteht für Gruppen und Einzelpersonen die Möglichkeit, die Landschaft der Umgebung im Rahmen einer Floßfahrt einmal vom Fluss aus zu entdecken. Nähere Informationen erhalten Sie beim Verkehrsamt der Gemeinde.

Dampferfahrt
Wer die noch junge Weser bei einer entspannenden Tour mit dem Fahrgastschiff erkunden möchte, erhält bei folgenden Anbietern nähere Informationen: Linie 2000, 💻 www.bad-karlshafen.de; Oberweser-Dampfschifffahrt, 💻 www.weserschiffahrt.de; Söllner Fahrgastschiffe, 💻 www.personenschiffahrt.com

Ringgau

(Werra-Meißner-Kreis)

EINWOHNER: 3 492. ORTSTEILE: Datterode, Grandenborn, Lüderbach, Netra, Renda, Rittmannshausen, Röhrda.
Die Gemeinde Ringgau liegt inmitten einer idyllischen Landschaft zwischen Meißner und Thüringer Wald.
Ältester OT der Gemeinde ist Renda, welcher mit seiner Erwähnung zwischen 775 und 786 sogar zu den ältesten Plätzen der Werralandschaft zählt.
Der Ringgau als solcher wurde unter der Bezeichnung „Reinichgooue“ bereits im Jahre 993 erwähnt. Bis zum 13. Jahrhundert war das Gebiet thüringisch, wechselte dann im hessisch-thüringischen Erbfolgekrieg zwischen Hessen und Thüringen hin und her, bis es im Jahr 1436 endgültig zu Hessen kam.

ⓘ Information

Gemeindeverwaltung Netra, Am Anger 3, 37296 Ringgau-Netra, ☎ 05659/9797-0, 🖷 05659/979721, ✉ ringgau@krgz-kassel.de, www.werra-meissner.de/ringgau

Sehenswertes

Ruine Boyneburg
Die sagenumwobene Burg wurde bereits im Jahre 1107 urkundlich erwähnt. Ihr Erbauer, der Graf von Northeim, hatte im Zuge der Reichspolitik den kaiserlichen Auftrag im Ringgau eine Reichsfeste zu errichten, die er im Gegenzug als Lehen erhielt. Mit dem Tod des letzten männlichen Sprosses derer von Northeim 1144 fiel die Burgfeste wieder an das Reich zurück und wurde 1156 ausdrücklich als kaiserliches Schloss bezeichnet. Die Burg wurde schließlich zu einer Art Lieblingsaufenthaltsort Friedrichs I. (Barbarossa), der auch die verkehrspolitisch und strategisch günstige Lage der Burg erkannt hatte. Die Überreste der Burganlage, insbesondere der erneuerte Bergfried, der innere Hof der alten Burg und die Schlosskapelle (eine Stiftung Barbarossas), lassen den Besucher noch heute etwas von der bedeutenden Vergangenheit der Burg erahnen. Heute ist die Ruine ein beliebtes Ausflugsziel, von wo aus man weiter auf den Spuren Barbarossas über die höchste Erhebung des Ringgaus wandern kann.

Kirchen
Schmuckstück der *Kirche im OT Lüderbach* (12. Jahrhundert) ist der holzgeschnitzte Flügelaltar aus dem frühen 16. Jahrhundert, der in einer Werkstatt im Raum Eisenach entstanden ist.
Der mächtige, ursprünglich romanische Kirchturm der *Kirche im OT Datteroda*

ist schon von weitem sichtbar. Im Innern schließt sich ein im Grundriss rechteckiges Kirchenschiff mit fünfseitigem Chorabschluss an.
Der wuchtige Kirchturm der *Kirche im OT Netra* wurde im Jahr 1480 errichtet und diente der Bevölkerung zugleich als Wehrturm.

Wasserschloss Netra
Das früher von allen, heute jedoch nur noch von zwei Seiten vom Wasser umspielte ehemalige Schloss derer von Boyneburg liegt am westlichen Dorfrand. Es wurde etwa Mitte des 16. Jahrhunderts von der Netra-Jestädter Linie derer von Boyneburg-Honstein an Stelle einer alten Wasserburg erbaut.

Schloss Lüderbach
Der einfache Steinbau mit Rechteckfenstern und rechteckigem Treppenhausvorbau wurde zwischen 1329 und 1445 von den Treusche im Amt Brandenfels erbaut. 1981 wurde das Schloss von einem Privatmann gekauft und stilgerecht restauriert.

Wüstungskirche bei Hof Hartmuthshausen
Bekannt wurde das Gut, als man 1971 beim Pflügen uralte Grabsteine fand. Bei weiteren Grabungen durch den Geschichtsverein und den Landesarchäologen wurden die Grundmauern einer Kirche freigelegt, die etwa um 1000 oder noch früher entstanden sein muss. Sie diente wohl als Stammkapelle der hier ansässigen Grundherren.

Ortsteil Röhrda
Der Ortsteil Röhrda bildet mit seinen Fachwerkhäusern, seiner alten Wehrkirche und dem daneben liegenden Rittergut eine malerische Einheit. Geprägt wird das ehemalige Mühlendorf durch zwei Bachläufe, die im Ort entspringen und als offene Wasserläufe durch das Dorf führen. 1989 war Röhrda Bundessieger im Dorfverschönerungswettbewerb.

Museen

Boyneburg- und Heimatstube des Heimatvereins Datterode e. V.
ADRESSE: Am Kirchrain, Ringgau-Datterode. Betreuung/Besucher-Anmeldung: Heiko Beck, Amselweg 5, Ringgau-Datterode, ☎ 05658/8164 und Harald Elfer, Finkenweg 4, Ringgau-Datterode, ☎ 05658/ 1427.

Freizeitangebote

Schwimmbad
ADRESSE: Freibad, Datterode-Hasselbach, ☎ 05658/488. ÖFFNUNGSZEITEN: täglich von 13.00–19.00 Uhr, während der Sommerferien von 10.00–19.00 Uhr.

Rad- und Wanderwege
Durch den gesamten Ringgau erstreckt sich ein Netz von gut ausgebauten und beschilderten Wanderwegen. Nicht ohne Grund führen der Europäische Fernwanderweg „Ostsee-Wachau-Adria", der „Barbarossa-Wanderweg" und der „Hessenweg 4" durch dieses Gebiet. Auch Radfahrern steht ein gut ausgebautes Wegenetz zur Verfügung. So führt z. B. die Radwander-Tour 7 des Radwegenetzes Werra-Meißner auf „Barbarossas Spuren durch den Ringgau". Kartenmaterial mit Tourenvorschlägen erhalten Sie bei der Gemeindeverwaltung sowie im Buchhandel.
Fahrradverleih: Autohaus Ritz, Leipziger Straße 38, Ringgau-Datterode, ☎ 05658/ 1093.

Kutsch-/Planwagenfahrten
Anmeldung bei Familie Linhose, Ringgau-Renda, ☎ 05659/523.

Reiten
Reitsportfreunde kommen auf dem Reiterhof im OT Renda mit seinen dazugehörigen Wochenendhäusern und einem Campingplatz auf ihre Kosten.

Rotenburg an der Fulda

(Landkreis Hersfeld-Rotenburg)

EINWOHNER: 14 557. ORTSTEILE: Atzelrode, Braach, Dankerode, Erkshausen, Lispenhausen, Mündershausen, Schwarzenhasel, Seifertshausen.
Das Landgrafenstädtchen Rotenburg, ein mit Mauern und Türmen befestigter Ort aus dem 12. Jahrhundert, liegt an der engsten Stelle der Fulda. Obwohl die Stadt mehrfach durch Brände zerstört wurde, ist das Gefüge der Stadt mit ihren Straßen und Plätzen und der sie umgebenden Mauer mit nur geringfügigen Eingriffen erhalten geblieben.

ⓘ Information

Verkehrs- und Kulturamt, Marktplatz 15, 36199 Rotenburg an der Fulda, ☎ 06623/19433 und 5555, 🖷 06623/933153, ✉ verkehrsamt@rof.de, 💻 www.rotenburg.de

☞ Stadtführungen

In den Monaten Mai bis Oktober finden am ersten und dritten Freitag um 15.00 Uhr öffentliche Stadtführungen statt. Beginn ist am Rathaus, Marktplatz. Weitere Führungen für Gruppen sind auf Anfrage möglich.

Sehenswertes

Altstadt
Noch heute besteht fast ganz Alt-Rotenburg aus Fachwerkbauten, die sich entlang der Gassen und Straßen aneinander reihen. Zusammen mit dem Rathaus, dem Schloss und den Kirchen bietet Rotenburg dem Besucher ein malerisches Stadtbild. Die meisten der Fachwerkbauten stammen aus dem 17. und 18. Jahrhundert, nur einige wenige Gebäude haben die großen Stadtbrände früherer Zeiten überdauert. Aus der Fülle der schönen Fachwerkbauten seien nachfolgend nur einzelne näher benannt. Das *älteste Haus* steht in der Breitenstraße Nr. 39/Ecke Schlossgasse. Der Ständerbau stammt aus spätgotischer Zeit. Schräg gegenüber steht

Fernansicht von Rotenburg an der Fulda

die *alte Renterei* (Breitenstraße Nr. 24), die im Jahr 1531 erbaut wurde. Bei dem ansehnlichen *Fachwerkhaus in der Brückengasse* Nr. 13 handelt es sich um das ehemalige landgräfliche Jägerhaus. Alles, was mit der Jagd zu tun hatte, auch der oberste Forstbeamte, hatte hier seine Bleibe. Am Eingang zur Neustadt steht dicht an der Brücke ein dreigeschossiges massives Bauwerk, das so genannte „*Steinerne Haus*". Vermutlich war es ein wehrhafter Bau zur Sicherung des Fuldaübergangs. Ebenfalls in der Neustadt lagen mehrere Adelssitze, von denen die „*Alte Landvogtei*" ein recht eindrucksvoller Bau ist.

Historisches Rathaus mit Brunnen

Rathaus

Am Rathaus befinden sich die Jahreszahlen 1597 und 1598. Dem Renaissanceportal hat der Brand im Jahre 1637 nichts angetan, wohl aber dem alten Steingiebel, der 1656 durch einen ebenfalls mit Renaissanceanklängen ausgestatteten Fachwerkgiebel ersetzt wurde. Sehenswert ist auch die Rokoko-Freitreppe.

Stadtkirche St. Jakobi

Die Stadtkirche – ein spätgotischer Bau – wurde Ende des 15. Jahrhunderts errichtet. Doch ist schon in früherer Zeit eine Stadtkirche nachgewiesen, aus dieser Zeit stammt der Sakristeianbau. Der Turm im Biedermeierstil wurde hingegen erst im Jahre 1818 erbaut. Im Innern der Kirche hat der Altar der ehemaligen Schlosskapelle Platz gefunden, ein Werkstück aus einheimischem Alabaster. Orgel und Kanzel sind ebenfalls sehenswert.

Schloss

Das Schloss – ursprünglich eine vierflügelige Renaissance-Anlage – stammt in seiner heutigen Form aus verschiedenen Epochen. Der Südflügel mit seinen typischen Renaissancemerkmalen wurde unter Landgraf Wilhelm IV. erbaut. Der anschließende Ostflügel enthielt einen in ganz Deutschland berühmten Rittersaal. Leider wurde er 1790 abgerissen. Der Westflügel mit seinen drei Geschossen

Landgrafenschloss Rotenburg an der Fulda

und einem Mansardendach wurde in der Zeit des Barocks errichtet. Der Nordflügel wurde an Stelle des mit der Schlosskapelle abgerissenen Renaissanceflügels nach 1790 im zeitgemäßen Empirestil gebaut. Der schöne Schlosspark – heute ein Volkspark – wurde ebenfalls von den Landgrafen angelegt. In den Schlossgebäuden ist heute die Finanzschule des Landes Hessen untergebracht.

Stadtbefestigung
Die Stadtmauer wurde bereits vor dem Jahr 1290 ausgeführt. Noch heute kann man deren ursprüngliche Höhe mit dem Wehrgang sehen. Zwei Türme, der Hexenturm und der Bürgerturm, sind bis heute erhalten geblieben.

Stiftskirche St. Maria und Elisabeth/Neustädter Kirche
Die Kirche entstand als Stätte des Gottesdienstes für das Kollegialstift Rotenburg, das sich zuvor in der Altstadt befand. Die Kirche besitzt einen reizvollen spätgotischen Taufstein. Sehenswert ist das Gewände des Fensters im Nordturm.
Im Turm befindet sich die Gruft von Landgraf Hermann und seiner Gemahlin.

Burgruine Rodenberg
Die auf einer Anhöhe – heute Hausberg genannt – nordöstlich der Stadt gelegene Burg war noch älter als Rotenburg. Vermutlich auf den Resten einer vorgeschichtlichen Anlage erbaut, hatte sie die Größe der Wartburg. Sie wurde bereits im 15. Jahrhundert zerstört, doch sind auf dem Berg noch alte Mauerreste zu erkennen.

Stadtansicht mit Fulda

Museen

Heimatmuseum
Die Sammlungen des in einem Nebengebäude des äußeren Schlosshofes untergebrachten Heimatmuseums zeigen Kupferstiche, Volkskunst, Waffen, Bodenfunde, Landkarten aus dem 17. Jahrhundert u. v. m.

Im Schatten alter Fachwerkhäuser laden Straßencáfes zum Verweilen ein

ADRESSE: Kreisheimatmuseum im Schlosshof, 36199 Rotenburg a. d. Fulda, ☎ 06623/ 81780. ÖFFNUNGSZEITEN: Mi., Fr., So. 14.00– 17.00 Uhr (Juni bis September auch Do.). Führungen für Gruppen nach Absprache auch zu anderen Terminen.

Puppenmuseum

Die private Sammlung, deren Grundstock aus Familienbesitz stammt und in vielen Jahren durch Flohmarktbesuche und Versteigerungen aufgestockt wurde, zeigt Puppen und Spielzeug aus der Zeit von 1840 bis 1930. Den Schwerpunkt der Ausstellung stellen deutsche Porzellanpuppen dar. Eine Besonderheit ist das Jahrmarktzimmer mit Karussells, Achterbahn und Riesenrad, die alle mit Musik und Beleuchtung funktionieren.

ADRESSE: Familie Wächter, Burgerstraße 1, 36199 Rotenburg a. d. Fulda, ☎ 06623/ 41600. ÖFFNUNGSZEITEN: Mi. bis Sa. 14.00– 17.00 Uhr, So. 11.00–17.00 Uhr.

Natur und Landschaft

Aussichtsturm

Vom 16 Meter hohen Aussichtsturm auf dem nördlich von Rotenburg gelegenen Alheimer (550 Meter) kann man einen sehr schönen Rundblick in die nähere und weitere Umgebung genießen.

Bei klarem Wetter kann man bis nach Kassel zum Herkules und bis zur Wartburg im Thüringer Wald sehen.

Blick in die Altstadt

Freizeitangebote

Schwimmbäder

ADRESSE: *Freibad „Im Heienbach"*, Rotenburg. ÖFFNUNGSZEITEN: Mai/Juni bis August/September täglich von 10.00–20.00 Uhr
ADRESSE: *Hallenbad*, Breitinger Kirchweg, Rotenburg
ADRESSE: Felsenerlebnisbad am MEIROTEL Rodenberg. ÖFFNUNGSZEITEN: täglich geöffnet.

Reiten
Reiterhof und Gestüt „Gut Dankerode", Stölzinger Straße 2, ☎ 06623/41607.
Reiterhof Köthe, Hauptstraße 2a, ☎ 06623/5108 und 44511.
„Wilhelminenhof", Dickenrücker Straße, ☎ 06623/5371.
„Ponyreiten an der Hexenlinde" jeden So. ab 14.00 Uhr. Kindergeburtstage auf Anmeldung. Nähere Auskünfte erhalten Sie unter ☎ 06623/5643.

Bootspartie auf der Fulda

Feste und Veranstaltungen

Kuckucksmarkt in Braach (Mai bis Oktober jeweils am letzten Wochenende des Monats).
Heimat- und Strandfest (erstes Juliwochenende).
Kunstkeramik- und Töpfermarkt (September).
Weihnachtsmarkt (am Samstag vor dem ersten Advent).

Rad- und Wanderwege
Hessische Fernradwege R 1 und R 5, weitere regionale Strecken – im gesamten Fulda- und Werratal 190 Kilometer.

Fahrrad- und Bootsverleih
Campingplatz an der Fulda von Mai bis Oktober, ☎ 06623/5556.

Boot-/Kanufahren
Die Fulda ist ein ideales Wandergewässer für eine Tour mit dem Boot oder dem Kanu. Wer über kein eigenes Boot verfügt, kann sich an den Campingplatz an der Fulda (s. o.) wenden. Der Campingplatz bietet auch Touren an.

Schauenburg

(Landkreis Kassel)

EINWOHNER: 11 053. ORTSTEILE: Elgershausen, Hoof, Breitenbach, Martinhagen, Elmshagen.
Namensgeber der Gemeinde war die oberhalb des Ortsteils Hoof gelegene Schauenburg, die vermutlich in fränkischer Zeit um die Jahre 600–800 erbaut worden ist, als der Hessengau Teil des Frankenreiches war.
Ein Graf von Schauenburg findet erstmals im Jahre 1073 Erwähnung, doch ist nicht sicher, dass es sich um einen der hiesigen

Schauenburger Grafen handelte. 1089 wird schließlich in einer Schenkungsurkunde des Klosters Helmarshausen ein Graf Adalbert von Schauenburg genannt.
Der OT Hoof gilt als Burgmannensitz derer von Schauenburg.

ⓘ Information

Gemeindeverwaltung Schauenburg, Raiffeisenstraße 5, 34270 Schauenburg-Hoof, ☎ 05601/ 9325-0, 🖷 05601/9325-40, ✉ gemeinde. schauenburg@t-online.de, 💻 www. hessennet.de/schauenburg
Schauenburger Verein für Touristik, Raiffeisenstraße 5, 34270 Schauenburg, ☎ 05601/ 9325-0, 🖷 05601/9325-40.

Sehenswertes

Burgruine Schauenburg
Oberhalb des Ortsteiles Hoof auf dem Burgberg gelegen, gab sie der Großgemeinde 1972 den Namen. Es wird angenommen, dass die Schauenburg schon um die Zeitwende eine Wohn- und Fliehstätte war. Später diente sie den Franken als Grenzbefestigung gegen die Sachsen. Die Namen der Grafen von Schauenburg finden erstmals im Jahre 1073 Erwähnung.

Kirchen
Die *Kirche* im OT *Breitenbach* wurde im 13. Jahrhundert errichtet. Ihr spätgotischer Turm ist bis heute erhalten geblieben, obwohl im 16. und im 19. Jahrhundert bauliche Veränderungen durchgeführt wurden. Die kleine *Kirche* im OT *Elgershausen* hat einen frühgotischen Turm, ihr Kirchenschiff stammt aus dem Jahre 1881. Sehenswert sind auch das schöne *Fachwerk-Pfarrhaus*, das 1767 erbaut wurde, und der bei der Kirche unter einer Gruppe Linden erhaltene alte Gerichtsplatz des Dorfes. Die kleine *Fachwerk-Kapelle* in *Elmshagen* ruht auf einem massiven romanischen Unterbau. Sie stammt aus dem 13. Jahrhundert. *Martinhagens barocke Kirche* verfügt über einen spätgotischen Turm mit ehemaligem Wehrgeschoss.

Fachwerkhäuser in Hoof
Das Ortsbild des am Fuße der Schauenburg gelegenen Ortsteils Hoof wird von schönen Fachwerkhäusern aus dem 17. und 18. Jahrhundert geprägt.

„Burgberg" oberhalb vom OT Hoof

„Schandpfahl" in Elmshagen
Bei einem Abstecher in den Ortsteil Elmshagen kann man noch einen alten „Schandpfahl", einen Holzpfahl mit einer eisernen Kette und Handeisen, entdecken. Noch zu Anfang des 17. Jahrhunderts sollen hier Übeltäter an den Pranger gestellt worden sein.

Museen

Museum für dörfliches Leben

Zu sehen sind ein alter Bergwerkstollen, Werkzeuge und Geräte verschiedener Berufe, Einrichtungen aus Haus und Hof, Trachten und Bekleidungsstücke sowie Fundstücke aus der Region.
ADRESSE: Museum für dörfliches Leben, Wahlgemeinde 19 (Grundschule), Schauenburg-Hoof. ÖFFNUNGSZEITEN: erster So. im Monat 14.00–17.00 Uhr.

Die „Schauenburger Märchenwache“ im OT Breitenbach

Schauenburghalle
In der Schauenburghalle kann man die ausgestellten rund 30 Millionen Jahre alten fossilen Überreste der „Schauenburger Seekuh“ bestaunen.

Kultur

Schauenburger Märchenwache
Die Kultur- und Begegnungsstätte erinnert an den 1747 in Breitenbach geborenen Wachtmeister Johann Friedrich Krause, der den Brüdern Wilhelm und Jacob Grimm einige Märchen im Tausch gegen abgelegte Beinkleider zugetragen hat. Außerdem wird an die Märchenbeiträgerin Marie Hassenpflug, eine Jugendfreundin der Brüder Grimm, erinnert, von der eine Vielzahl der Märchen stammt. Zudem werden in der Märchenwache Originalzeichnungen des in Breitenbach geborenen Zeichners und Holzschneiders Albert Schindehütte gezeigt, der sich in seiner Arbeit ausführlich den Märchen und den Märchenbeiträgern gewidmet hat.
ADRESSE: Schauenburger Märchenwache, Lange Straße 2, Schauenburg-Breitenbach, ☎ 05601/925619. ÖFFNUNGSZEITEN: So. 15.00–18.00 Uhr.

Natur und Landschaft

Hirzstein
Das Felsmassiv des Hirzsteins – seit dem Jahre 1919 als Naturschutzgebiet ausgewie-

Naturdenkmal „Hirzstein“

Idyllisch gelegener Badesee in der Freizeitanlage des OT Martinhagen

sen – erhebt sich oberhalb des Ortsteils Elgershausen. Botanisch Interessierte finden hier eine bemerkenswerte Flora und Fauna vor.

Martinstein
Der riesige Basaltphonolithkegel des Martinsteins überragt alle Häuser der Nachbarschaft im Ortsteil Martinhagen. Er liegt direkt neben der Kirche, deren Kirchturm – ein alter Wehrturm mit Schießscharten und Pechnasen – das älteste Gebäude im Ort ist.

Freizeitangebote

Rad- und Wanderwege
Eine bei der Gemeindeverwaltung erhältliche Broschüre mit dem Titel „Schauenburger Märchenpfad" enthält nähere Einzelheiten und Tourenvorschläge zu den interessanten und märchenhaften Zielen in und um Schauenburg.
Eine Wanderung durch die Langenberge beim Ortsteil Elmshagen sollte man mit einem Abstecher in den Ort verbinden. Dort befindet sich noch ein alter „Schandpfahl".
Für kurzweilige Radtouren bieten sich insbesondere die regionalen Radwanderwege „Hessencourrierweg", der von Kassel über Schauenburg nach Naumburg führt, und der „Warmetalweg" von Schauenburg-Elmshagen nach Liebenau an.

Freizeitanlage Martinhagen
Am Ortsrand in Richtung Habichtswald-Ehlen gelegen, lädt ein idyllischer See mit angrenzendem Freizeitgelände zum Verweilen ein.

Feste und Veranstaltungen

Elgershäuser Karneval (Januar/Februar)
Schützen- und Heimatfest (Mai)

Schenklengsfeld
(Landkreis Hersfeld-Rotenburg)

EINWOHNER: 4 872. ORTSTEILE: Schenklengsfeld, Dinkelrode, Erdmannrode, Hilmes, Konrode, Lampertsfeld, Landershausen, Malkomes, Oberlangsfeld, Schenksolz, Unterweisenborn, Wehrshausen, Wippershain, Wüstfeld
Die Geschichte Schenklengsfelds geht auf frühe Besiedlungen aus der jüngeren Steinzeit zurück. Die Ersterwähnung Schenklengsfelds findet sich im achten Jahrhundert im „Breviarium Lulli", dem Hersfelder Güterverzeichnis. Dort wird der Ort als „Lengsfeld in Thuringa" bezeichnet.
Als Mittelpunkt des Amtes Landeck wurde der Ort im Bauernkrieg von hessischen Truppen besetzt und fiel mit dem Amt Landeck 1557 zunächst zur Hälfte, 1648 im Westfälischen Frieden schließlich ganz an Hessen. Seit 1821 ist das Amt Landeck ein wichtiger

Bewaldete Anhöhe bei Schenklengsfeld

Teil des damals geschaffenen Landkreises Hersfeld.

ⓘ Information

Gemeindeverwaltung Schenklengsfeld, Rathausstraße 2, 36277 Schenklengsfeld, ☎ 06629/9202-0, 🖷 06629/9202-17, ✉ hauptamt@schenklengsfeld.kgrz-kassel.de

Sehenswertes

Burgruine Landeck

Die Ruine der im 13. Jahrhundert errichteten Burg befindet sich am südöstlichen Ausläufer des Landecker Berges in der Gemarkung des Ortsteiles Hilmes. Im Dreißigjährigen Krieg wurde die einst gewaltige Burganlage vollkommen zerstört. 1982 wurden die Reste befestigt und restauriert.

Kirche Schenklengsfeld

Das imposante Bauwerk mit seinem rund 40 Meter hohen Turm fällt jedem Besucher sofort ins Auge. Der Turm gehört zu einer Kapelle, die 1232 erbaut worden sein soll. Der Neubau der evangelischen Pfarrkirche St. Mauritius dürfte 1741 erfolgt sein.

Historischer Friedhof

275 Grabmäler aus dem 17., 18. und 19. Jahrhundert geben einen beispielhaften Überblick über die Kulturgeschichte einer ländlichen Gemeinde. Die Gestaltung der Grabsteine lässt die unterschiedlichen Stilepochen ihrer Entstehung erkennen. Am Friedhofseingang steht eine kleine achteckige, schindelverkleidete Kapelle in Holzbauweise, die mit einem Spitzdach versehen ist. Ihre Entstehung geht auf das Jahr 1610 zurück.

Burgruine Landeck

Jüdischer Friedhof

Der jüdische Friedhof wurde 1870 in südlicher Flurlage des Dorfes errichtet. 1988 errichtete der Christlich Jüdische Arbeitskreis einen Gedenkstein, der an die Vertreibung und Vernichtung der jüdischen Einwohner erinnert.

Museen

JUDAICA Museum

Seit 1998 dienen die Räume im Erdgeschoss des ehemaligen Lehrerhauses der Volksschule der jüdischen Gemeinde in Schenklengsfeld als „Begegnungsstätte für Geschichte und Kultur". Das JUDAICA-Museum zeigt Kultgegenstände zur jüdischen Religionsausübung im Alltag und dokumentiert die Lebens- und Leidensgeschichte jüdischer Mitbürger und ihrer Familien.

Nähere Informationen und Anmeldungen für Gruppen und/oder Ortsrundgänge zur jüdischen Geschichte bei:

Karl Honikel, ☎ 06629/7736, 🖷 06629/809043.

ADRESSE: Judaica Museum, Landecker Straße 37, Schenklengsfeld. ÖFFNUNGSZEITEN: So. 14.00–16.00 Uhr sowie nach gesonderter Vereinbarung.

Natur und Landschaft

Linde

Auf dem ehemaligen Marktplatz Schenklengsfelds steht die vermutlich älteste Linde Deutschlands. Über 1 200 Jahre ist sie alt. Die ursprüngliche Anpflanzung der Linde dürfte mit der Errichtung einer Kapelle zu Ehren des Ritters St. Georg verbunden gewesen sein, der der Sage nach die einzige Tochter des Burgherren von Schloss Landeck vor dem bösen Drachen rettete, der in einem an dieser Stelle gelegenen Teich lebte.

Der Umfang der vier Teile des Stammes der Linde beträgt heute 18 Metern, der Hohlraum zwischen denselben beträgt zwei bis drei Quadratmeter. Die Krone wuchs sich auf stolze 110 Meter Durchmesser aus, ermöglicht durch ein aus 80 Holzbalken gezimmertes Stützgerüst, das seinerseits von einer ein Meter hohen Mauer umgeben ist.

Freibadanlage Schenklengsfeld

Freizeitangebote

Wandern

Die Lage inmitten der wald- und hügelreichen Landschaft der nördlichen Vorderrhön macht die Gemeinde zu einem idealen Ausgangspunkt für Wanderungen. Beliebte Wanderziele sind der Soisberg (630 Meter), der Landecker Berg (511 Meter), der Ringberg (451 Meter) und die Wippershainer Höhe (456 Meter). Ausgehend von Schenklengsfeld sind neun Rundwanderwege unterschiedlicher Länge ausgewiesen. Im Ortsteil Wipperhausen beginnen sieben weitere Rundwanderwege unterschiedlicher Schwierigkeit.

Schwimmbad
ADRESSE: Freibad Schenklengsfeld, Dreienbergstraße 38–40, Schenklengsfeld, ☎ 06629/6202. ÖFFNUNGSZEITEN: Mitte Mai bis Anfang Juni täglich 10.00–20.00 Uhr, 1. Juni bis 15. August täglich 9.30–21.00 Uhr, Mitte August bis Saisonende täglich 10.00–20.00 Uhr.

Reiten
ADRESSE: Reitsportanlage Weitz, Burghardt Weitz, Im Kessel, Schenklengsfeld-Schenksolz.

Feste und Veranstaltungen

Lindenblütenfest (im Turnus von zwei Jahren)
Kuppenrhöner Landmarkt (Info: AK Kuppenrhöner Landmarkt, ☎ 06674/689)

Schwalmstadt

(Schwalm-Eder-Kreis)

EINWOHNER: 19 344. ORTSTEILE: Treysa, Ziegenhain, Allendorf, Ascherode, Dittershausen, Florshain, Frankenhain, Michelsberg, Niedergrenzebach, Rörshain, Rommershausen, Trutzhain, Wiera.
Weit über die Grenzen der Schwalm hinaus bekannt ist die größte Stadt des Schwalm-Eder-Kreises vor allem für die farbenfrohe „Schwälmer Tracht“, die hier noch heute zu besonderen Anlässen getragen wird. Ältester Stadtteil und eines der beiden Zentren Schwalmstadts ist Treysa, welches bereits im Jahre 786 in einer Urkunde des Klosters Hersfeld Erwähnung findet. Der Stadtteil Ziegenhain, das zweite Zentrum Schwalmstadts, war bis 1450 Sitz der Grafen von Ziegenhain. Mit dem Tode des letzten Grafen von Ziegenhain fiel die Grafschaft an Hessen. 1537 bis 1548 ließ Landgraf Philipp II. von Hessen die Burg zur Wasserfestung umbauen. Bis heute sind Reste der Wallgrabenanlage als Zeugen spätmittelalterlicher Festungsbaukunst erhalten geblieben.

ⓘ Information

Stadt Schwalmstadt, Rathaus Treysa, Marktplatz 1, 34613 Schwalmstadt-Treysa.
Rathaus Ziegenhain, Wiederholdstraße 24, 34613 Schwalmstadt-Ziegenhain, ☎ 06691/207-0, 🖷 06691/207-180, ✉ schwalmstadt@ t-online.de, 💻 www.hessennet.de/schwalmstadt
Schwalm-Touristik e.V., Paradeplatz 3, 34613 Schwalmstadt, ☎ 06691/71212, 🖷 06691/5776, ✉ schwalm-touristik@t-online.de

Marktplatz Treysa mit Marktbrunnen und dem „Johannismännchen“ als Brunnenfigur (1683)

☞ Stadtführungen

Die Schwalm-Touristik bietet auf Anfrage Stadtführungen an.

Sehenswert

Totenkirche Treysa

Die ehemalige Pfarrkirche St. Martin wurde Mitte des 13. Jahrhunderts als spätromanische dreischiffige Pfeilerbasilika errichtet. An Knospenkapitellen und Wandvorlagen finden sich aber auch frühgotische Stilelemente. Seit dem 16. Jahrhundert als Totenkirche bekannt, wurde sie nach 1830 zur Ruine. Ihr Turm mit seinem eigenwilligen achteckigen Helm über vier Giebeln überragt die Dächer der umliegenden Altstadt.

Ruine der Totenkirche in Treysa

Rathaus Treysa

Der dreistöckige Steinbau aus dem 14. oder 15. Jahrhundert wurde nach dem Dreißigjährigen Krieg z. T. in Fachwerk wieder aufgebaut. Er gilt als einer der schönsten Bauten der Altstadt. An der Südseite finden sich Spitzbogenfenster und figürliche Konsolen. Die Westseite wird von zwei Ecktürmchen geschmückt.

Ehemalige Dominikanerkirche St. Maria

Mit dem Bau der ehemaligen Klosterkirche des 1527 aufgehobenen Dominikanerklosters wurde im Jahr 1300 begonnen. Der Kirchturm stammt aus den Jahren 1838–1840. Sehenswert sind die Tonreliefs an den Strebepfeilern der äußeren Südwand, die Stationen des Kreuzweges zeigen. Die Barockorgel wurde 1723/24 erbaut.

Ehemaliges Hospital

Die um 1400 errichtete Kapelle ziert ein schönes Glockentürmchen über dem Westgiebel. In einer Wandnische im Innern befindet sich eine spätgotische Steinfigur, die den Leichnam Christi zeigt. Sehenswert sind auch die spätgotischen Hospitalgebäude.

Paradeplatz Ziegenhain

Der Paradeplatz ist das Zentrum der historischen Altstadt Ziegenhains. Um diesen Platz gruppieren sich die Gebäude der *ehemaligen Schlossanlage*, die heute zum überwiegenden Teil zur Justizvollzugsanstalt gehören, die in der zweiten Hälfte des 17. Jahrhunderts errichtete *Kirche* (1665–1667), ein altes Wachhaus (heute Verkehrsbüro) sowie das *Steinerne Haus*. Die 1659/60 für den Hofmarschall Jakob von Hoff errichtete Dreiflügelanlage beherbergt heute das *Museum der Schwalm.*

Fachwerkrathaus Treysa mit Schieferanbau

Ehemalige Stadtherberge

Der um 1560 erbaute und 1824 erneuerte Fachwerkbau in der Wiederholdstraße 22 ist das Geburtshaus Carl Bantzers, eines der bekanntesten Maler der Künstlerkolonie Willingshausen. Heute befindet sich dort der Gasthof Löwe.

Schloss Rommershausen

Das Schlösschen gilt als Schmuckstück ländlicher Renaissance in Hessen. Im Jahr 1535 kaufte Reichart Rinck das Areal und begann 1539 mit dem Bau der Schlossanlage. Drei Einzelgebäude gruppieren sich um einen trapezförmigen Hof. Das Fachwerkgeschoss des Nordflügels (1539) erhebt sich über einem massiven Unterbau. Portal und Fenster des Ostbaus sind mit Formen der Spätgotik und Frührenaissance wie Ranken, Fabelwesen und bildhaften Darstellungen versehen. Der dritte Flügel wurde 1672 im Barockstil errichtet.

Mühle Dittershausen

Mühle Dittershausen

Der alte Gutsbezirk neben dem Schwalmübergang in Dittershausen ist seit 1786 im Besitz der Familie von Dörnberg. Die zum Gut gehörende Mühle liegt am von der Schwalm abgezweigten Mühlgraben und dient noch heute der Stromerzeugung.

Fachwerkkirche Florshain

Die Kirche wurde auf einem Sandsteingeschoss erbaut. Die gotischen Fenster im massiven Mauerwerk des Untergeschosses lassen vermuten, dass die Florshainer Kirche bereits im 13. oder 14. Jahrhundert existierte. In ihrem Innern steht noch ein spätgotischer Taufstein aus dem Jahre 1520.

Fachwerkkirche Florshain

Museen

Museum der Schwalm

Seit 1938 ist das *Steinerne Haus* Sitz des Museums. Hier finden Sie eine sehenswerte Ausstellung von Schwälmer Trachten, Volkskunst, Geräten, Möbeln, Weißstickerei und mittelalterlicher Keramik.

ADRESSE: Museum der Schwalm, Paradeplatz, Schwalmstadt-Ziegenhain, ☎ 06691/3893. ÖFFNUNGSZEITEN: Di. bis Sa. 10.00–12.00 und 15.00–17.00 Uhr, So. 11.00–12.00 und 15.00–17.00 Uhr. Im Sommer ist an den Wochenenden durchgehend geöffnet.

Friedensmuseum Trutzhain

Von 1939 bis 1946 bestand in Trutzhain das Kriegsgefangenenlager STALAG IX A.

Steinernes Haus/Museum der Schwalm in Ziegenhain

Nach Kriegsende wurden die Lagerbaracken erste Heimstätte vieler Flüchtlinge und Vertriebener. 1951 entstand aus dem ehemaligen Lager die jüngste Gemeinde des Altkreises Ziegenhain. Die alten Barackenbauten und die Lagerstruktur stehen heute unter Denkmalschutz. Das eingerichtete Friedensmuseum gibt einen Einblick in die Geschichte des ehemaligen Kriegsgefangenenlagers.
ADRESSE: Friedensmuseum, Königsberger Straße 3, Schwalmstadt-Trutzhain. ÖFFNUNGSZEITEN: So. 11.00–13.00 Uhr sowie nach Absprache mit Herrn Munk, ☎ 06691/6161.

Natur und Landschaft

Hügelgrab

Um 1930 wurde auf dem Hopfenberg oberhalb von Wiera ein Hügelgrab aus der Bronzezeit freigelegt. Der das Hügelgrab umgebende steinerne Ring und die Grablege in der Mitte sind heute noch gut zu erkennen. Bekannt ist Wiera auch für seinen so genannten Albstein, der der Sage nach bei einem Streit der Riesen auf der Landsburg und der Amöneburg hierher geschleudert wurde.

Freizeitangebote

Schwimmbäder

Europabad (Hallenbad), Pestalozzistraße, Schwalmstadt-Treysa, ☎ 06691/919300.
ÖFFNUNGSZEITEN: Mo. von 14.00–17.00 Uhr, Di. bis Fr. von 14.00–20.00 Uhr, Sa. von 10.30–15.30 Uhr, So. von 9.00–10.30 Uhr.

Badespaß in Ziegenhains Freibad

Freibad Ziegenhain, Loriolstraße, Schwalmstadt-Ziegenhain, ☎ 06691/4967.
ÖFFNUNGSZEITEN: Mai bis September täglich 7.30–17.00 Uhr, an Warmwettertagen bis 19.30 Uhr.

Segelfliegen

Die Flugsportvereinigung Schwalm e. V. bietet Ihnen die Möglichkeit zum Erwerb eines Segelflugscheins bzw. die Möglichkeiten zu Übungsflügen.

Segelflugsport in der Schwalm

Die Ausbildung wird durch vier Fluglehrer gewährleistet. Der vereinseigene Flugzeugpark besteht aus zwei Doppelsitzermaschinen, drei Kunststoffeinsitzermaschinen und einem Oldtimer-Flugzeug. Diejenigen, die erst einmal in den Segelflugsport „hineinschnuppern" möchten, können an einem der an den Wochenenden angebotenen Rundflüge teilnehmen. Telefonische Terminabsprache unter ☎ 06691/3146.

Rad- und Wanderwege
Ausführliche Informationen zu Wander- und Radwandertouren erhalten Sie bei der Schwalm-Touristik e. V. in Schwalmstadt-Ziegenhain unter der o. g. Adresse.

Reiten
Reitsportfreunde können nach vorheriger Terminabsprache, ☎ 06691/6261, in der Sportanlage des *Kreisreitervereins der Schwalm e. V.* ihrem Hobby nachgehen. Weitere Möglichkeiten bieten *Lothar Ferau*, Landgraf-Karl-Straße 44, Schwalmstadt-Frankenhain, ☎ 06691/23385 und *Heinz Hermann Schmerer*, Blumenauer Straße 6, Schwalmstadt-Allendorf, ☎ 06691/23377.

Inline-Skating
Inline-Skatern bieten sich rund um das Hochwasserrückhaltebecken zwischen Treysa und Ziegenhain hervorragende Möglichkeiten. Dort sind zwei gut asphaltierte Strecken (Rot/Blau) ausgewiesen, die kombiniert eine Gesamtlänge von über 12 Kilometer aufweisen.

Feste und Veranstaltungen

„Salatkirmes" Ziegenhain (alljährlich am zweiten Wochenende nach Pfingsten)
„Hutzelkirmes" (zweites Augustwochenende)
Michaelismarkt (dritter Sonntag im September)
Weihnachtsmarkt Ziegenhain (drittes Adventswochenende)
„Scherzmarkt" – traditioneller Treysaer Markttag (28. Dezember)

„Hutzelkirmes" in Treysa (oben); „Salatkirmes" in Ziegenhain (unten)

Sontra

(Werra-Meißner-Kreis)

EINWOHNER: 9 665. STADTTEILE: Berneburg, Blankenbach, Breitau, Diemerode, Heyerode, Hornel, Krauthausen, Lindenau, Mitterode, Sontra, Stadthosbach, Thurnhosbach, Ulfen, Weißenborn, Wichmannshausen, Wölfterode. Die alte Berg- und Hänselstadt lag ursprünglich auf thüringischem Boden und hat eine bewegte Grenzlandgeschichte hinter sich.

Die Ersterwähnungsurkunden einiger Stadtteile Sontras reichen bis in das 8. und 9. Jahrhundert zurück. Ulfen, der älteste Stadtteil, der damals an der bedeutenden Nürnberger Straße lag, wurde am 5. Januar 775 erstmals genannt. Auch Sontra findet im 8. Jahrhundert erstmalig Erwähnung. Das Jahr der Stadtgründung lässt sich nicht feststellen, doch werden im Jahre 1368 die städtischen Privilegien und Rechte von Landgraf Heinrich II. erneuert und bestätigt.

Blick auf den Luftkurort Sontra

Eng verbunden mit der Geschichte der Stadt war jahrhundertelang der Kupferschieferbergbau. In Sontra wurden die ersten Berggerichte gehalten, und die 1499 in Sontra geschaffene „Bergwerksordnung" diente vielen Bergbaugebieten Deutschlands als Vorbild. Sontra gehörte auch zu der großen Zahl der Landstädte, die den Städteverein der freien Hanse bildete. Seit dieser Zeit wird Sontra unter dem Namen einer „Hänselstadt" erwähnt.

ⓘ Information

Tourist-Information Sontra, Marktplatz 7, 36205 Sontra, ☎ u. 🖷 05653/977717, ✉ touristinfo@sontra.de

In Sontra sind Gäste willkommen

☞ Stadtführungen

Stadtführungen werden von Mai bis September jeden ersten und dritten Do. im Monat angeboten. Um Anmeldung bei der Tourist-Information bis zum Vortag wird gebeten. Treffpunkt ist um 15.00 Uhr an der Tourist-Information. Weitere Termine nach Vereinbarung.

Sehenswertes

Rathaus

In den Jahren von 1668–1670 von Jakob Schaller auf den Grundmauern des im Drei-

Ansicht von Sontra (oben); Innenansicht der Marienkirche in Trendelburg (unten)

Auf der Freilichtbühne in Twiste (oben); ein Sommertag in Elleringhausen, Twistetal (unten)

Markttag in Wanfried (oben); Werra mit Hafen von Wanfried an der „Deutschen Fachwerkstraße“ (unten)

Die gewaltige Staumauer des Edersees (oben); Burg Waldeck thront hoch über dem Edersee (unten)

ßigjährigen Krieg zerstörten Vorgängerbaus errichtetes Fachwerkrathaus mit einem achteckigen Dachreiter und einer „Wintreppe". Die zum Markt hin gerichtete Seite ist mit einem mehrgeschossigen Giebel versehen. „Mannformen" und Andreaskreuze als Verzierungen.

Stadtkirche
Die Ende des 15. Jahrhunderts erbaute Stadtpfarrkirche mit ihrem Glockenturm aus dem 12. Jahrhundert ist das Schmuckstück Sontras. Sie steht am höchsten Punkt der Stadt und kann auch heute nur über Treppen erreicht werden.
Die Langhauspfeiler werden von ornamentalen Malereien aus dem Jahr 1568 geschmückt. Sehenswert ist die 1710–1711 von Johann Adam Gundermann erbaute Orgel mit drei Türmen. Der Schlüssel zur Besichtigung der Kirche ist im Pfarrhaus gegenüber erhältlich.

Ruine Boyneburg
Auf dem höchsten Punkt der Wichmannshäuser Gemarkung liegt die alte Reichfeste Boyneburg. Sie war schon in der Jungsteinzeit eine Fluchtburg. Ihre urkundliche Ersterwähnung findet sich im Jahre 1107, als Heinrich V. ihre Zerstörung befahl. 1144 kam sie als Reichsfeste an das Deutsche Reich. Friedrich Barbarossa machte die Burg zu einem seiner bevorzugten Aufenthaltsorte und besuchte sie in den Jahren 1156,1166 und 1188. Bei seinem letzten Besuch stiftete er die Burgkapelle. Während des Dreißigjährigen Krieges wurde die Burg zerstört und verfiel. Heute ist sie, insbesondere am Himmelfahrtstag, Wanderziel von Tausenden. An diesem Tag findet, altem Brauchtum folgend, „die Speck- und Brotspende an die Armen des Gerichts der Boyneburg" statt.

Kirche Diemerode
Die Kirche Diemerodes ist von kunsthistorischem Wert. An den frühgotischen Rechteckchor des 13. Jahrhunderts wurde 1757 ein Saalbau angefügt. Im Turm der 1757 wieder erbauten Kirche erklingt ein harmonisch abgestimmtes Geläut. Darunter befindet sich eine 1485 gegossene besonders schwere und wertvolle Marienglocke. Diese Glocke zählt neben der Berneburger Glocke zu den seltenen „Ossana-Glocken".

Museen

Steinmühlenmuseum mit Backhaus
Die einzige funktionsfähige Steinmühle im Werra-Meißner-Land lädt sie von Mai bis September jeden Sa. von 10.00–12.00 und 14.30–17.00 Uhr zu einem Besuch ein. Sonderführungen und Brotbacken nach telefonischer Anmeldung bei der Tourist-Information Sontra, ☎ 05653/977717 oder Ingrid Diedicke, ☎ 05653/8643.

Museum im alten Boyneburger Schloss
Das Museum hat sich zur Aufgabe gemacht das bäuerliche Leben früherer Zeiten im Umkreis derer von Boyneburg darzustellen.
ADRESSE: Schlossplatz 1, Sontra-Wichmannshausen, ☎ 05658/8294. ÖFFNUNGSZEITEN: Mai bis September So. 14.00–16.00 Uhr. Führungen nach Anmeldung unter ☎ 05658/ 8294, 05653/7676 oder 05658/562.

Kleines Bergbaumuseum – Sontraer Bergknappen
Am Marktplatz – unter dem Rathaus. Geöffnet von Mai bis September jeden Sa. von 10.00–14.00 Uhr. Anmeldung bei der Tourist-Information.

Natur und Landschaft

Vogellehrpfad

Am Mühlberg – Mühlbergstraße.

Waldlehrpfad

Der oberhalb der Tennisplätze/Feriendorf der AWO angelegte Waldlehrpfad möchte insbesondere Kindern auf unkomplizierte Art und Weise die Zusammenhänge der Natur näher bringen.

Freizeitangebote

Rad- und Wanderwege

Wanderer wie Radfahrer finden in und um Sontra gut ausgezeichnete Wege durch Wald und Flur. Bei der Tourist-Information ist eine Rad- und Wanderkarte erhältlich. Dort ist man Ihnen auch gerne bei der Tourenplanung behilflich. Die Fa. Radsport-Hesse bietet zudem jeden So. von 14.00–16.15 Uhr geführte Radtouren mit dem MTB an.

Fahrradverleih: *Fa. A. Krawczyck*, Freiherr-vom-Stein-Straße, Sontra, ☎ 05653/91235, *Fa. Radsport-Hesse*, Lindenauer Straße 3, Sontra, ☎ 05653/7895 und *Fahrradhandel Bodenstein*, Alter Graben 9, Sontra-Wichmannshausen, ☎ 05658/527.

Schwimmbad

ADRESSE: *Freizeit- und Erlebnisbad*, Sontra. *Öffnungszeiten:* während der Sommermonate täglich von 8.30–19.30 Uhr.

Reiten

Reitsportfreunde können auf den Reitsportanlagen am Sportzentrum „Langhelle" in Sontra und in Sontra-Mitterode sowie Sontra-Hübenthal ihrem Sport nachgehen. Der Ländliche Reit- und Fahrverein e. V. Sontra–Berneburg–Nentershausen unterhält zudem eine Reitanlage in Sontra-Hübenthal. Anmeldung bei Christian Siebald, Rettenhof, 0171/ 4907711.

Die „Elfengrotte" bei Sontra

Kutsch-/Planwagenfahrten

E. Endele, Rendaer Straße 12, Sontra-Ulfen, ☎ 05653/7345 und *Fam. Schmauch/Roglin*, Kupferstraße 14, Sontra-Hornel, ☎ 05653/ 18161.

Motor-/Segelfliegen

Wagemutige und andere Interessierte können vom Segelflugplatz des Mittelhessischen Vereins für Flugsport auf dem Dornberg zu einem Rundflug über Sontra und Umgebung starten. Mitflugmöglichkeiten bestehen bei Flugwetter an jedem Wochenende und an den Feiertagen.

Nähere Auskünfte erhalten Sie beim Mittelhessischen Verein für Flugsport e. V., Geschäftsadresse: K. Stuhr, Bahnhofstraße 24, Sontra. ☎ Flugplatz: 05653/1607, 🖷 05653/ 978026.

Spangenberg

(Schwalm-Eder-Kreis)

EINWOHNER: 6 796. Stadtteile: Bergheim, Bischofferode, Elbersdorf, Herlefeld, Landefeld, Metzebach, Mörshausen, Nausis, Pfieffe, Schnellrode, Spangenberg, Vockerode-Dinkelberg, Weidelbach.
Überragt vom über 760-jährigen Jagdschloss, erstreckt sich Spangenberg entlang der idyllischen Täler von Pfieffe und Esse mitten im Kurhessischen Bergland. Die Anfänge der Stadt und des Schlosses liegen zu Beginn des 13. Jahrhunderts. Im Jahre 1261 wird die Stadt erstmals urkundlich erwähnt und erhält 1309 die Stadtrechte.
Im Jahre 1637 brandschatzten kroatische Söldner 84 Häuser der Stadt. In Schutt und Asche liegend, dauerte es viele Jahre bis zum Wiederaufbau der Stadt. Fortan bestimmte das Ackerbürgertum das tägliche Leben der Stadt.
Bis in das letzte Jahrhundert hinein bestimmten Leineweberei und Schuhmacherhandwerk das Gewerbe. Heute ist Spangenberg der weltgrößte Produktionsstandort von Sägebändern zur Metallbearbeitung. Bekannt ist die Stadt aber vor allem durch das alljährlich stattfindende Internationale Reitturnier CSI Spangenberg.

ⓘ Information

Stadt Spangenberg, Marktplatz 1, 34286 Spangenberg, ☎ 05663/5090-0, 🖷 05663/5090-26, 💻 www.spangenberg.net
Service-Center Spangenberg, Kirchplatz 4, 34286 Spangenberg, ☎ 05663/7297, 🖷 05663/930406, ✉ ServiceCenter@spangenberg.de

☞ Stadtführungen

Stadtführungen sind für Gruppen jederzeit auf Anfrage möglich. Die Stadt- und Schlossführung dauert etwa 90 Minuten.

Sehenswertes

Altstadt

Die Spangenberger Altstadt zählt zu den schönsten mittelalterlichen Fachwerkensembles Hessens. Dicht gedrängt stehen hier die Fachwerkhäuser aneinander. Sie stammen vorwiegend aus dem Mittelalter und der Zeit der Renaissance. Insbesondere rund um den Marktplatz findet man eine erstaunliche bauliche Geschlossenheit. Hier steht auch das älteste Haus Spangenbergs, das vermutlich im 14. Jahrhundert errichtet wurde. An einigen Häusern befinden sich beachtenswerte Haustüren im Renaissance-, Rokoko- und Zopfstil. Die Stadtmauer mit ihren Türmen und Toren umschließt noch heute die Altstadt.

Schloss

Erbaut wurde das Schloss in den Jahren von 1235–1237. Erste Bewohner des Schlosses waren die Ritter von Treffurt, die von den Grafen von Ziegenhain mit der Herrschaft über Spangenberg belehnt worden waren. Später wurde das Schloss von den Landgrafen von Hessen über Jahrhunderte als Jagdschloss und Witwensitz genutzt. Im Jahre 1945 fiel das Schloss einem Brandgranatenangriff zum Opfer, so dass heute von der ursprünglichen Burgfeste aus dem 13. Jahrhundert nur noch ein rundbogig gewölbter Keller über einem einstmals 126 Meter tiefen Brunnen erhalten ist. Von 1951–1985 wurde das Schloss komplett wieder aufgebaut und wird seitdem als Hotel und Restaurant genutzt.

Vom Schloss aus kann man einen herrlichen Ausblick über Stadt und Land genießen. Informationen über Hotel und Schloss Spangenberg, ☎ 05663/7297.

Rathaus
Architektonisch fällt das Rathaus aufgrund der im 19. Jahrhundert nicht nach denkmalpflegerischen Gesichtspunkten vorgenommenen baulichen Veränderungen etwas aus dem Rahmen.
An der Nordwestseite befindet sich ein Pranger mit Halseisen und schweren, fratzenverzierten Prangersteinen.

Marktplatzbrunnen
Geschmückt wird der Brunnen von einem gusseisernen Liebespaar, welches Else, die Tochter eines Bürgermeisters, und Kuno, einen Handwerker, darstellt, wie sie gemeinsam vor Erschöpfung starben nachdem sie die Bedingung für ihre Hochzeit – eine Wasserleitung für Spangenberg zu bauen – nicht erfüllen konnten.

Stadtkirche
Die evangelische Pfarrkirche St. Johannes wurde vom 13. bis 15. Jahrhundert im romanisch-gotischen Baustil errichtet.
Im Innern sind die spätgotische Pieta – eine Marienfigur mit dem gestorbenen Jesus – und die Orgel aus dem 18. Jahrhundert einen Besuch wert.

Museen

Heimatmuseum
ADRESSE: Heimatmuseum im Burgsitz, Brauhausplatz, Spangenberg, ☎ 05663/7297. ÖFFNUNGSZEITEN: Sa., So. und an Feiertagen 14.00–17.00 Uhr.

Jagdmuseum
Das Schloss- und Jagdmuseum besteht aus drei Ausstellungsräumen im ehemaligen Zeughaus. Der erste Raum widmet sich historischen und zeitgenössischen Jagdarten. Der zweite Raum dokumentiert die Entwicklung der Jagdmalerei vom 17. bis zum 20. Jahrhundert. Im dritten Raum findet sich eine Darstellung der Schlossgeschichte vom Mittelalter bis zum 19. Jahrhundert und der Geschichte der Forstschule.
ADRESSE: Schloss- und Jagdmuseum, Schloss Spangenberg, ☎ 05663/7297. ÖFFNUNGSZEITEN: Sa., So. und an Feiertagen 14.00–17.00 Uhr.

Natur und Landschaft

Waldlehrpfad
Der Waldlehrpfad der Liebenbachstadt ist über das Forstamt am Scheideweg erreichbar.

„Vockeröder Heide"
Die einzigartige Heidelandschaft liegt oberhalb der Vockebaches zwischen Spangenberg und Vockerode.

Aussichtspunkte
Vom Kreuzberg (333 Meter) zwischen Bergheim und Eubach kann man einen schönen Ausblick auf die umliegende Landschaft genießen.

Freizeitangebote

Rad- und Wanderwege
Die ausgeprägte Mittelgebirgslandschaft mit ihren riesigen Laub- und Nadelwäldern lädt geradezu zum Wandern und Radfahren ein. Die Radwege R 12 (Chattengau–Fulda-Weg) und R 18 (Beisetalweg) führen durch das Stadtgebiet. Das Service-Center bietet Ihnen

ausgewählte (Rad-)Wandertouren von unterschiedlicher Länge und Dauer an. Ob Barbarossaweg (X 8) mit dem Projekt „Kunst am Wanderweg“, Wildbahn (X 3), Hessenweg 3 und 8, Franzosenstraße (F 8); Riedforstweg (R 18), Teile des Bartenwetzerpfads, Schusterpfad von und nach Kassel, Rundwanderwege oder Durchgangswanderstrecken, für jeden ist etwas dabei. Radwanderer können auf Vorbestellung vor Ort ein geeignetes Fahrrad mieten. Ausführliche Informationen erhalten Sie beim Service-Center unter o. g. Adresse.

Schwimmbäder
Das Spangenberger *Freibad* liegt an der idyllischen Pfieffe und ist in den Monaten Mai bis September täglich von 8.00–18.00 Uhr geöffnet.
Das *Hallenbad* liegt zentral in der Innenstadt und öffnet von Oktober bis Mai die Pforten für seine Besucher. ÖFFNUNGSZEITEN: Di., Do., Fr. 9.15–12.00 und 15.00–21.00 Uhr, Mi. 15.00–21.00 Uhr, Sa. 9.15–17.00 Uhr, So. und an Feiertagen 9.00–13.00 Uhr.

Reiten
Informationen erhalten Sie beim *Reit- und Fahrverein Spangenberg e. V.*, Blaubach 18, Spangenberg, ☎ 05663/814 und beim *Reitsportverein Spangenberg „Teichmühle e. V.“*, Luis Salzmannstraße 4, Spangenberg, ☎ 05663/1296.

Feste und Veranstaltungen

Altstadtfest (Mai)
Internationales Reitturnier CSI (Ende Juli)
Backhausfest (wöchentlich im Sommer)
„Frühstück mit Kuno und Else“ (Ende August)
Internationaler Adventsmarkt (1. Advent)

Trendelburg

(Landkreis Kassel)

EINWOHNER: 5 790. Trendelburg und die Ortsteile Deisel, Eberschütz, Friedrichsfeld, Gottsbüren, Langenthal, Sielen, Stammen.
Etwa 30 Kilometer nördlich der Documenta-Stadt Kassel liegt das beschauliche Fachwerkstädtchen Trendelburg. Hier, wo Deutsche Märchen- und Fachwerkstraße gemeinsam verlaufen und der Diemelradweg entlang führt, überragt weithin sichtbar die auf einem Felsen erbaute Burg Trendelburg das idyllische Diemeltal. Erstmals 1303 urkundlich als Burg Trindirberg erwähnt, wird das trutzige Bauwerk heute als Hotel genutzt.

Burg Trendelburg

ⓘ Information

Stadtverwaltung Trendelburg, Marktplatz 1, 34388 Trendelburg, ☎ 05675/74 99-0, 🖷 05675/7499-30, ✉ stadt@trendelburg.de, 💻 www.trendelburg.de; Verkehrsamt Trendelburg, ☎ 05675/7499-18.

☞ Stadtführungen

Trendelburg bietet verschiedene Themenführungen an:
Rundgang zur Geschichte der Stadt und Burg. Harald Schmidt, ☎ 05675/7499-18, stadt@trendelburg.de · *Trendelburg für Kinder.* Wo Rapunzel den Zopf herunterlässt. Die Sage von der Trendula. Ingrid Vossen, ☎ 05675/7499-18 oder 6314 · *Märchenführungen* in Originalkostümen. Dieter Uffelmann, ☎ 05671/5070-400 · *Forstliche Führungen,* Förster Vollmer, ☎ 05675/5847 · *Geologische Führungen*, Naturdenkmal „Wolkenbruch", Peter Naumann, ☎ 05671/3841, Gruppen ab 12 Personen.

Sehenswertes

Burg Trendelburg

Das Wahrzeichen der Stadt ist die Burg Trendelburg. Eine erste Erwähnung findet die Burg in einer Urkunde aus dem Jahr 1303. Auf Grund der Besiedlungsgeschichte an der Diemel geht man jedoch davon aus, dass sie viel älter ist.
Die seltene fünfeckige Anlage lässt im Vergleich mit anderen Bauwerken auf einen keltischen Ursprung schliessen. Noch heute verbindet eine Brücke, die über den tiefen Burggraben führt, Stadt und Burg. Die aus Sicherheitsgründen im Winkel gebaute Eingangspforte kann man nur in gebückter Haltung passieren.
Die gut erhaltene Burg ist heute Hotel – Restaurant mit einer Aussichtsterrasse und dient als Veranstaltungsort für Hochzeiten und Tagungen. Hier lässt Rapunzel im Sinne des Grimmschen Märchens ihren Zopf herunter. Informationen unter ☎ 05675/9090.

Marienkirche

Die von zahlreichen Brandkatastrophen heimgesuchte spätgotische Kirche zeigt dem Besucher heute noch vollständig erhaltene mittelalterliche Fresken. Kunstexperten schließen aus der Qualität, der Präzision der Darstellung und der individuellen Interpretation des Bibeltextes auf einen weit gereisten ortsfremden Freskenmaler. Beeindruckend auch die mannshohe, steinerne Reliefgrabplatte von 1578, die in die Mauer außen an der Kirche eingelassen ist.
ADRESSE: Marienkirche Trendelburg, Zur Burg 1. ÖFFNUNGSZEITEN: Anfang April bis Ende September.

Spätgotisches Rathaus

Es gibt keine Hinweise auf das Erbauungsjahr dieses mit ungefügten Eichenbalken versehenen Fachwerkgebäudes. Das dreistöckige Traufenhaus mit einem Spitzbogenportal entstand mit Sicherheit erst nach einer Feuersbrunst 1443. An die „ Marktgerechtigkeit" des Ortes einnert heute noch die Trendelburger Elle, die am Pfosten des Tores befestigt ist.

Wasserschloss Wülmersen

Im Jahr 1987 begann der Landkreis Kassel mit den Sanierungsarbeiten am Wasserschloss Wülmersen. Zielsetzung war der Ausbau des Wasserschlosses zu einer – mittlerweile fertiggestellten – *Jugendbegegnungsstätte*. Weiterhin befindet sich das *„Agrarhistorische Aktionsmuseum"* in den restaurierten Räumen eines kleinen Cafés.

Spätgotisches Rathaus Trendelburg

Taufstein der Wallfahrtskirche in Gottsbüren

Nähere Informationen unter Wasserschloss Wülmersen ☎ 05675/1523, Führungen, ☎ 05671/50643, Buchungen, ☎ 05671/409246.

Wasserschloss Wülmersen

Wallfahrtskirche Gottsbüren

Etwa um 1329 verbreitete sich das Gerücht, man habe bei Gottsbüren im Reinhardswald den Heiligen Leichnam des Herrn wohlerhalten, unverwest, mit den blutigen Merkmalen seiner Kreuzigung gefunden. Die dann einsetzende Wallfahrt wurde vom Kloster Lippoldsberg übernommen. Die reichlich fließenden Gelder ermöglichten den Bau der dem „heiligen Leichnam" geweihten Kirche (1331/32); zu jener Zeit ein Wallfahrtsort von europäischer Bedeutung. In zwei weiteren Bauabschnitten entstand eine dreischiffige Hallenkirche

aus Bruchsteinmauerwerk. Bemerkenswert sind die erhaltenen Fresken und die Heeren – Euler Orgel aus der Zeit um 1755. Sie ist ein Beispiel für die Orgelbautradition in Gottsbüren.
ADRESSE: Am Kirchhof 1/Sababurger Straße. Die Kirche ist ganzjährig geöffnet und kann besichtigt werden.

Museen

EAM-live-Museum Wasserkraftwerk Wülmersen
Das zwischen Trendelburg und Bad Karlshafen gelegene Wasserkraftwerk wurde in den Jahr 1921–1924 erbaut. Von 1985–1987 wurde es modernisiert und zu einem Technik-Museum ausgebaut. Mit Einrichtungen dieser Art gewährt die EAM Einblicke in die Entstehung und Entwicklung der Elektrizitätsversorgung.
ADRESSE: EAM – live-Museum Wasserkraftwerk Wülmersen, 34388 Trendelburg, in Kassel: EAM, Monteverdistraße 2, 34131 Kassel. ÖFFNUNGSZEITEN: Mi. 9.00–12.00 Uhr, für Gruppen nach Vereinbarung, ☎ 0561/933-1056. Führungen. Herr Hagedorn, Ansprechpartnerin in Kassel: Fr. Pfeil.

Agrarhistorisches Museum im Wasserschloss Wülmersen
Öffnungzeiten: Mai bis Oktober, Mo. bis Do. 9.00–15.30 Uhr, Fr. bis 13.00 Uhr, Sa. 14.00– 17.00 Uhr, So. 11.00–18.00 Uhr, ☎ 05675/ 1523.

Kultur

Trendelburger Kunsttage in Kirche und Rathaus Trendelburg im Mai/Juni, Info: www.trendelburg.de

Kulturelle Veranstaltungen im Künstler Café Karl-F. Sielen, Oberer Weg, ☎ 05675/1514, 💻 www.karlfhofeditz.de, geöffnet Fr., Sa., So., Feiertage, 1. Mai bis 31. Oktober, 10.00– 20.00 Uhr.
Bildhauerwerkstatt Steiner, ☎ 05675/9347 – Der Bildhauer R. Steiner betreibt auf dem Gelände des Hofguts Stammen seine Bildhauerwerkstatt.

Am „Wolkenbruch“

Natur und Landschaft

Der „Wolkenbruch“
Der „Wolkenbruch“ befindet sich einige Meter abseits der Landstraße zwischen Trendelburg und dem Stadtteil Friedrichsfeld. Der auf einer Hochfläche unvermutet auftauchende, rund 45 Meter tiefe und 470 Meter im Umfang messende Trichter stellt eine landschaftliche und geologische Besonderheit dar. Nach einer Sage ist hier die Namensgeberin Trendelburgs, die Riesin Trendula, versunken. Der „Nasse Wolkenbruch“,

zu dem sich in rund 600 Metern Entfernung in westlicher Richtung ein „Trockener Wolkenbruch“ anschließt, steht inzwischen unter Naturschutz.

Freizeitangebote

Rad- und Wanderwege
Über 220 Kilometer markierte Rad- und Wanderwege laden den Besucher zur Erkundung der Umgebung ein.
Der 110 Kilometer lange Diemelradweg beginnt mit der Diemelquelle in Willingen, Sauerland und begleitet den Fluss bis zur Mündung in Bad Karlshafen.
Der Märchenlandweg verbindet Orte, die für Besucher mit Interesse an Märchen z. B. der Brüder Grimm unterwegs sind. Der Hessenfernradweg R 4 führt ebenfalls durch das Stadtgebiet.
Kartenmaterial mit Tourenvorschlägen erhalten Sie im Verkehrsamt.

Boot-/Kanufahren
Mit der Diemel sozusagen vor der Haustür eignet sich Trendelburg ideal als Ausgangspunkt für eine Kanuwanderung. Vom *Hofgut Stammen* aus können Sie Fr. bis So. sowie an Feiertagen (in den Sommerferien täglich) Kanutouren unterschiedlicher Länge unternehmen.
Vor der Abfahrt erhalten Sie eine Einweisung in die Paddeltechnik und das Verhalten auf dem Fluss.
Zu den Leistungen zählt neben dem Bereitstellen der Ausrüstung auch der Personen- und Bootstransfer.
Kanustation Schumacher auf dem Hofgut Stammen, ☎ u. 🖷 05675/725905 oder 05642/7682 und 💻 www.kanutouristik.de

Reiten
Rancho Paradiso – Westernreiten in Trendelburg – Gottsbüren, Fam. Apel, Bensdorf 1, ☎ 05675/725300, 📱 0172/5606288, 🖷 05675/725301, Reitkurse und Unterricht, Ranchurlaub und Wanderreiten, Pferdetraining und Ausbildung.
Für Kinder wird auf dem *Hofgut Stammen im „Hofgut Ponyland“* Reiten auf Ponies angeboten.
Auch eine Wanderreitstation sowie Gastboxen und -koppel und ein Streichelzoo befinden sich auf dem Hofgut, ☎ 05675/725094.
Kamelreiten – Diese besondere Art der Fortbewegung ist möglich bei Fam. Rosenberger, Sielen, ☎ 05675/9771.

Kutsch – und Planwagenfahrten
Sigfried Hoyer, Exen 5, ☎ 05675/5031, *Ferienhof Romberg*, Friedrichsfeld, ☎ 05675/ 309, *Hofgut Stammen*, ☎ 05675/725094.

Angeln
Angelscheine in Trendelburg, Fam.Conradi, Campingplatz, Zur Alten Mühle 10, ☎ 05675/301, Jörn Fülling, Trendelburg, ☎ 05675/725992 oder 📱 0173/2994842.

Feste und Veranstaltungen

Trendelburger Kunsttage (Mai/Juni)
Kirschkernweitspucken in Langenthal (August)
Heimatfest in Trendelburg (September)
Tag des offenen Denkmals im „Wasserschloss Wülmersen“ (September)
Schweinetrogrennen in Eberschütz (September)
Weihnachtsmarkt (Dezember)

Twistetal

(Landkreis Waldeck-Frankenberg)

EINWOHNER: 4 900. ORTSTEILE: Berndorf, Elleringhausen, Gembeck, Mühlhausen, Nieder-Waroldern, Ober-Waroldern, Twiste.

Blick ins Twistetal

Ansicht vom Dorfplatz in Twiste mit Mehrzweckhalle und Rathaus

Zwischen den Mittelzentren Bad Arolsen und Korbach liegt die Großgemeinde Twistetal. Ihren Namen verdankt sie dem Bachlauf der Twiste, die in der Gemarkung des Ortsteiles Berndorf entspringt und sich in einem malerischen Tal durch einen großen Teil des Gemeindegebietes schlängelt.

ⓘ Information

Gemeindeverwaltung Twistetal, Domäne 10, 34477 Twistetal, ☎ 05695/9799-0, 🖷 05695/9799-33, ✉ mathias.strake@twistetal.de

Sehenswertes

Historische Bausubstanz
Besonders sehenswert sind die gepflegten Fachwerkhäuser in den Ortsteilen sowie die romanischen Dorfkirchen in Twiste und Berndorf. Die Kirche in Nieder-Waroldern besitzt einen bedeutenden Flügelalter aus der Klosterkirche in Korbach, der 1519 von einem Korbacher Franziskaner gemalt wurde.

Kultur

Freilichtbühne Twiste
Über die Grenzen des Landkreises hinaus bekannt sind die Aufführungen der Freilichtbühne Twiste. Informationen zum Spielplan und den einzelnen Aufführungen erhalten Sie bei der Freilichtbühne Twiste e. V., Im Bangern 4, Twistetal oder bei der Gemeindeverwaltung. Ein Info-Telefon unter ☎ 05695/8135 gibt erste Auskünfte. ✉ FreilichtbuehneTwiste@web.de

Historische Bausubstanz: Die Dorfkirche in Nieder-Waroldern mit bedeutendem Flügelaltar

Freizeitangebote

Schwimmbäder

Freibad Twiste, ☎ 05695/1661 und *Freibad Berndorf*, ☎ 05695/ 62709.

ÖFFNUNGSZEITEN: außerhalb der Ferienzeit von 13.30–19.30 Uhr, während der Ferienzeit von 10.30–19.30 Uhr, jeweils am Di. (Twiste) und Mi. (Berndorf) bis 21.00 Uhr.

Vellmar

(Landkreis Kassel)

EINWOHNER: 19 342. ORTSTEILE: Obervellmar, Niedervellmar, Frommershausen und Vellmar-West.

1967 schlossen sich die bis dahin selbstständigen Dörfer Niedervellmar und Frommershausen zur Gemeinde Vellmar zusammen. 1970 kam, ebenfalls in freier Entscheidung, Obervellmar hinzu. Anlässlich der 1 200-Jahr-Feier wurden Vellmar am 30. August 1975 die Stadtrechte verliehen; es entstand die jüngste Stadt im Landkreis Kassel.

ⓘ Information

Magistrat der Stadt Vellmar, Rathausplatz 1, 34246 Vellmar, ☎ 0561/8292-0, 🖷 0561/ 8292-171, ✉ info@vellmar.de, 💻 www.vellmar.de

Kultur

Piazza – Kleinkunstbühne

Comedy – Kabarett – Musik – das Piazza bietet etwa fünfzig Veranstaltungen im Jahr.

ADRESSE: Piazza Vellmar, Nähe Festplatz und Hallenbad, ☎ 0561/8292-161 oder -185 und 8200647, 🖷 0561/8292-171. ✉ Gerhard. Klenner@vellmar.de. Die aktuelle Programmvorschau gibt es im Internet unter 💻 www.vellmar.de

Freizeitangebote

Schwimmbäder

ADRESSE: Freibad Vellmar, Heckershäuser Straße 3, Vellmar-Obervellmar, ☎ 0561/ 8200648. ÖFFNUNGSZEITEN: in den Sommermonaten Mo. bis So. täglich von 8.30–20.00 Uhr; bei Wassertemperaturen unter 17° C verkürzte Badezeiten.

ADRESSE: Hallenbad Vellmar, Brüder-Grimm-Straße 11, Vellmar, ☎ 0561/8200656. ÖFFNUNGSZEITEN: ganzjährig (Sommerpause Juli/ August) Mo. 15.00–21.30 Uhr (12.30–15.00 Uhr Senioren und Schwerbeschädigte; 15.00– 17.00 Uhr Kinderspielnachmittag), Di., Do., Fr. 8.00–21.30 Uhr, Mi. 6.30–21.30 Uhr, So. 8.00–15.00 Uhr, Sa. geschlossen.

Ahnepark
Das beliebteste Ausflugsziel Vellmars ist der Ahnepark. Mit seiner üppigen Flora, den großzügigen Wasserflächen und Sportmöglichkeiten lädt der Ahnepark gleichermaßen zu Aktivitäten und zum Ausspannen ein.
Zur Freizeitgestaltung stehen ein Basketballfeld, ein kombiniertes Tennis- und Volleyballfeld und zwei Tischtennistische zur Verfügung. Im Winter kann man auf den insgesamt vier Seen Schlittschuh laufen. Natürlich besitzt der Ahnepark auch ein Restaurant-Café und seine Kinder kann man auf dem Spielplatz beschäftigen. Im Sommer kann man auf dem Konzertplatz verschiedene Darstellungen besuchen. Oder man besucht das einmal jährlich stattfindende Parkfest. An einigen Sonn- und Feiertagen ist auch die Ahneparkbahn unterwegs, mit der man mitfahren kann.

Reiten
Auskunft über die Möglichkeiten erteilt der Ländliche Reit- und Fahrverein Ahnatal-Vellmar e. V., Reiterhof, Bachstraße 12, Vellmar.

Feste und Veranstaltungen

„Sommer im Park" – Zeltfestival mit Comedy, Kabarett und Musik (Juni)
Ahneparkfest (Juni)
Heimatfest Vellmar (August/September)

Vöhl

(Landkreis Waldeck-Frankenberg)

EINWOHNER: 6 705. ORTSTEILE: Asel, Basdorf, Buchenberg, Dorfitter, Ederbringhausen, Harbshausen, Herzhausen, Kirchlotheim, Marienhagen, Niederorke, Obernburg mit Hof Lauterbach, Oberorke, Schmittlotheim, Thalitter, Vöhl.
Die Großgemeinde Vöhl umschließt in ihrer Ausdehnung von 100 Quadratkilometern etwa zur Hälfte den Edersee, der als Anziehungspunkt für Wassersportler weit über die Grenzen der Region hinaus bekannt ist. Das Gebiet der heutigen Großgemeinde deckt sich dabei im Wesentlichen mit einer alten, traditionsreichen geschichtlichen Einheit – der „Herrschaft Itter". Bodenfunde aus der Steinzeit bei Asel und Vöhl, zahlreiche Hügelgräber beiderseits der Itter und südlich der Eder sowie ein Grabfund aus der Eisenzeit bezeugen die sehr frühe und andauernde Besiedelung dieses Raumes.

ⓘ Information

Gemeindeverwaltung Vöhl, Schlossstraße 1, 34516 Vöhl, ☎ 05635/701, 🖷 05635/1478, ✉ gemeinde-voehl@t-online.de, 💻 www.voehl.de
Edersee Touristic GmbH, Schlossstraße 1, 34516 Vöhl, ☎ 05623/999810, 🖷 05623/999830, ✉ edersee-info@t-online.de, 💻 www.edersee.com

Sehenswertes

Ruine Itterburg
Im Jahre 793 wurde die Burg Itter als Haupthof Ittera im Ittergau erwähnt. Der letzte Besitzer der Burg war Prinz Gustav von Schweden (1815). Seit 1951 gehört die Ruine der Gemeinde, die die Reste der Itterburg teilweise freigelegt und restauriert hat. Die Anlage ist für die Öffentlichkeit frei zugänglich.
ADRESSE: Ruine Itterburg, Vöhl-Thalitter.

Gutshaus Thalitter
„Das große fürstliche Haus" ist seit fast drei Jahrhunderten der bewunderte Mittelpunkt der Gemeinde. Geplant war es ursprünglich als Jagdschloss für den Landgrafen von Hessen-Darmstadt auf der „Keudelburg" bei Dodenau, wurde jedoch um 1700 als Herrenhaus der thalitterischen Meierei errichtet.

Kirche Thalitter
Am Berghang an der Straße von Thalitter nach Obernburg befindet sich die nach ihrer Zerstörung im Dreißigjährigen Krieg weitgehend wieder aufgebaute Kirche Thalitters. 1715 wurde ein neues Schiff angebaut, 1716 folgte der Einbau der Orgel und 1723 der Anbau des Altarraums.

Keseburg
Das genaue Jahr der Gründung der Keseburg ist nicht bekannt. Sie lässt sich aufgrund der Zuordnung zu einer Reihe wüst gewordener Burgen entlang der Eder jedoch in das 8. Jahrhundert einordnen. Das Geschlecht der Vögte von Keseberg ist seit 1140 in zahlreichen Urkunden des Klosters Haina genannt. Heute erkennt man auf dem Keseberg zwei Höhen. Der niedrige zeigt noch die inzwischen wieder hergestellten und restaurierten Überreste der Burg, einen Mauerring und Brunnenreste. Auf dem gegenüber liegenden Berg finden wir heute nur noch Steintrümmer und Waldbestand. Die Ruinenanlage ist öffentlich zugänglich und Ausflugsziel für Wanderer und Spaziergänger.

Burg Hessenstein
Die im Jahre 1277 von Landgraf Heinrich II. bei Ederbringhausen erbaute Burg wurde 1328 erstmals urkundlich erwähnt. Über die Jahrhunderte hinweg erfuhr die Burg eine wechselvolle Geschichte, bis sie schließlich 1922 als Jugendherberge hergerichtet wurde. Damit ist sie die älteste Einrichtung dieser Art in Hessen. Der Torbau und die Gebäudeform der ehemaligen Burg sind bis heute fast vollständig erhalten geblieben.

Ortsteil Asel/Asel-Süd
Bei Niedrigwasser des Edersees stößt man hier auf eine Besonderheit. Dann kommt nämlich die alte Aseler Brücke zum Vorschein. Einst verband sie Alt-Asel mit dem Gutshof am Südufer der Eder. Die Brücke wurde 1982 restauriert und unter Denkmalschutz gestellt. Sie ist das am besten erhaltene Bauwerk des alten Edertals. Heute kann die Brücke bei Niedrigwasser von Fußgängern und Radfahrern benutzt werden.
Nach dem Sperrmauerbau wurde Asel-Süd, das frühere Gut Asel, Siedlungsstelle. Dort entstand auch ein Campingplatz, den man in der Regel mit Hilfe des Fährmannes, den man durch das Schlagen eines Klöppels auf ein metallenes Sägeblatt ruft, erreicht.

Natur und Landschaft

Wildgehege Marienhagen
Das Rotwildschaugehege der Gemeinde Vöhl ist etwa 15 000 Quadratmeter groß und liegt unterhalb der „Frankenwiese" in der Gemarkung Marienhagen. Das im Jahr 1989 eingeweihte Gehege ist inzwischen Heimat für drei Hirschkühe, zwei Hirsche und zwei Hirschkälber.

Gehölzgarten Marienhagen
Auf diesem vor einigen Jahren als Pflanzen-Schaugarten angelegten Gelände können heute die wichtigsten einheimischen Sträucher und Gehölze kennen gelernt werden.
Der Garten ist in der Regel frei zugänglich. Sollte er einmal verschlossen sein, wenden

Sie sich bitte an Frau Langendorf, Auf dem Hügel 9, Marienhagen, ☎ 05635/776.

Freizeitangebote

Edersee
Der Edersee ist ein wahres Eldorado für Wassersportler – egal ob *Segeln*, *Surfen*, *Tauchen*, *Wasserski fahren* oder *Schwimmen*, der 27 Kilometer lange und bis zu einem Kilometer breite Stausee bietet beste Voraussetzungen zur Ausübung und zum Erlernen dieser Sportarten. Segel-, Surf- und Tauchschulen siehe Gemeinde Edertal.

Rad- und Wanderwege
Besucher der Ederseeregion erwartet sowohl ein gut markiertes Radwegenetz als auch zahlreiche ausgebaute und markierte Wanderwege. Den besten Überblick über die Möglichkeiten bietet die „Rad- und Wanderkarte Edersee", die in den Edersee Touristic Büros, bei den Verwaltungen sowie im Einzelhandel erhältlich ist. Die Touristic Büros beraten Sie auch gerne bei Ihrer Tourenplanung.
Auch eine Wandernadel kann erworben werden. Erkundigen Sie sich in den Büros der Edersee Touristic GmbH.
Fahrradverleih: Gasthof Sauer, Lindenplatz 5, Vöhl-Asel, ☎ 05635/535, *Gasthof zum alten Bahnhof*, Orketalstraße 6, Vöhl-Ederbringhausen, ☎ 06454/422, *Campingplatz Teichmann*, Vöhl-Herzhausen, ☎ 05635/245, *Akzent Kur- und Sporthotel Freund*, Vöhl-Oberorke, ☎ 06454/7090.

Boot-/Kanufahren
Für Kanu- und Bootstouren bieten sich neben dem Edersee auch die Flüsse Eder und Orke an. *Kanu-Verleihstationen* befinden sich in Edertal und Waldeck (s. u. den Gemeinden), *Bootsverleihstationen* am Campingplatz in Vöhl-Asel-Süd, ☎ 05635/608 und beim Camping- und Ferienpark Teichmann in Vöhl-Herzhausen, ☎ 05623/2094.

Kutsch-/Planwagenfahrten
Die Landschaft rund um den Edersee bei einer ruhigen und gemütlichen Kutschfahrt kennen lernen, diese Möglichkeit bieten Ihnen: *Wilfried Schmal*, Nordstraße 6, Vöhl, ☎ 05635/1288, *Bauernhof Schneider*, Dorfstraße 1, Vöhl-Harbshausen, ☎ 05635/542 sowie das *Akzent Kur- und Sporthotel Freund*, Vöhl-Oberorke, ☎ 06454/7090.

Schwimmbäder
ADRESSE: Henkel-Erlebnisbad in Vöhl, Schlossstraße 1, Vöhl, ☎ 05635/ 370. ÖFFNUNGSZEITEN: Mo. bis Fr. 10.00– 20.00 Uhr, Sa. und So. 10.00–19.00 Uhr.
ADRESSE: Waldschwimmbad Marienhagen, Am Hagen 1, Vöhl-Marienhagen, ☎ 05635/ 1310. ÖFFNUNGSZEITEN: In der Hauptsaison täglich von 10.00–18.00 Uhr, in der Nachsaison Mo. bis Fr. 14.00–18.00 Uhr, Sa. und So. wie Hauptsaison.

Badesee
Badegäste können sich zudem am Baggersee des Camping- und Freizeitparks Teichmann in Vöhl-Herzhausen, ☎ 05635/245 Abkühlung verschaffen. Auch Surfern bietet sich hier ein weiteres Revier.

Reiten
Reitsportfreunden bietet sich rund um den Edersee eine Vielzahl von Möglichkeiten. In Vöhl können sich Interessierte an den *Reit- und Fahrverein Vöhl e. V.* (Reiterurlaub mit eigenem Pferd möglich, Gästeboxen vorhanden), ☎ 05635/1616 (ab 19.00 Uhr) wenden. Weitere Anbieter sind *Fam. Daude*,

Brunnenstraße 6, Vöhl-Basdorf, ☎ 05635/ 1257 und das *Akzent Kur- und Sporthotel Freund*, Vöhl-Oberorke, ☎ 06454/7090 (Haflinger, Hannoveraner, Finnpferde, Reitunterricht). *Michael Wichert* in Vöhl-Basdorf bietet zudem geführte Wanderritte am Edersee an. Nähere Auskünfte erhalten Sie unter ☎ 05635/ 991150 oder auf der Internetseite 💻 www. wanderreiten-edersee.de

Sonstiges

Maislabyrinth
Das Maislabyrinth am Edersee ist ein Highlight der ganz besonderen Art. Jährlich vom 20. Juli bis Anfang Oktober bieten die Familien Höhle und Schäfer in Vöhl auf einer Gesamtfläche von etwa 30 000 Quadratmetern ein Labyrinth im Maisfeld und weitere Attraktionen an (Spielmöglichkeiten, Anschauungsfeld, Kräutergarten, Ponyreiten etc.). Versuchen Sie, sich im Irrgarten zurecht zu finden! Informationen unter ☎ 05635/596 und 1834 sowie im Internet unter 💻 www. maislabyrinth-edersee.de

Volkmarsen

(Landkreis Waldeck-Frankenberg)

Einwohner: 7 015. Stadtteile: Ehringen, Herbsen, Hörle, Külte, Lütersheim.
Volkmarsen wird erstmals im Jahre 1155 erwähnt. Bereits vor 1272 war die Stadt mit Mauern, Türmen und Wassergraben befestigt; davon zeugen heute jedoch nur noch einige Mauerreste und zwei Stadttürme sowie Teile des meist zugeschütteten Stadtgrabens. Bekannt ist der staatlich anerkannte Erholungsort für seine Heilquelle.

ⓘ Information

Stadtverwaltung Volkmarsen, Steinweg 29, 34471 Volkmarsen, ☎ 05693/687-0, 🖷 05693/687-38, ✉ stadt@volkmarsen.kgrz-kassel.de, 💻 www.volkmarsen.de
Tourist-Info der Stadt Volkmarsen, ☎ 05693/ 687-36, 🖷 05693/987-38, 💻 www.kvv.volkmarsen.de

☞ Stadtführungen

Vertreter des Heimat- und Geschichtsvereins bieten auf Anfrage Stadtführungen an. Erkundigen Sie sich bitte bei der Stadtverwaltung.

Katholische Kirche St. Marien

Sehenswertes

Marienkirche
Mit dem Bau der Kirche St. Marien – einer frühgotischen Hallenkirche mit einem fast

quadratischen Chor und einem starken Westturm – wurde vermutlich um das Jahr 1260 begonnen. Zuvor bestand eine Kirche, die dem heiligen Laurentius gewidmet war und deren Reste heute noch an der „Vikarie" zu sehen sind. Steinmetze der Warburger Pardan-Werkstätte vollendeten den Kirchenbau Anfang des 14. Jahrhunderts. Während des Dreißigjährigen Krieges wurde St. Marien von hessischen Truppen ausgeraubt und brannte völlig aus. Unter erheblichem Aufwand der Bürgerschaft erfolgte 1669 eine großzügige Erneuerung und Renovierung.

Ansichten von der Burgruine Kugelsburg

Kugelsburg
Die mächtige Ruine der Kugelsburg, die um das Jahr 1200 von den Grafen von Everstein erbaut wurde, beherrscht das Stadtbild Volkmarsens. Erhalten geblieben ist der Rundturm mit Pallas und der quadratische Turm. Von der Vorburg und der Hauptburg sind noch große Teile der Stütz- und Schildmauern erhalten. Von der Aussichtsplattform des Turmes hat man einen herrlichen Ausblick auf die Umgebung. Im alten Kellergewölbe ist eine stilechte Burggaststätte untergebracht.

Historische Bauten
Neben der Marienkirche sollte man auch dem frei stehenden, im Kern *spätmittelalterlichen Rathaus* einen Besuch abstatten. Es wird bereits 1327 in einer Urkunde erwähnt. Sehenswert sind auch einige *mittelalterliche Lagerhäuser* sowie die gut erhaltenen *Fachwerkhäuser im niedersächsischen Baustil*. Ebenso interessant ist die nach Plänen von Julius Eugen Roth von 1845–1847 im neuromanischen Stil errichtete *evangelische Pfarrkirche*.

Spätmittelalterliches Rathaus in Volkmarsen

Mittelalterliches Steinhaus

Museen

Die *Heimatstuben* laden ein, historisches Leben und Arbeiten in Volkmarsen zu besichtigen. Das *Landwirtschaftliche Museum* zeigt Ausstellungsstücke aus diesem Bereich.

Evangelische Pfarrkirche

Staatlich anerkannte Heilquelle Sauerbrunnen

ADRESSE: Kasseler Straße 6, Volkmarsen, ☎ 05693/7571 (Heimatmuseum) und 1300 (Landwirtschaftliches Museum).

Natur und Landschaft

Heilquelle
Die staatlich anerkannte Heilquelle Sauerbrunnen liegt in einer schönen Park- und Erholungsanlage. Wer an Stoffwechselstörungen oder Nierenerkrankungen leidet, der empfindet das Mineralwasser besonders wohltuend. Das Mineralwasser im Trinkpavillon ist gratis.
Nähere Auskünfte erteilt der Kur- und Verkehrsverein Volkmarsen auf seiner Internetseite 💻 www.kvv-volkmarsen.de oder unter ☎ 05693/352.

Freizeitangebote

Schwimmbäder
Burgschwimmbad Volkmarsen, Kasseler Straße, ☎ 05693/294 · *Freibad Ehringen*, Auf der Waime, ☎ 05693/6584.

Reiten
Reitsportfreunde können sich am Reitplatz des Reit- und Fahrvereins Volkmarsen e. V., Am Stadtbruch nach den Möglichkeiten erkunden ihrem Sport nachzugehen. ☎ 05693/5033.

Kutsch-/Planwagenfahrten
Mit „zwei Pferdestärken" durch die Umgebung Volkmarsens – wer auf diese Art und Weise die Gegend kennen lernen möchte, wende sich an Hugo Rauch, Pfortenstraße 25, Volkmarsen, ☎ 05693/344.

Rad- und Wanderwege
Bei der Stadtverwaltung ist eine Wanderkarte erhältlich, die auf verschiedenen Wanderwegen durch Volkmarsen und Umgebung führt.

Feste und Veranstaltungen

Volkmarser Karneval mit Rosenmontagsumzug (Februar)
Frühlingsfest (Mai)
Kram- und Viehmarkt (Juni)
Wasserfest Ehringen (19. Juli)

Wabern

(Schwalm-Eder-Kreis)

EINWOHNER: 7 822. ORTSTEILE: Falkenberg, Harle, Hebel, Niedermöllrich, Rockshausen, Udenborn, Unshausen, Uttershausen, Wabern, Zennern.

Der Ort Wabern wurde im Jahr 800 zum ersten Mal genannt. Die Großgemeinde Wabern entstand mit dem Zusammenschluss der zehn Ortsteile im Rahmen der Gebietsreform 1971.

Der Bahnhof von Wabern

ⓘ Information

Gemeinde Wabern, Löshäuser Weg 9, 34628 Wabern, ☎ 05683/5009-0, 🖷 05683/5009-90, ✉ wabern@t-online.de, 💻 www.wabern.de

Sehenswertes

Jagdschloss Wabern

Das Schloss wurde von Landgraf Karl (Regierungszeit 1677–1730) als Jagdschloss in Auftrag gegeben und später als Karlshof nach ihm benannt. Heute dient das Schloss als Jugendheim unter Leitung des LWV Hessen.

Karlshof / Jagdschloss Wabern

Burgruine Falkenberg

Die Falkenburg wurde Mitte des 13. Jahrhunderts von Konrad von Hebel erbaut. Einige Mauerreste haben sich bis heute erhalten.

Schloss Falkenberg

Schloss Falkenberg

Anfang des 16. Jahrhunderts (1510) war Hans XI. Domherr zu Paderborn und baute unter der Falkenburg einen neuen Burgsitz am südöstlichen Rand des Dorfes, das heutige Falkenberger Schloss.

Harler Kirche

Die Harler Kirche wurde Ende des 15. Jahrhunderts erbaut. Der Wehrturm der Kirche, an den das Kirchenschiff angebaut wurde, ist allerdings älteren Ursprungs. Er wurde bereits 1230 errichtet.

Kultur

Harlekinade
Die Harlekinade – das größte Comedy-Festival Hessens – findet alljährlich im Juli statt. An einem Wochenende treffen sich Mimen, Musiker und Magier aus aller Welt in Wabern, um sich auf acht Bühnen im Schlosspark des Karlshofes dem Publikum vorzustellen.
Das Programm ist ca. einen Monat vor Beginn der Veranstaltung bei der Gemeindeverwaltung Wabern erhältlich. Infos erhalten Sie auch im Internet unter 💻 www.harlekinade.de

Freizeitangebote

Rad- und Wanderwege
Die reizvolle Landschaft rund um Wabern lädt zu ausgedehnten Wanderungen ein. Zudem verfügt Wabern über ein gut ausgebautes Radwegenetz; so führt der Ederauenweg R 10 von Wabern entlang der Deutschen Märchenstraße in Richtung Fritzlar, der Efzetalweg R 17 verbindet Wabern mit Homberg, während der Gilsatalweg R 19 von Wabern in Richtung Borken führt.

Reiten
Reitsportinteressierte finden in den Ortsteilen Falkenberg, Zennern und Rockshausen Reitstationen. Bitte erkundigen Sie sich vor Ort nach den sich bietenden Möglichkeiten.

Segelfliegen
Auf dem Fluggelände Mosenberg. Nähere Informationen erhalten Sie beim Luftsportverein Homberg, ☎ 05681/1200.

Waldeck

(Landkreis Waldeck-Frankenberg)

EINWOHNER: 8 000. ORTSTEILE: Alraft, Höringhausen, Netze, Nieder-Werbe, Selbach, Sachsenhausen, Waldeck, Dehringhausen, Freienhagen, Ober-Werbe.
Die alte Berg- und Fachwerkstadt Waldeck liegt in einer überwiegend land- und forstwirtschaftlich genutzten Mittelgebirgslandschaft in 250 Metern Höhe. Im Süden grenzen Waldeck und Nieder-Werbe sowie die Halbinsel Scheid an das Seeufer der zu Beginn dieses Jahrhunderts erbauten Edertalsperre, so dass sich der Fremdenverkehr auch in dieser Region sehr stark entwickelt hat. Das Wahrzeichen der Region, Schloss Waldeck, bietet einen einmaligen Rundblick über die Edersee-Region.

ⓘ Information

Edersee Touristik, Sachsenhäuser Straße 10, 34513 Waldeck, ☎ 05623/9998-0, 🖷 05623/9998-30, ✉ edersee-info@t-online.de, 💻 www.edersee.com oder www.waldeck.de

Sehenswertes

Schloss Waldeck
Das Wahrzeichen der Stadt wurde schon im Jahre 1120 urkundlich erwähnt und diente den Grafen bis 1665 als Residenz. In seiner wechselvollen Geschichte diente die Anlage als Landeszeughaus, Getreidelager, Sitz eines Amtmannes, Landesstrafanstalt, Kriegsgefangenenlager, Försterei und heute als gastronomischer Betrieb. Heute befindet sich in der Burg auch ein Museum.
ADRESSE: Burgmuseum Schloss Waldeck. ÖFFNUNGSZEITEN: März bis Oktober 10.00–

17.00 Uhr. Informationen unter ☎ 05623/5890.

Klosterkirche Netze
Um 1227 stifteten die Schwalenberger Volkwin und Adolf den Nonnen der Zisterzienserinnen das Kloster Marienthal. Aus dieser Zeit ist noch der Westturm der Klosterkirche erhalten. Besondere Beachtung verdient der Flügelaltar, der um das Jahr 1370 entstand. Auf 13 Bildern ist hier das Leben Jesu Christi dargestellt. Sehenswert ist auch die Grabkapelle, in der mehrere Angehörige des Grafenhauses beigesetzt sind. Außerdem befindet sich in dieser Kirche die zweitälteste Glocke Deutschlands. Sie stammt aus dem 11. Jahrhundert.

Sachsenhäuser Warte
Von den drei einst zum Schutz der Ortsgrenzen errichteten Wachtürme steht nur noch die Rollborner Warte in der Nähe der Straße nach Ober-Werbe. Sie ist die am besten erhaltene Warte des Waldecker Landes. Entsprechend ihrer einstigen Bestimmung hat man die Warte im Wesentlichen unverändert gelassen. Wer den Aufstieg wagt, muss noch heute die angebrachten Steigeisen bis zum Einsteigloch und weiter zum Mauerkranz benutzen. Der Aufstieg wird jedoch mit einem weiten Blick über Höringhausen, Strothe, Meinringhausen, die Korbacher Kirchtürme bis hin zu den Höhen des Upplandes belohnt.

Waldecker Bergbahn
Die Kabinenseilbahn stellt die kürzeste Verbindung zwischen dem Edersee und dem auf der Höhe gelegenen Luftkurort Waldeck dar. Fahrzeit: während der Saison täglich 9.30– 18.30 Uhr sowie nach separater Vereinbarung. Auskunft: Waldecker Bergbahn GmbH, ☎ 05623/5354.

Museen

Dorfstube Nieder-Werbe
Die Dorfstube ist in einem restaurierten, unter Denkmalschutz stehenden Bauernhaus untergebracht. Sehenswert ist insbesondere ein ca. 200 Jahre alter Webstuhl, der wieder funktionstüchtig gemacht wurde. Die Dorfstube kann nur nach vorheriger Vereinbarung besichtigt werden. Ansprechpartner sind: Helga Kühn, ☎ 05634/860, Getrud Daum, ☎ 05634/6626 und Wilhelm Neuhaus, ☎ 05634/240.
ADRESSE: Dorfstube, Ober-Weber-Straße 3, Waldeck-Nieder-Werbe.

Natur und Landschaft

Edersee
Gebaut wurde die 400 Meter lange Edertalsperre, die eine Wassermenge von bis zu 202 Millionen Kubikmetern auf einer Länge von 27 Kilometern staut, zwischen 1908 und 1914. Anlass war die Notwendigkeit zur Schaffung eines größeren Wasserreservoirs zur Speisung des Mittellandkanals und der Schiffbarhaltung der Ober-Weser und Fulda. 900 Menschen mussten im Bereich der Staufläche ihre Heimat verlassen und wurden umgesiedelt. Reste einiger Häuser sind bei niedrigem Wasserstand bis heute zu sehen.
INFORMATION: Edersee Touristik GmbH, Sachsenhäuser Straße 10, Waldeck. ☎ 05623/9998-0, 🖷 05623/9998-30, ✉ edersee-info@t-online.de, 💻 www.edersee.com

Uferpromenade Waldeck
Seit Sommer 1999 ist der Edersee um eine Attraktion reicher. Im Bereich der neu gestalteten Uferpromenade Waldeck-West befindet sich ein neuer, ganz besonderer Spielplatz. Die Welt der Sinne wird geboten, ein Spiel-

und Erfahrungsangebot, welches alle Sinne aktivieren soll.

Freizeitangebote

Schwimmbäder
Direkt am Seeufer gelegen, lockt das *Strandbad Waldeck* seine Besucher in die „Fluten" des Edersees. Das *Freibad Freienhagen* bietet allen Wasserratten Bade- und Freizeitspaß.

Wandern
Die Region um die markantesten Punkte des Ferienlandes Waldeck, den Edersee und Schloss Waldeck, hat sich zu einem beliebten Ausflugs- und Wanderziel entwickelt. Ein gut markiertes Wanderwegenetz leitet den Wanderer zu vielen Sehenswürdigkeiten und schönen Aussichtspunkten. Die bei der Edersee Touristik GmbH und in den Tourist-Informationen der Region erhältlichen Wanderkarten informieren im Einzelnen über die Rund- und Durchgangswanderwege, Routenbeschreibungen, Lehrpfade, Schutzhütten etc.

Kanu-/Bootfahren
Neben dem Edersee können Kanufahrer auch die beiden Flüsse Eder und Orke „erpaddeln". *Kanuverleih:* Kanutours-Edersee, Uferstraße 3, Waldeck-Niederwerbe, ☎ 05634/995076.

Segeln
Information: Segelschule Edersee, F. Rudolph GmbH, ☎ 05623/6060.

Tauchen
Nähere Informationen erhalten Sie bei folgenden Tauchschulen:
Tauchbasis Edersee, Güldener Ort 8, Waldeck, ☎ 05623/6050 oder ☎ 0561/33380; *Barakuda Tauchbasis* H. Schmalz, Am Buchholz 2, Waldeck-Höringshausen, ☎ 05634/91175; *Unterwasserladen Edersee*, ehemals Haus Alexander, ☎ 05623/947979.

Motor-/Segelfliegen
Der ca. zwei Kilometer nördlich von Waldeck gelegene Flugplatz ist die Heimatbasis der Flugschule Edersee. Diese bietet sowohl Schnupperflüge für diejenigen, die das Fliegen erst einmal ausprobieren möchten als auch Kurse zum Erwerb der Prüfungszertifikate für die Sparten Segelflug und Motorflug an.
Information: Flugschule Edersee, Dr.-Mauser-Straße 2a, Waldeck, ☎ 05623/5382 (Büro) bzw. ☎ 05623/6109 und 6107 (Flugplatz).

Golf
Auf der Golfanlage Waldeck können Sie auch ohne Clubanbindung ihrem Hobby nachgehen.
Auskunft: Golfanlage Waldeck, Domänenweg, Waldeck, ☎ 05623/998990, 🖷 05623/998915, ✉ waldeck@golf.de

Minigolf
Ein Minigolfplatz befindet sich in der Seestraße bei der Talstation der Waldecker Bergbahn.

Kutsch-/Planwagenfahrten
Anbieter sind der *Waldecker Reiterhof*, L. Lind, Naumburger Straße 3, Waldeck, ☎ 05634/7619 und *H. Neukel*, Wilhelmstraße 24, Waldeck-Sachsenhausen, ☎ 05634/456. Gruppenfahrten sind nach vorheriger Anmeldung jederzeit möglich.

Reiten
Reitpferde, Reitunterricht, Reithalle/Turnierplatz bietet der Waldecker Reiterhof, Naumburger Straße 3, Waldeck, ☎ 05634/7619.

Wanfried

(Werra-Meißner-Kreis)

EINWOHNER: 4 824. ORTSTEILE: Altenburschla, Aue, Heldra, Völkershausen.
Erste Erwähnungen der Gemeinde Wanfried stammen schon aus der Zeit um 813. Besondere Bedeutung erlangte Wanfried im 16. Jahrhundert als wichtiger Umschlagplatz und Handelszentrum in der Weser-Werra-Schifffahrt. In dieser Zeit entstanden auch die prächtigen Handelshäuser an der Marktstraße, stattliche Bürger- und Wirtshäuser, Herbergen, eine Börse und ein Brauhaus.

☞ Stadtführungen

Stadtführung Wanfried

Für Einzelreisende von Mai bis September.
Sa. ab 10.30 Uhr, Dauer des Rundganges ca. 1 fi Stunden, Treffpunkt: Rathaus, Marktstraße.
Für Gruppen werden ganzjährig Führungen angeboten, Anmeldung bei der Tourist-Information.

Blick vom Heldrastein auf Wanfried

Sehenswertes

Rathaus
Das Rathaus in der Marktstraße aus dem 17. Jahrhundert besitzt ein steinernes Hofportal und einen schönen Innenhof.

Schwan
Das ebenfalls in der Marktstraße gelegene Fachwerkgebäude mit zweigeschossigem Erker und einer Vielfalt an Fachwerkschmuck stammt aus dem 17. Jahrhundert. Das Eingangsportal aus dem Jahr 1690 wird von zwei Figuren flankiert.

ⓘ Information

Tourist-Information Eschwege–Meißner–Meinhard–Wanfried, Hospitalplatz 16, 37269 Eschwege, ☎ 05651/331985 und 331986, 🖷 05651/50291, ✉ tourist-information@eschwege.de, 💻 www.werra-meissner.de/wanfried

Alte Post
Das ehemalige Thurn- und Taxische Posthaus mit sehenswertem Innenhof und dreiseitig umbauter Galerie von 1751 steht in der Marktstraße 15.
Bis 1904 wurde das Gebäude als Posthaus genutzt.

Keudell'sches Schloss
Das Keudell'sche Schloss in der Martinsgasse/Marktstraße war ehemaliger Wohnsitz des Landgrafen Karl, Gründer der katholischen Seitenlinie Hessen-Wanfried. Die Ursprünge liegen im 14. Jahrhundert, die gesamte Schulanlage gehörte zum Schloss. Das Untergeschoss stammt aus dem 17. Jahrhundert. Das Obergeschoss wurde nach einem Brand 1878 im Fachwerkgefüge des 17. Jahrhunderts erneuert.
Heute befinden sich darin u. a. das *Heimatmuseum und Dokumentationszentrum zur deutschen Nachkriegsgeschichte* sowie die städtische Bücherei.

Detailaufnahme vom Keudell'schen Schloss

Gruppenführungen und weitere Besichtigungstermine nach Vereinbarung mit *Uwe Eberhardt*, ☎ 05655/1312 oder *Klaus Streitenberger* ☎ 05655/1067. Öffnungszeiten: Sa. 15.00–17.00 Uhr, So. 10.00–12.00 Uhr.

Schloss Wanfried
Ehemaliges Landgrafenschloss, eine fast quadratische Anlage. Der massive Bau an der Nordseite stammt im Kern aus dem 16. Jahrhundert. Alle Gebäude wurden im 19. und 20. Jahrhundert stark verändert. Die Schlossanlage befindet sich in Privatbesitz.

Alter Werrahafen
Auf der Schlagd sind der Stapelplatz, die Kaimauer, ein Rest der alten Stadtmauer, Eisenringe zum Festmachen der Schiffe und zwei Stapelhäuser sowie die Werra-Brücke aus dem Ende des vorigen Jahrhunderts zu sehen. Der neuzeitliche Werra-Radler ist ein Teil der Freiluftgalerie „Kunst am Radweg".

Kalkhof im Elfengrund
Am 17. September 1945 trafen sich auf dem Kalkhof, nicht weit von der Demarkationslinie entfernt, ranghohe amerikanische und sowjetische Offiziere, um einen Zankapfel zwischen den Noch-Alliierten zu beseitigen. In Wanfried wurde eine Grenzkorrektur zwischen der amerikanischen und sowjetischen Besatzungsmacht vereinbart. Aufgrund der geänderten Demarkationslinie führte die für die Amerikaner wichtige Eisenbahnstrecke jetzt nicht mehr durch sowjetisches Besatzungsgebiet.

Natur und Landschaft

Heldrastein, Turm der Einheit
Der Heldrastein erhebt sich in einer Ausdehnung von zwei Kilometern Länge und mit einer Höhe von 503 Metern über dem Meer und 330 Metern über der Werra. Vom Tal aus sieht man die weißen, zerklüfteten Kalksteinfelsen senkrecht und kahl ca. 60 Meter hoch über dem Wald aufragen, ein majestätischer Anblick. Auf dem höchsten Felsplateau befindet sich eine Aussichtsplattform, von der aus man einen herrlichen Ausblick auf das gesamte Werratal zwischen Treffurt und dem Hülfensberg hat. Der Turm der Einheit auf dem Heldrastein beherbergt

Dokumentationstafeln über die Teilung und die „Wendezeit" Deutschlands. Er ist ganzjährig geöffnet.

Heldrastein / Turm der Einheit

Freizeitangebote

Schwimmen
Städtisches Freibad in der Plouescatstraße. ÖFFNUNGSZEITEN: Mitte Mai bis Mitte September.

Radfahren
Unter dem Motto „*Die Werra erfahren*" hält die Tourist-Information in Eschwege die Werratal-Radkarte für den ca. 300 Kilometer langen Werratal-Radweg von den Quellen im Thüringer Wald bis zur Mündung in Hann. Münden bereit.

Kanu-/Bootfahren
Sie können die Werra auf einer Tagestour erfahren oder in drei bis fünf Tagen als Komplettpaket der Tourist-Information buchen.

Feste und Veranstaltungen

Schützenfest (Juli).
Weihnachtsmarkt (am ersten Samstag im Dezember).

Heimat- und Schützenfest mit Vogelschießen

Regionale Spezialitäten und Eschweger Bier

Wildeck

(Landkreis Hersfeld-Rotenburg)

EINWOHNER: 6 000. ORTSTEILE: Obersuhl, Hönebach, Bosserode, Richelsdorf, Raßdorf. Der Name Wildeck bezieht sich auf das mittelalterliche fuldische Amt Wildeck, dessen anfänglicher Amtssitz das auf dem Schlossberg bei Raßdorf gelegene „Schloss und Burg Wildeck" war. Die Gemeinde Wildeck ist am 31. Dezember 1971 im Zuge der Gebietsreform aus den genannten Ortsteilen entstanden.

ⓘ Information

Gemeinde Wildeck, Eisenacher Straße 98, 36208 Wildeck-Obersuhl, ☎ 06626/9200-0, 🖷 06626/9200-50, ✉ gemeinde@wildeck.de, 💻 www.wildeck.de

Sehenswertes

Besonders interessant sind die *Bauernbarockkirche in Wildeck-Richelsdorf* sowie die *evangelische Kirche in Bosserode* mit wertvollem Flügelaltar und Pieta.
Außerdem sollten Sie sich die *Ruine Blumenstein*, den Obelisk und die Reste der *Parkanlage „Schloss Wildeck"* nicht entgehen lassen. Ein weiterer Anziehungspunkt ist das *„Nadelöhr"* mit 1 000-jähriger Eiche im Seulingswald bei Friedewald.

Natur und Landschaft

Naturschutzgebiet „Rhäden"
Das Natur- und Vogelschutzgebiet „Rhäden" mit Informationszentrum in Wildeck-Obersuhl lädt zu einem informativen Besuch ein.
ADRESSE: Rhädenweg 18. Nähere Informationen erhalten Sie unter ☎ 06626/8105.

Aussichtsturm
Einen besonderen Blick genießt man vom Aussichtsturm und Mahnmal „Bodesruh" mit Gastronomie in Heringen-Kleinensee.

Freizeitangebote

Freizeitanlagen
Die Freizeitanlagen *„Inselsteich"* im Wildecker Tal mit bewirtschafteter Schutzhütte und Grillplatz sowie *„Schwanenteich"* in Wildeck-Richelsdorf bieten Natur und Abenteuer für große und kleine Leute.

Feste und Veranstaltungen

Tanz um den Osterbaum in Wildeck-Obersuhl (April)
Weihnachtsmarkt in Wildeck-Obersuhl am 1. Advent

Willingen

(Landkreis Waldeck-Frankenberg)

EINWOHNER: 8 460. ORTSTEILE: Usseln, Schwalefeld, Eimelrod, Rattlar, Bömighausen, Neerdar, Hemmighausen, Welleringhausen, Willingen.
Der Kur- und Wintersportort Willingen liegt im Norden des Waldecker Landes – dem Hochsauerland. Die Ursprünge der Uplanddörfer reichen vermutlich bis in das Jahr 1000 n. Chr. zurück, wobei die ersten urkundlichen Erwähnungen aus den Jahren 1168 (Rattlar), 1338 (Usseln) und 1380 (Willingen und Schwalefeld) stammen. Bekannt ist Willingen im Hochsauerland heute

vor allem als Wintersportort. Zu den im Januar stattfindenden Weltcup-Skispringen auf der Mühlenkopfschanze – der größten und modernsten Skisprungschanze Deutschlands – strömen alljährlich tausende Fans an den Aufsprunghügel.

ⓘ Information

Kur- und Touristik Service, Waldecker Straße 12, 34508 Willingen, ☎ 05632/401180, 🖷 05632/401150, ✉ willingen@willingen.de, 💻 www.willingen.de

Mühlenkopfschanze

Sehenswertes

Mühlenkopfschanze

Seit dem ersten Mai 2000 kann die umgebaute neue Mühlenkopfschanze von Besuchern besichtigt werden. Der Aufzug zum „Adlerhorst", dem Aufwärmraum der Skispringer, läuft täglich von 9.00– 17.00 Uhr. Die Seilbahn, die die Besucher vom Strycktal hinauf zum Mühlenkopf befördert, ist Mi. und Fr. von 12.30–16.30 Uhr sowie Sa., So. und an Feiertagen von 10.00–17.00 Uhr in Betrieb. Der Ski-Club Willingen bietet für Gruppen ab zehn Personen geführte Besichtigungen an. Anfragen können per Fax unter 🖷 05632/ 989413 an den SCW gerichtet werden. Sie sollten den Termin, die Anzahl der Personen sowie einen Ansprechpartner für den Rückruf enthalten.

Besucherbergwerk Grube „Christine"

Bereits Mitte des 19. Jahrhunderts stellte der Schieferbergbau einen wichtigen Handwerkszweig in Willingen dar. Die beiden Stollenbetriebe „Maria I" und „Waldeck" produzierten bis zur ihrer Schließung im Jahre 1890. Im Jahre 1919 ging dann die Grube „Christine" am Iberg in Betrieb, zuvor war kein Tiefbau möglich gewesen. Die Grube „Christine" florierte vor allem in den 50er und 60er Jahren, danach flaute die Konjunktur ab. Die Grube wurde stillgelegt und ist heute als Besucherbergwerk der Öffentlichkeit zugänglich. Bei einem Besuch sollte man eine warme Jacke nicht vergessen, da die Temperatur in der Grube auch im Sommer nur 6 bis 8° C beträgt.

ÖFFNUNGSZEITEN: Führungen Mi./Do. sowie So. 10.00 und 11.00 Uhr, Fr./Sa. 15.00 und 16.00 Uhr. Von November bis März nur vormittags. Gruppenführungen nach Vereinbarung, ☎ 05632/6298.

Glasbläserei

Die Glas Galerie gewährt Ihnen einen Einblick in die Herstellung und Weiterverarbeitung mundgeblasenen Glases. Blicken Sie den Glasbläsern bei der Arbeit über die Schultern und probieren Sie Ihr eigenes Glas zu blasen.

ADRESSE: Glas Galerie Willingen, Zur Hoppecke, Willingen, ☎ 05632/4666, 🖷 05632/ 4647. ÖFFNUNGSZEITEN: Mo. bis Fr. 10.00– 18.00 Uhr, Sa. und So. 10.00–12.30 und 14.00–16.00 Uhr. Gruppenführungen sind nach Absprache möglich.

Schwalenburg

Die bei Schwalefeld gelegene, 1537 als „die Borgen zu Schwalenfeld" erstmals erwähnte Schwalenburg ist eine ehemalige Ringwallburg, bestehend aus drei Wallringen. Sie umschließt eine Fläche von sechs Hektar. Ein Modell der Anlage ist im Haus des Gastes in Schwalefeld zu sehen.

Natur und Landschaft

Hochheide
Die einzige Hochheide Westeuropas liegt im Naturschutzgebiet „Hoher Hagen“ auf dem 836 Meter hohen Ettelsberg. Alljährlich im August verwandelt sie sich in ein leuchtendes Meer violetter Blüten.

Dommelturm
Der zwischen Rattlar und Ottlar gelegene 738 Meter hohe Dommel wird von einem Aussichtsturm gekrönt. Die Mühen des Aufstiegs werden mit einem schönen Rundblick belohnt.

Freizeitangebote

ADRESSE: Lagunen-Erlebnisbad, Auf dem Hagen, Willingen, ☎ 05632/9694311. ÖFFNUNGSZEITEN: täglich 9.00–23.00 Uhr (auch im Winter).

Sport, Entspannung und Erholung in Willingens Lagunen-Erlebnisbad

Rad- und Wanderwege
Umgeben von den Höhen des Uplandes und des Hochsauerlandes sowie dem Naturpark Diemelsee bietet Willingen dem Erholungssuchenden wie auch dem sportlich aktiven Besucher nahezu unendliche Möglichkeiten, die reizvolle und abwechslungsreiche Mittelgebirgslandschaft per Pedes oder mit dem Rad auf gut gekennzeichneten Wegen zu entdecken. Der Kur- und Touristik Service hält Kartenmaterial und Tourenvorschläge für Sie bereit. Dort informiert man Sie auch gerne über die speziell ausgearbeiteten *Mountainbiketouren*.

Kutsch- und Planwagenfahrten
Auskunft: *Karl Friedrich Wilke*, Mühlenweg 9, Willingen-Usseln, ☎ 05632/7076 oder *Familie Kesper*, Am Aarbach 23, Willingen-Schwalefeld, ☎ 05632/69649.

Sommerrodelbahn
Sport und Spaß auf rund 700 Metern Länge bietet Ihnen die Sommerrodelbahn im Skigebiet Ritzhagen-Hoppern, Willingen. Auskunft erhalten Sie unter ☎ 05632/966977, 📠 05632/ 966978, ✉ info@sommerrodelbahn.willingen.de, 💻 www.sommerrodelbahn-willingen.de

Sportliches Vergnügen für die ganze Familie auf der Sommerrodelbahn in Willingen

Ettelsberg-Sesselbahn
Die Ettelsberg-Sesselbahn bringt Sie bequem in 15 Minuten auf den 838 Meter hohen

Ettelsberg: ein idealer Ausgangspunkt für Wanderungen. Sie können aber auch einfach die schöne Fernsicht genießen, die sich Ihnen von hier oben bietet. Oder Sie kehren in Siggis Hütten ein.
Information: Ettelberg-Sesselbahn Willingen, Zur Hoppecke 5, Willingen, ☎ 05632/6715, info@ettelsberg-seilbahn.de
Betriebszeiten: täglich 9.00–17.00 Uhr, je nach Wetterlage ganzjährig geöffnet.

Wintersport in Willingen: Zwölf Schlepplifte und eine Sesselbahn fahren Sie in die Skigebiete

KombiNaTour

Kletterhalle, Bogenschießen, Kanutouren, Mountainbiking
ADRESSE: KombiNaTour Ahrens & Pavlu GbR, Zur Hoppecke 9, Willingen, ☎ 05632/966855, 🖷 05632/966769, ✉ Pavlu@t-online.de, 💻 www.kombinatour.de. ÖFFNUNGSZEITEN: Mo. auf Anfrage für Gruppen, Di. 14.00–22.00 Uhr, Mi. 14.00–20.00 Uhr, Do. 10.00–12.00 und 14.00–22.00 Uhr, Fr. 14.00– 20.00 Uhr sowie Sa./So. 10.00–12.00 und 14.00–20.00 Uhr.

Outdoor-Center

Sportanlage mit Bogenschießen, Kletterwand, Survival-Parcours u. v. m.
ADRESSE: Outdoor-Center, Vor den Eichen 8, Willingen, ☎ 05632/4663.

Drachenfliegen

Flugschulen: Zur Hoppecke 12, Willingen, ☎ 05632/968100; Reinhold Schöttler, Briloner Straße 16, Willingen, ☎ 05632/ 6466 oder 6534; Drachen- und Gleitschirmfliegen, Air-Flugsport GmbH, Welleringhausen Nr. 28, ☎ 05632/2160.

Wild- und Freizeitpark

Im *Wildgehege* können sowohl einheimische als auch exotische Tiere beobachtet werden. Im Streichelzoo freuen sich Lama, Zwergesel, Schafe, Ziegen, Hängebauchschweine sowie Meerschweinchen und Kaninchen über die kleinen Besucher. Durch die artgerechte Haltung erblicken alljährlich im Frühjahr viele Jungtiere das Licht der Welt im Wildpark. Flugvorführungen mit Greifvögeln können täglich außer Do. bestaunt werden.
Der im Hochwald des Parks gelegene *Märchenwald* wartet mit 15 aufgebauten Märchenhäusern- und -darstellungen auf.
Im *Freizeitpark* können sich die großen und die kleinen Kinder so richtig austoben. Die Parkeisenbahn fährt ihre Gäste durch allerhand Tunnel und ein Bergwerk. Auf dem großen Spielplatz stehen viele interessante Geräte bereit.
ADRESSE: Wild- und Märchenpark, Am Ettelsberg, Willingen, ☎ 05632/69198, 🖷 05632/69062, 💻 www.freizeitpark.de. ÖFFNUNGSZEITEN: Sommer täglich 9.00–18.00 Uhr, Winter täglich 10.00–16.00 Uhr (ermäßigte Preise), 1. Dezember bis 15. März Aufenthalt bis Einbruch der Dunkelheit.

Wintersport

Willingen ist das Wintersportgebiet Westdeutschlands. Eine Doppelsesselbahn und 13 Schlepplifte erschließen Alpin-Skifahrern ein herrliches Skigebiet, dessen Pisten sowohl Anfänger als auch Familien und Ski-Asse zu ihrem Recht kommen lassen. Der Skipass ist an allen Anlagen – ausgenommen den Übungsliften – im Skigebiet Willingen gültig.

Anhänger des nordischen Skisports finden im Gemeindegebiet 14 bestens gepflegte Loipen (Rundstrecken) mit unterschiedlichen Längen und Schwierigkeiten vor. Wer eine zünftige Rodelpartie bevorzugt, ist in Willingen am Ritzhagen und am Ettelsberg richtig.

Weitere Rodelhänge befinden sich im Ortsteil Usseln am Skilift Büller-Höhe und im Ortsteil Schwalefeld am Iberglift.

Skischule/Skiverleih:

Skischule Willingen & Skiverleih, ☎ 05632/6454 oder 6616, DSV-Skischule Upland, ☎ 05632/96488 oder 7021, 🖷 05632/927115, DSV-Skischule Upland Usseln, ☎ 05632/30090 oder 7021, 🖷 05632/927115, DSV-Skischule Hessen WiWa & Skiverleih, ☎ 05632/69939, Skischule Hochsauerland, ☎ 05632/927080, Skiverleih Sporthaus Kaspar, ☎ 05632/6350, Neuhaus Skiverleih ☎ 05632/968090 und 4191, Skiverleih Udo Nackes, ☎ 05632/927080, Skiverleih & Werkstatt Wilh. Wilke, ☎ 05632/6178, Skiverleih Sport Scholz, ☎ 05632/6443, Langlauf Skiverleih Dieter Stemme, ☎ 05632/ 6530.

Eissporthalle

Eislaufen, Eisstockschießen, Eis-Disco.

ADRESSE: Eissporthalle Willingen, Auf dem Hagen, ☎ 05632/9694311, 🖷 05632/9694396.

ÖFFNUNGSZEITEN: Juni bis Dezember Mo. bis Fr. 16.30–18.30 und 19.00–21.00 Uhr, Sa./So. 14.00–16.00 und 16.30–18.30 Uhr; Weihnachten bis Ostern Mo. bis Fr. 10.00–12.00, 14.00–16.00, 16.30–18.30 und 19.00–21.00 Uhr, Sa./So. 10.00–12.00, 14.00–16.00, 16.30–18.30 Uhr.

Eislaufen in der Eissporthalle

Sonstiges

Willinger Brauhaus

Brauereibesichtigungen: Mo.–Fr. um 10.30 Uhr, Gruppen nach Voranmeldung. Brauereiausschank geöffnet von 10.30–1.00 Uhr.

ADRESSE: Willinger Brauhaus, In den Kämpen, Willingen, ☎ 05632/9887-0, 🖷 05632/9887-28, willinger-brauhaus@t-online.de, www.willingen-brauhaus.de

Willingshausen

(Schwalm-Eder-Kreis)

EINWOHNER: 5 360. ORTSTEILE: Gungelshausen, Leimbach und Ransbach, Loshausen, Merzhausen, Steina, Wasenberg, Willingshausen, Zella.
Die idyllische Ortschaft Willingshausen liegt in einer der schönsten Regionen des Schwalm-Eder-Kreises, im Herzen des Schwälmer Trachtengebietes. Gegründet wurde die älteste Malerkolonie Deutschlands durch den baltischen Offizier Gerhardt von Reutern. Bekannt ist das traditionsreiche Dorf vor allem wegen der Kreativ- und Hobbyurlaubsmöglichkeiten. 1998 wurde der Fachwerkort mit der Silberplakette im Bundeswettbewerb „Unser Dorf soll schöner werden – Unser Dorf hat Zukunft“ ausgezeichnet.

ⓘ Information

Verkehrsbüro Willingshausen, Loshäuser Weg 9, 34628 Willingshausen, ☎ 06691/ 9630-0, 🖷 06691/9630-18, 💻 www.willingshausen.de

Sehenswertes

Historische Bausubstanz in Willingshausen

In unmittelbarer Nähe des „Malerstübchens“ befinden sich die Willingshäuser *Kirche* aus dem Jahr 1511 und das *Renaissanceschloss* der Familie von Schwertzell (Privatbesitz). Am Hans-von-Volkmann-Platz steht das liebevoll restaurierte *Hirtenhaus*. Im 17. Jahrhundert erbaut, ist es heute Heimstätte der Willingshäuser Kunst-Stipendiaten. In der Untergasse befindet sich die *Töpferei „Erbenhof“*. Im Hofladen der Töpferei kann die traditionelle Schwälmer Töpferware bestaunt, aber auch erworben werden. Gleich nebenan steht die *alte Dorfmühle*.

Museen

„Malerstübchen“ Gerhardt-von-Reutern-Haus

Dieser alte Künstlertreffpunkt, das so genannte „Malerstübchen“, wurde zu einem kleinen Museum umfunktioniert, in dem man noch viele der hier hergestellten Gemälde sowie Fotografien bewundern kann. Besonders sehenswert ist die durch Künstler der Malerkolonie gestaltete Tür. Das Atelier im Dachgeschoss des Hauses steht den Teilnehmern der Malschule zu Verfügung. Regelmäßig finden hier Ausstellungen statt. Und seit 1996 vergibt man alljährlich wieder zwei Stipendien an junge Künstler, um die Tradition des Malerdorfes aufrecht zu erhalten.
ADRESSE: Gerhardt-von-Reutern-Haus. ÖFFNUNGSZEITEN: 10.00–12.00 Uhr und 14.00–16.00 Uhr. Anmeldungen über die Gemeindeverwaltung.

Witzenhausen

(Werra-Meißner-Kreis)

EINWOHNER: 18 224. ORTSTEILE: Blickershausen, Dohrenbach, Ermschwerd, Gertenbach, Hubenrode, Hundelshausen, Roßbach, Unterrieden, Wendershausen, Ziegenhagen, Albshausen, Ellingerode, Kleinalmerode, Neuseesen, Werleshausen, Berlepsch-Ellerode-Hübenthal.
Die Stadtrechte erhielt die am Rande des Naturparks Meißner-Kaufunger Wald gelegene Kleinstadt bereits vor mehr als 750 Jahren.

Der platanenbestandene Marktplatz mit Rathaus in der „Kirschenstadt“ Witzenhausen

Am Ostertag des Jahres 1225 verlieh Landgraf Ludwig IV. von Thüringen dem Ort an der Werra die Marktrechte. Schon früh hatten die thüringischen Landgrafen die verkehrsgünstige Lage der Stadt erkannt, auf Grund derer sich im Laufe der Zeit eine beachtliche Zahl von Kaufleuten in Witzenhausen ansiedelte. Die Stadt prosperierte und zog zahlreiche Menschen aus der Umgebung in ihre schützenden Mauern. Noch heute prägen Handel, Handwerk und Gewerbe die Stadt. Sie ist aber auch die kleinste Hochschulstadt Deutschlands mit internationaler Bedeutung. Und zur Zeit der Kirschblüte, im April/Mai eines jeden Jahres, wenn die 150 000 Kirschbäume sich in ein weißes Blütenmeer verwandeln, ist sie ein ganz besonderes Erlebnis.

ⓘ Information

Tourist-Information, Ermschwerder Straße 2, 37213 Witzenhausen, ☎ 05542/6001-0 oder 19433, 🖷 05542/6001-23, ✉ tourist-information@witzenhausen.de, 💻 www.kirschenland.de

☞ Stadtführungen

Die Tourist-Information bietet während der Sommermonate regelmäßig Stadtführungen an.
Ein weiteres Angebot beinhaltet eine kombinierte Museums- und Stadtführung. Nähere Informationen erhalten Sie bei der Tourist-Information.

Sehenswertes

Marktplatz

Der *Rathausbau* am Marktplatz ist der dritte Bau an gleicher Stelle. Er wurde 1819 auf den Umfassungsmauern aus den Jahren 1589/90 errichtet. Die ca. ein Meter dicken Mauern werden über dem Haupteingang von einem alten Renaissance-Stadtwappen verziert. Der *Marktbrunnen, „Kump“* genannt, dient Christi Himmelfahrt zur „Fuchstaufe“ der Göttinger Studenten. Zur alljährlich stattfindenden Kesperkirmes fließt Kirschsaft aus dem Kump. Neben dem Rathaus finden sich weitere sehenswerte Fachwerkbauten wie das *Grau'sche Haus* (Nr. 4) und das *Rote Haus* (Nr. 5) am Marktplatz. Ein Prachtbau der Hochrenaissance ist das 1584 erbaute *Steinerne Haus* an der Ecke zur Ermschwerder Straße.

Diebesturm in Witzenhausen

Liebfrauenkirche
Mit dem Bau der Kirche als dreischiffige spätromanische Basilika wurde vermutlich im Jahre 1232 begonnen. Im 13. und 14. Jahrhundert begann man mit dem Umbau zur gotischen Emporenkirche, der aber nicht abgeschlossen wurde. Schließlich wurde der Bau als spätgotische Hallenkirche vollendet. Die drei Schiffe wurden 1725 unter einem hohen gebrochenen Dach zusammengefasst.

Kapelle St. Michael
Erbaut wurde die Kapelle in der Walburger Straße um das Jahr 1392. Insbesondere ihr mit Kreuzblumen, Blattkapitellen und Fialen versehener gotischer Spitzhelm ist sehenswert.

Buttlarsches Schloss
Das 1558 fertig gestellte Bauwerk besitzt ein steinernes Untergeschoss, dem zwei Fachwerkobergeschosse aufgesetzt sind. Zu einem Portal mit Wappen von 1616 führt eine Freitreppe. Ein zweigeschossiger Fachwerkerker und ein seitlicher Steherker setzen architektonische Akzente. Der Rückseite ist ein Treppenturm mit barocker Haube angefügt.

Diebesturm
In der Oberburgstraße befindet sich der Diebesturm, der zur ehemaligen Stadtbefestigung gehört. Von dem 1967 als Aussichtsturm erneuerten Turm aus dem Jahr 1413 hat man einen herrlichen Ausblick über die historische Altstadt von Witzenhausen und das Werratal. Geöffnet ist der Turm alljährlich von Ostern bis Oktober, täglich von 9.00– 20.00 Uhr.

Schloss Berlepsch
Das dreiflügelige Schloss im inneren Burghof der Burg Berlepsch besteht aus dem 1369 errichteten Westflügel, der über eine Mauer mit dem 1885 erbauten Ostflügel verbunden ist. Der gegen Ende des 16. Jahrhunderts ausgeführte Südflügel wird von einem achteckigen Treppenturm mit Renaissancematerial hervorgehoben.

Sommermannsches Haus
Es ist eines der bedeutendsten Fachwerkgebäude der Stadt und genießt auf Grund seiner nahezu ungestörten Substanz in architekturgeschichtlicher Hinsicht überregionale Bedeutung. Das 1511 datierte Gebäude ist eine Ständer-Rähm-Mischkonstruktion in drei Stockwerken mit einem original erhaltenen Eckerker.

Ehemaliges Kloster
Man geht davon aus, dass die Niederlassung in der heutigen Steinstraße bereits vor 1236 erfolgte. Von 1275–1291 waren die Gebäude Heimstatt eines Zisterzienserinnen-Konvents, danach ließ sich der Orden der Wilhelmiten des Hl. Wilhelm von Maleval hier nieder. Im Jahre 1740 wurde der Komplex zum Amtshaus umgebaut.
Heute sind die ehemaligen Klosteranlagen und die Neubauten Sitz des Fachbereichs Internationale Agrarwirtschaft der Gesamthochschule Kassel.

„Zwei-Burgen-Blick“
Blickt man in Richtung Bad Sooden-Allendorf, kann man den so genannten „Zwei-Burgen-Blick“ genießen. Rechter Hand erhebt sich die Burg Ludwigstein und linker Hand, bereits auf der thüringischen Seite der Werra, die Ruine der ehemaligen Raubritterburg Hanstein.

Burg Ludwigstein
Die Burg Ludwigstein wurde im Jahre 1415 zur Sicherung der Straße, auf der das Soodener Salz befördert wurde, errichtet. Nach dem Ersten Weltkrieg wurde die Ruine zur ersten Jugendburg der Wandervögel ausgebaut. Heute ist sie eine beliebte Jugendherberge und Sitz des „Archivs der deutschen Jugendbewegung“. Alljährlich findet hier die Europäische Jugendwoche statt.

Museen

Museum für Völkerkunde
ADRESSE: Steinstraße 19, Witzenhausen. ÖFFNUNGSZEITEN: Mi., Fr., So. 15.00–17.00 Uhr. Gruppenführungen können nach Anmeldung auch außerhalb der Öffnungszeiten arrangiert werden.

Natur und Landschaft

Gewächshaus für tropische Nutzpflanzen

Führungen können vereinbart werden. Für Gruppen sind Terminabsprache und Anmeldung erforderlich.
ADRESSE: Steinstraße 19, Witzenhausen, ☎ 05542/981231.
ÖFFNUNGSZEITEN: Mi. und Fr. 14.00–16.00 Uhr, So. und Feiertage vom 1. Oktober bis 30. April 15.00–16.00 Uhr, So. und Feiertage vom 1. Mai bis 30 September 16.00–17.00 Uhr, Sa. 14.00–15.00 Uhr.

Kirschblüte
Wer kann, sollte einmal zur Zeit der Kirschblüte im April/Mai nach Witzenhausen fahren, wenn 150 000 Bäume die Obstwiesen in ein weißes Blütenmeer verwandeln.

Waldlehrpfad
Auf dem Hohen Meißner (750 Meter) beginnt am „Frau-Holle-Teich“ ein 2 ½ Kilometer langer Waldlehrpfad, der anhand von 14 Schautafeln, die in direktem Bezug zum Standort stehen, dem Besucher Informationen über die Natur, die Gefährdung der natürlichen Umwelt sowie über die sich bietenden Schutzmöglichkeiten gibt.

Freizeitangebote

Schwimmbäder
ADRESSE: *Mineralwasser Frei- und Hallenbad*, Am Sande, Witzenhausen. ÖFFNUNGSZEITEN Freibad: Mai/Juni bis September täglich von 9.00– 20.00 Uhr.
ADRESSE: *Hallenbewegungsbad* im „Haus des Gastes, Sebastian-Kneipp-Straße, Witzenhausen-Ziegenhagen. ÖFFNUNGSZEITEN: Mitte März bis Anfang November sowie in den Weihnachtsferien täglich außer Mo.

„Verkehrsknotenpunkt" nördlich von Witzenhausen: Hier „treffen" sich Straße, Schiene und Wasser

„Grüner See"

Am Ortsrand des Stadtteils Hundelshausen liegt in aller Ruhe und Abgeschiedenheit der „Grüne See". Der Badesee ist auch für Nichtschwimmer geeignet.

Rad- und Wanderwege

Rund 400 Kilometer gekennzeichnete Wanderwege warten darauf entdeckt zu werden, darunter die zwei *Kirschenwanderwege*, der *Grenzsteinwanderpfad* und der *geologische Wanderweg*.

Bei Wanderungen des Werratalvereins Witzenhausen (Termine s. Aushang Volksbank) und bei den Wanderungen des Kneippvereins Witzenhausen (Termine s. Aushang Geschäft Bretthauer am Marktplatz) sind Gäste willkommen. Über das Wander- und Radwegenetz informiert die Freizeitkarte Witzenhausen.

Fahrradverleih: Campingplatz „Werratal", Am Sande 11, Witzenhausen, ☎ 05452/1465.

Kanu-/Bootfahren

Eine Wasserwanderung auf der Werra ist die etwas andere Art die landschaftlichen Reize der Umgebung kennen zu lernen. Der Campingplatz in Witzenhausen, Am Sande 11, bietet einen *Kanu- und Kajakverleih* mit Rücktransport. Start bzw. Zielstation ist der Campingplatz. Auskunft unter ☎ 05542/1465.

Motor-/Segelfliegen

Der Luftsportverein Witzenhausen bietet Gast- und Rundflüge mit Segelflugzeugen und Motorseglern an. Auskünfte erhält man direkt am Flughafen, ☎ 05542/2349 und 1696.

Reiten

Reithalle „Am Sande", Witzenhausen, ☎ 05452/1405, *Reiterhof Fischer*, Witzenhausen-Gertenbach, ☎ 05452/71920, *Gut Theune*, Kirchstraße 9, Witzenhausen-Ellingerode, ☎ 05452/3221.

Kutsch-/Planwagenfahrten

Mit Ponys: in Ziegenhagen, Information über die Kurverwaltung, ☎ 05545/555 (vormittags).

Mit Pferden: *Gut Theune*, Kirchstraße 9, Witzenhausen-Ellingerode, ☎ 05452/3221, Gundlach, Witzenhausen-Blickershausen, ☎ 05545/728, *Planwagen Lurweg*, Witzenhausen-Unterrieden, ☎ 05452/3350.

Erlebnispark Ziegenhagen

ADRESSE: Erlebnispark Ziegenhagen, Witzenhausen-Ziegenhagen, ☎ 05545/246. ÖFFNUNGSZEITEN: April bis Oktober.

Feste und Veranstaltungen

Kesperkirmes mit Wahl der Witzenhäuser Kirschenkönigin (Juli)
Erntedank- und Heimatfest (Ende August)

Wolfhagen

(Landkreis Kassel)

EINWOHNER: 14 000. ORTSTEILE: Altenhasungen, Gasterfeld, Ippinghausen, Niederelsungen, Wenigenhasungen, Philippinenburgthal, Viesebeck, Bründersen, Nothfelden, Istha, Leckringhausen, Elmarshausen.

Die Geschichte der im Naturpark Habichtswald gelegenen Stadt Wolfhagen beginnt mit den Gründungsjahren 1226 bzw. 1231. Landgraf Ludwig IV. von Thüringen ließ sie anlegen, um die vielen verstreuten Siedlungen gegen Raubritter zu schützen und um die landgräfliche Herrschaft gegen Kur-Mainz durchzusetzen.

Rund um die St. Annenkirche – dem Wahrzeichen der Stadt – entstand durch die im Laufe der Jahrhunderte wechselnden Bauformen ein reizvolles und abwechslungsreiches Straßenbild, das durch eine großzügige, auf Erhaltung des historischen Stadtbildes abgestimmte Stadtsanierung bis heute bewahrt werden konnte.

ⓘ Information

Stadtmarketing Wolfhagen GmbH, Mittelstraße 3, 34466 Wolfhagen, ☎ 05692/991882, 🖷 05692/991883, ✉ stadtmarketing-wolfhagen-gmbh@t-online.de, 💻 www.wolfhagen.trans-it.de

☞ Stadtführungen

Die Stadtmarketing GmbH bietet Stadtführungen mit unterschiedlichen Schwerpunkten, z. B. zur Stadtgeschichte, zum Fachwerkbau und zum Märchenlandweg, an. Die Führungen dauern zwischen 45 Minuten und zwei Stunden und können auch in Englisch und Französisch gebucht werden. Informationen erhalten Sie bei der Stadtmarketing GmbH.

Stadtkern von Wolfhagen mit gotischer Hallenkirche St. Annen im Zentrum

Sehenswertes

Stadtkern mit gotischer Hallenkirche

Die *gotische Hallenkirche St. Annen* (1300) ist das Wahrzeichen der Stadt und überragt weithin sichtbar alle bebauten Flächen der Stadt. Die rund um die Kirche gebauten Fachwerkhäuser sind durch reiche Ornamentik verziert und tragen mit ihren wechselnden Bauformen zu dem reizvollen und abwechslungsreichen Stadtbild Wolfhagens bei.

Ein besonderes Juwel der Stadt: Das Rathaus von Wolfhagen

Besonders sehenswert sind das *alte Rathaus*, die *alte Wache* sowie die *Fachwerkhäuser in der Dellbrückenstraße* und *der Vorstadt*.

Weidelsburg
Die auf dem hohen Basaltkegel des Weidelsbergs gelegene, sagenumwobene Ruine der Weidelsburg, ihres Zeichens die größte Ruine Nordhessens, ist weithin sichtbar. Auf schönen Wanderwegen gelangt man zur Burg. Vom südlichen Turm kann man einen herrlichen Ausblick über das Waldecker und Wolfhagener Land genießen.

Wasserschloss Elmarshausen
Erstmals urkundlich erwähnt wurde das Schloss im Jahre 1123. Die Herren Helfenberg (13. Jahrhundert) und die Herren von Gudenberg (14. Jahrhundert) begannen mit dem Bau der Burg. Hermann von Malsburg baute die Burg schließlich zum Wasserschloss um. Führungen sind nach vorheriger Absprache möglich.

Museen

Regionalmuseum
Das im alten Renthof beheimatete Regionalmuseum ist insbesondere für seine überregional renommierten Sonderausstellungen zum Fachwerk- und Holzbau, zu den Abenteuern des Brasilienfahrers Hans Staden und zu den Saurierspuren im Wolfhagener Land bekannt.
ÖFFNUNGSZEITEN: Di. bis So. 10.00–13.00 und 14.00–17.00 Uhr sowie Sa./So. 14.30– 17.30 Uhr, bei freiem Eintritt. Führungen für Gruppen und Schulklassen nach telefonischer Absprache, ☎ 05692/992431.

Kultur

Waldbühne Niederelsungen
Seit 1950 besteht die am Dasselbach oberhalb des Stadtteils Niederelsungen gelegene Waldbühne „Erich Oberlist". Auf der größten Naturbühne Hessens wirkt bzw. hilft die gesamte Einwohnerschaft als Spieler oder Helfer mit, wenn im zweijährigen Turnus (in Jahren mit ungerader Jahreszahl) vornehmlich klassische Stücke zur Aufführung gelangen. In den „theaterfreien" Jahren finden hier im Juli/August die Wolfhager Musiktage statt.

Natur und Landschaft

Stadtpark Teichwiesen
Im Zuge des Hessentages, der 1992 in Wolfhagen stattfand, wurden die ehemaligen Bruch- und Teichwiesen renaturiert und in einen Stadtpark umgewandelt. Zusammen mit dem Burggarten und dem von einem Aussichtsturm gekrönten Ofenberg entstand so ein ideales Naherholungszentrum.

Freizeitangebote

Schwimmen

Das *Erlebnisbad Wolfhagen*, Sudetenstraße 5, ☎ 05692/2866 ist in der Saison täglich von 10.00–20.00 Uhr geöffnet. Mi. ist bereits ab 7.00 Uhr geöffnet.
Bezüglich der Öffnungszeiten des *Freizeitbades Niederelsungen* wenden Sie sich bitte an die Stadtmarketing GmbH.

Blick in das Freibad von Wolfhagen

Reiten

Reitsportinteressierte sollten einmal an der am Sportstadion gelegenen Reithalle vorbeischauen und sich nach den Möglichkeiten erkunden ihrem Sport nachzugehen.

Segelfliegen

Innerhalb der von April bis November dauernden Flugsaison ist es nach Absprache möglich an einer Grundschulung bis zum ersten Alleinflug im Segelflug teilzunehmen. Nähere Informationen sind über die Stadtmarketing GmbH zu beziehen.

Feste und Veranstaltungen

Johannifest (zweites Wochenende im Mai)
Vieh- und Krammarkt (drittes Wochenende im Juli).
Michaelismarkt (zweites Wochenende im September).
Weihnachtsmarkt (zweites Adventswochenende).

Zierenberg

(Landkreis Kassel)

EINWOHNER: 7 230. ORTSTEILE: Oberelsungen, Burghasungen, Oelshausen, Escheberg, Laar, Hohenborn.
Landgraf Heinrich I. von Hessen gründete die Stadt im Jahre 1293 als Festung und Verwaltungsmittelpunkt zur Sicherung seiner landgräflichen Herrschaft im oberen Warmetal. Der historische Stadtkern, umgeben von einer Stadtmauer, zeigt noch heute seine ursprüngliche Form: eine Straße in Nord-Süd-Richtung, senkrecht dazu vier Straßen, die sich im Westen treffen, und im Zentrum der Stadt die gotische Kirche und das spätgotische Rathaus.

ⓘ Information

Verkehrsbüro Zierenberg, Poststraße 20, 34289 Zierenberg, ☎ 05606/5191-25, 🖷

05606/519151, ✉ buergerbuero@stadt-zierenberg.de, 💻 www.zierenberg.org

Sehenswertes

Rathaus
Das Zierenberger Rathaus wurde im Jahre 1450 von Meister Heinrich Brant erbaut, der der Stadt mit dem Bau ein künstlerisch und handwerklich gleichermaßen bedeutendes Werk hinterlassen hat. In beiden Geschossen befanden sich in ganzer Länge durchgehende Säle, die von drei mächtigen Stützen unterteilt wurden. Unter dem Ratssaal im Obergeschoss lag die Kaufhalle, die an beiden Giebelseiten durch je ein Spitzbogenportal zugänglich war. Verschiedene Um-, An- und Ausbauten musste das Haus über sich ergehen lassen, bei denen über Jahre auch das Fachwerk unter Putz gelegt wurde. Bei einer grundlegenden Renovierung in den Jahren 1925/28 wurde das Fachwerk wieder freigelegt und der Ratskeller eingerichtet. Das Zierenberger Rathaus ist das älteste erhaltene Fachwerk-Rathaus Hessens.

Stadtkirche
Ein Besuch der von 1293–1343 erbauten gotischen Stadtkirche lohnt sich. Die in Kalk-Secco-Technik erstellten Wandmalereien in der Kirche, die aus dem 14. und 15. Jahrhundert stammen, waren über 300 Jahr lang übertüncht. Die Freilegung im Jahr 1934 brachte den größten Wandbildzyklus in der Kurhessischen Landeskirche zum Vorschein. Für Besucher ist die Kirche täglich geöffnet. Kirchenführungen vermittelt das Verkehrsbüro Zierenberg, ☎ 05606/5191-25.

Historisches in den Stadtteilen
Zum Teil älter als die Kernstadt sind die STADTTEILE: *Burghasungen*, das im Jahre 1974 die 900-Jahrfeier der Weihe des *Klosters Hasungen* feierte, das über 1 200 Jahre alte *Oberelsungen*, Laar, das 938 zum ersten Male urkundlich erwähnt wurde und wohl die älteste Siedlung im Warmetal ist, Schloss und Gut *Escheberg*, das sich seit dem 12. Jahrhundert im Besitz der Herren von der Malsburg befindet, *Oelshausen*, das mehr als 900 Jahre alt ist, und *Hohenborn*, das um die Mitte des 16. Jahrhunderts als Rittergut entstand.
Hohenborn mit seinen *schmucken Fachwerkhäusern* war Drehort für die Außenaufnahmen zu dem Fernsehfilm „Der Winter, der ein Sommer war“. Escheberg ist bekannt durch seinen Park und den Golfplatz. Die aus dem Jahr 1599 stammende *Mühle im Stadtteil Laar* erhielt den Hessischen Denkmalschutzpreis. Das *Klostermuseum in Burghasungen* gibt Einblicke in Entstehung und Geschichte des Klosters.

Museen

Mühlenmuseum
Die „Alte Mühle“ des Gutes Laar wurde im Jahre 1599 erbaut. Seit ihrer Restaurierung dient sie der Stromerzeugung. Das eingerichtete *Mühlenmuseum* bietet interessante Einblicke in die Geschichte der Mühle und ist nach Absprache mit dem Verkehrsbüro Zierenberg zu besichtigen.

Klostermuseum Burghasungen
Informationen über Führungen durch das Klostermuseum Burghasungen erteilt das städtische Verkehrsbüro.

Kultur

Kirchenkonzerte in der evangelischen Stadtkirche, Programmtelefon ☎ 05606/3699 · *Lesungen* im Historischen Rathaus, Pro-

In der Nähe von Zierenberg befindet sich diese für Nordhessen typische landschaftliche Idylle: Wälder und Felder, Weiher und Höfe

grammtelefon ☎ 05606/3699 · *Ausstellungen* im Historischen Rathaus, Information unter ☎ 05606/5191-25.

Natur und Landschaft

Naturschutzgebiete
Der *Dörnberg*, neben der Rhön das älteste Segelfluggelände Deutschlands, ist mit seinen Kalktrockenrasen ein viel besuchtes Naturschutzgebiet und gehört zu den reizvollsten Vegetationseinheiten Mitteleuropas. Seltene Orchideen- und Enzianarten, farbenprächtige Falter und zahlreiche Vogelarten finden hier ihren idealen Lebensraum. Ebenfalls als Naturschutzgebiet ausgewiesen ist das *Plateau des Burghasunger Berges*. Von hier oben bietet sich ein prächtiger Ausblick auf Habichtswald, Dörnberg und das Wolfhagener Land.

Aussichtstürme
Die *Aussichtstürme* auf dem *Bärenberg* (601 Meter) und dem *Schreckenberg* (475 Meter) sind lohnenswerte Ausflugsziele, bieten sie doch reizvolle Aussichten auf die Umgebung.

Naturlehrpfade
Jägerpfad auf dem Dörnberg (7 Kilometer) · *Forstlehrpfad* am Schreckenberg.

Naturdenkmale
Helfensteine (40 Meter hohe Basaltsteine) und *Wichtelkirche* (30 Meter hoher Basaltkegel) auf dem Dörnberg, das Basaltgeröllfeld die *Blauen Steine* am Schreckenberg und die *Basaltklippen* am Burghasunger Berg sind weithin bekannte Naturdenkmale der Zierenberger Gemarkung.

Freizeitangebote

Schwimmbad
Das beheizte Freibad hat alljährlich von Mitte Mai bis Ende August geöffnet. Bezüglich der täglichen Öffnungszeiten wenden Sie sich bitte an die Stadtverwaltung.

Rad- und Wanderwege
Zierenberg verfügt über ein umfangreiches und gut ausgeschildertes Wanderwegenetz. Gut 150 Kilometer markierte Wander- und Radwanderwege erschließen dem aktiven Besucher die Stadt und ihre Umgebung. Insbesondere im Bereich des Naturschutzgebietes Dörnberg finden sich landschaftlich reizvolle Rundwanderwege. Aber auch der

Bärenberg am Waldrand des Stadtwaldes bietet sich als Ausgangspunkt für Wanderungen an. Interessante Einblicke und Informationen bieten zudem die ausgewiesenen Lehrpfade „*kulturhistorischer Wanderweg*“, „*Mühlenweg*“ und „*Rohrbachweg*“. Sie führen den Wanderer durch das Warmetal und die anderen Zierenberg umgebenden Berge. Über das umfangreiche Rad- und Wanderwegenetz informiert die beim Verkehrsbüro sowie im örtlichen Zeitschriftenhandel erhältliche Wanderkarte. Naturkundliche Führungen und Märchen-Erlebnis-Wanderungen können über das Verkehrsbüro Zierenberg, ☎ 05606/ 5191-25 gebucht werden.

Segelfliegen
Bereits seit dem Jahr 1924 wird auf dem Dörnberg Segelflugsport betrieben. Damit ist der Dörnberg eines der ältesten und traditionsreichsten Segelfluggelände Deutschlands. Bei „Flugwetter“ kann man das rege Treiben auf dem Gelände beobachten oder an einem Rund- bzw. Gastflug teilnehmen. Information: Flugsportvereinigung Kassel-Zierenberg, Auf dem Dörnberg 11, 34289 Zierenberg, ☎ 05606/53900, 🖷 05606/53801, ✉ segelflug.doernberg@t-online.de

Golf
Auf dem 18-Loch-Golfplatz von Gut Escheberg besteht die Möglichkeit vor der historischen Kulisse des Schlosses an Schnupperkursen teilzunehmen. Auch Schulgolf wird angeboten. Information: Golfclub Zierenberg, Gut Escheberg ☎ 05606/2608, 🖷 05606/2609, ✉ info@golfclub-escheberg.de, 💻 www.golfclub-escheberg.de

Wintersport
Auf dem Bärenberg befindet sich eine gespurte Langlaufloipe. Außerdem bietet sich hier die Möglichkeit zum Abfahrtslauf, wobei der vorhandene Skilift Sie nach rasanter Talfahrt wieder nach oben bringt. Information, ☎ 056061728.

Feste und Veranstaltungen

Marktplatzfest (zweiter Sonntag im Mai – Muttertag)
Mühlentag in der Mühle Laar (Pfingstmontag)
Viehmarkt (viertes Wochenende im Juli – Do. bis So. – mit Festzug am Sonntag)
Mountainbike-Marathon (August)
Historischer Markt (zweiter Sonntag im September)
Tag des offenen Denkmals (zweiter Sonntag im September)
Weihnachtsmarkt (erstes Adventswochenende).

Alheim 6
Bad Arolsen 7
Bad Emstal 11
Bad Hersfeld 14
Bad Karlshafen 18
Bad Sooden-Allendorf 21
Bad Wildungen 27
Bad Zwesten 31
Battenberg/Eder 35
Baunatal 38
Bebra 39
Berkatal 43
Borken 45

Calden 48

Diemelsee 51

Edertal 54
Eschwege 59

Felsberg 71
Frankenberg/Eder 73
Frielendorf 75
Fritzlar 78

Großalmerode 84
Gudensberg 86
Guxhagen 89

Habichtswald 91
Haina (Kloster) 93
Heringen (Werra) 95
Herleshausen 98
Hessisch Lichtenau 102
Hofgeismar 107
Homberg (Efze) 113

Immenhausen 118

Kassel 120
Kaufungen 142
Korbach 145

Meinhard 150
Meißner 154
Melsungen 160

Naumburg 167
Neuenstein 171
Neukirchen 173
Niedenstein 175
Niestetal 177

Oberaula 177

Philippstal (Werra) 179

Reinhardshagen 181
Ringgau 183
Rotenburg a.d. Fulda 185

Schauenburg 189
Schenklengsfeld 192
Schwalmstadt 195
Sontra 199
Spangenberg 207

Trendelburg 209
Twistetal 214

Vellmar 215
Vöhl 216
Volkmarsen 219

Wabern 222
Waldeck 223
Wanfried 226
Wildeck 229
Willingen 229
Willingshausen 234
Witzenhausen 234
Wolfhagen 239

Zierenberg 241

Galerien und Kunstausstellungen
Bad Emstal 12
Bad Karlshafen 20
Bad Zwesten 34
Baunatal 39
Bebra 42
Borken 46 f.
Kassel 139
Trendelburg 212

Golf
Bad Arolsen 11
Edertal 58
Herleshausen 102
Kassel 142
Oberaula 178
Waldeck 225
Zierenberg 244

Kirchen, Klöster und Friedhöfe
Bad Arolsen 8
Bad Emstal 12
Bad Hersfeld 15
Bad Karlshafen 19
Bad Sooden-Allendorf 23, 25
Bad Wildungen 28
Bad Zwesten 32 f.
Battenberg 36
Baunatal 38
Bebra 41
Diemelsee 52
Edertal 55, 56
Eschwege 62, 63
Felsberg 72
Frankenberg 73 f.
Frielendorf 76
Fritzlar 80, 81
Gudensberg 87
Guxhagen 89 f.
Habichtswald 91 f.
Haina 94
Heringen 96
Herleshausen 99
Hessisch Lichtenau 102, 103
Hofgeismar 108 f., 109. 110
Homberg 114 f.
Immenhausen 118, 119
Kassel 123, 125, 126, 128
Kaufungen 143
Korbach 145, 146

Meinhard 151
Meißner 154 f., 156
Naumburg 167
Neukirchen 173 f.
Reinhardshagen 181
Ringgau 183 f., 184
Rotenburg an der Fulda 186, 187
Schauenburg 190
Schenklengsfeld 193, 194
Schwalmstadt 196, 197
Sontra 205
Spangenberg 208
Trendelburg 210, 211
Vöhl 217
Volkmarsen 219 f.
Wabern 222 f.
Waldeck 224
Witzenhausen 236, 237
Wolfhagen 239 f.
Zierenberg 242

Kutsch- und Planwagenfahrten
Bad Emstal 14
Bad Karlshafen 21
Bad Sooden-Allendorf 26
Battenberg 37
Bebra 43
Diemelsee 54
Edertal 58
Eschwege 70
Fritzlar 83
Habichtswald 93
Herleshausen 101 f.
Hessisch Lichtenau 106
Meißner 159
Ringgau 185
Sontra 206
Trendelburg 213
Vöhl 218
Volkmarsen 221
Waldeck 225
Willingen 231
Witzenhausen 238

Museen

Bad Arolsen 9 f.
Bad Hersfeld 17
Bad Karlshafen 20
Bad Sooden-Allendorf 25
Bad Wildungen 28 f.
Bad Zwesten 34
Battenberg 36 f.
Baunatal 38 f.
Bebra 41
Berkatal 43 f.
Borken 46
Edertal 56
Eschwege 64
Felsberg 72
Frankenberg 74
Frielendorf 76
Fritzlar 82
Großalmerode 84 f.
Gudensberg 87
Guxhagen 90
Habichtswald 92
Haina 94
Heringen 96 f.
Herleshausen 101
Hofgeismar 110 f.
Homberg 116
Immenhausen 120
Kassel 128, 129, 130, 131, 132, 137, 138
Kaufungen 144
Korbach 148
Meinhard 152
Meißner 156 f.
Melsungen 164
Naumburg 168 f.
Neukirchen 174 f.
Niedenstein 176
Philippsthal 180
Ringgau 184
Rotenburg an der Fulda 187 f., 188
Schauenburg 191
Schenklengsfeld 194
Schwalmstadt 197 f.
Sontra 205
Spangenberg 208
Trendelburg 212
Volkmarsen 220 f.
Waldeck 224
Willingen 230
Willingshausen 234
Witzenhausen 237
Wolfhagen 240
Zierenberg 242

Naturlehr- und Erlebnispfade, naturkundliche Führungen

Alheim 6
Baunatal 39
Bebra 42
Diemelsee 53
Edertal 56
Frielendorf 76 f.
Fritzlar 82
Großalmerode 85
Heringen 97 f.
Hessisch Lichtenau 104 f., 105
Hofgeismar 112
Homberg 117
Korbach 148
Meißner 157 f.
Naumburg 168, 169 f., 170
Sontra 206
Spangenberg 208
Witzenhausen 237
Zierenberg 243

Parks und Gärten

Bad Wildungen 30
Bad Zwesten 34
Baunatal 39
Bebra 42
Hessisch Lichtenau 107
Kassel 122, 139 f., 140
Kaufungen 144 f.
Philippsthal 180
Vellmar 216
Vöhl 217 f.
Wolfhagen 240

Rad- und Wanderwege

Alheim 6
Bad Emstal 13
Bad Hersfeld 17 f.
Bad Karlshafen 21
Bad Sooden-Allendorf 26
Bad Wildungen 31
Bad Zwesten 35
Battenberg 37
Baunatal 39
Bebra 43

Berkatal 44 f.
Calden 50
Diemelsee 54
Edertal 58
Eschwege 64 ff.
Felsberg 72
Frankenberg 75
Frielendorf 76
Fritzlar 83
Großalmerode 85
Gudensberg 88 f.
Guxhagen 91
Habichtswald 92
Haina 95
Heringen 98
Herleshausen 101
Hessisch Lichtenau 105
Hofgeismar 112
Homberg 117
Immenhausen 120
Kassel 141
Korbach 149
Meinhard 153
Meißner 159
Melsungen 166
Naumburg 170
Neuenstein 172
Neukirchen 175
Niedenstein 177
Oberaula 178
Reinhardshagen 182
Ringgau 184
Rotenburg an der Fulda 189
Schauenburg 192
Schenklengsfeld 194 f.
Schwalmstadt 199
Sontra 206
Spangenberg 208 f.
Trendelburg 213
Vöhl 218
Volkmarsen 221
Wabern 223
Waldeck 225
Wanfried 228
Willingen 231
Witzenhausen 238
Zierenberg 243

Reiten

Bad Arolsen 11
Bad Emstal 14
Bad Hersfeld 17
Bad Sooden-Allendorf 26
Bad Wildungen 31
Battenberg 37
Bebra 43
Berkatal 45
Diemelsee 54
Edertal 58
Eschwege 70
Felsberg 73
Frielendorf 78
Fritzlar 83
Großalmerode 86
Habichtswald 93
Heringen 98
Hessisch Lichtenau 106
Homberg 117
Korbach 149
Melsungen 166
Naumburg 170 f.
Neuenstein 173
Philippsthal 180
Ringgau 185
Rotenburg an der Fulda 189
Schenklengsfeld 195
Schwalmstadt 199
Sontra 206
Spangenberg 209
Trendelburg 213
Vellmar 216
Vöhl 218
Volkmarsen 221
Wabern 223
Waldeck 225
Witzenhausen 238
Wolfhagen 241

Schiffs-, Bootsfahrten und Segeln

Bad Karlshafen 21
Edertal 58, 59
Eschwege 69
Felsberg 73
Kassel 141 f., 142
Meinhard 153 f.
Naumburg 170
Reinhardshagen 182, 183
Rotenburg an der Fulda 189
Trendelburg 213
Vöhl 218

Waldeck 225
Wanfried 228
Willingen 232
Witzenhausen 238

Schlösser, Burgen, Ruinen, Guts- und Herrenhäuser
Bad Arolsen 7 ff.
Bad Emstal 12
Bad Karlshafen 19
Bad Wildungen 28 f.
Bad Zwesten 32 ff.
Battenberg 36
Borken 46
Calden 49
Edertal 55
Eschwege 60, 63
Felsberg 71 f.
Fritzlar 82
Gudensberg 87
Herleshausen 99, 100, 101
Hessisch Lichtenau 104
Hofgeismar 110
Homberg 114
Kassel 121, 123, 127
Meinhard 150, 151, 152
Melsungen 162
Naumburg 168
Neuenstein 172
Niedenstein 175 f., 176
Niestetal 177
Oberaula 178
Philippsthal 179 f.
Reinhardshagen 181
Ringgau 183, 184
Rotenburg an der Fulda 186 f., 187
Schauenburg 190
Schenklengsfeld 193
Schwalmstadt 197
Spangenberg 207 f.
Trendelburg 210
Vöhl 216, 217
Volkmarsen 220
Wabern 222
Waldeck 223 f.
Wanfried 227
Willingen 230 f.
Witzenhausen 236, 237
Wolfhagen 240

Schwimmbäder
Bad Arolsen 10
Bad Emstal 13
Bad Hersfeld 17
Bad Karlshafen 21
Bad Sooden-Allendorf 26
Bad Wildungen 30
Battenberg 37
Baunatal 39
Bebra 43
Borken 48
Calden 50
Diemelsee 53
Eschwege 69
Felsberg 73
Frankenberg 75
Frielendorf 78
Fritzlar 83
Großalmerode 85
Gudensberg 88
Guxhagen 90
Haina 95
Heringen 98
Herleshausen 101
Hessisch Lichtenau 106
Hofgeismar 112
Homberg 117
Kassel 140
Korbach 149
Melsungen 165 f.
Naumburg 171
Neukirchen 175
Niedenstein 176
Niestetal 177
Oberaula 178
Philippsthal 181
Reinhardshagen 182
Ringgau 184
Rotenburg an der Fulda 189
Schenklengsfeld 195
Schwalmstadt 198
Sontra 206
Spangenberg 209
Twistetal 215
Vellmar 215
Vöhl 218
Volkmarsen 221
Waldeck 225
Wanfried 228
Witzenhausen 237

Wolfhagen 241
Zierenberg 243

Seen

Bad Arolsen 10
Baunatal 39
Bebra 42
Berkatal 44
Borken 47 f.
Diemelsee 53
Edertal 57
Eschwege 69
Frielendorf 77
Guxhagen 91
Habichtswald 92
Kassel 141
Oberaula 178
Schauenburg 192
Vöhl 218
Waldeck 224
Witzenhausen 238

Segel-, Motor-, Drachen-, Modellflüge und Ballonfahrten

Bad Wildungen 30
Battenberg 37
Calden 50
Eschwege 69
Großalmerode 86
Habichtswald 92
Hessisch Lichtenau 106
Homberg 117
Korbach 149
Melsungen 166
Schwalmstadt 198
Sontra 206
Wabern 223
Waldeck 225
Willingen 232
Witzenhausen 238
Wolfhagen 241
Zierenberg 244

Stadtführungen

Bad Arolsen 7
Bad Emstal 11
Bad Hersfeld 15
Bad Karlshafen 18
Bad Sooden-Allendorf 22
Bad Wildungen 28
Battenberg 36
Baunatal 38
Bebra 40
Borken 45
Frankenberg 73
Fritzlar 79
Großalmerode 84
Gudensberg 87
Hessisch Lichtenau 102
Hofgeismar 107
Homberg 113
Immenhausen 118
Kassel 121
Korbach 145
Melsungen 161
Naumburg 167
Neukirchen 173
Rotenburg an der Fulda 185
Schwalmstadt 195
Sontra 200
Trendelburg 210
Volkmarsen 219
Wanfried 226
Witzenhausen 235
Wolfhagen 239

Theater, Oper, Konzerte und Kleinkunst

Bad Arolsen 10
Bad Emstal 12 f.
Bad Hersfeld 17
Bad Karlshafen 20
Bad Wildungen 30
Baunatal 39
Bebra 42
Berkatal 44
Calden 50
Eschwege 70
Felsberg 72
Gudensberg 87 f.
Haina 95
Herleshausen 101
Hofgeismar 111
Immenhausen 120
Kassel 138, 139
Korbach 149
Melsungen 164
Schauenburg 191
Trendelburg 212
Twistetal 214

Vellmar 215
Wabern 223
Wolfhagen 240
Zierenberg 242

Wintersport
Battenberg 37
Diemelsee 54
Eschwege 70
Großalmerode 86
Guxhagen 91
Habichtswald 93
Haina 95
Hessisch Lichtenau 106
Kassel 141
Korbach 150
Meißner 159 f.

Neuenstein 173
Niedenstein 177
Oberaula 179
Willingen 230, 233
Zierenberg 244

Zoos, Wild- und Tierparks
Bad Karlshafen 20
Battenberg 37
Edertal 56
Frankenberg 75
Hofgeismar 111, 112
Homberg 116 f.
Meißner 158 f.
Melsungen 165
Vöhl 217
Willingen 232

Übersichtskarte Landkreis Hersfeld-Rotenburg

Übersichtskarte Landkreis Kassel

Übersichtskarte Schwalm-Eder-Kreis

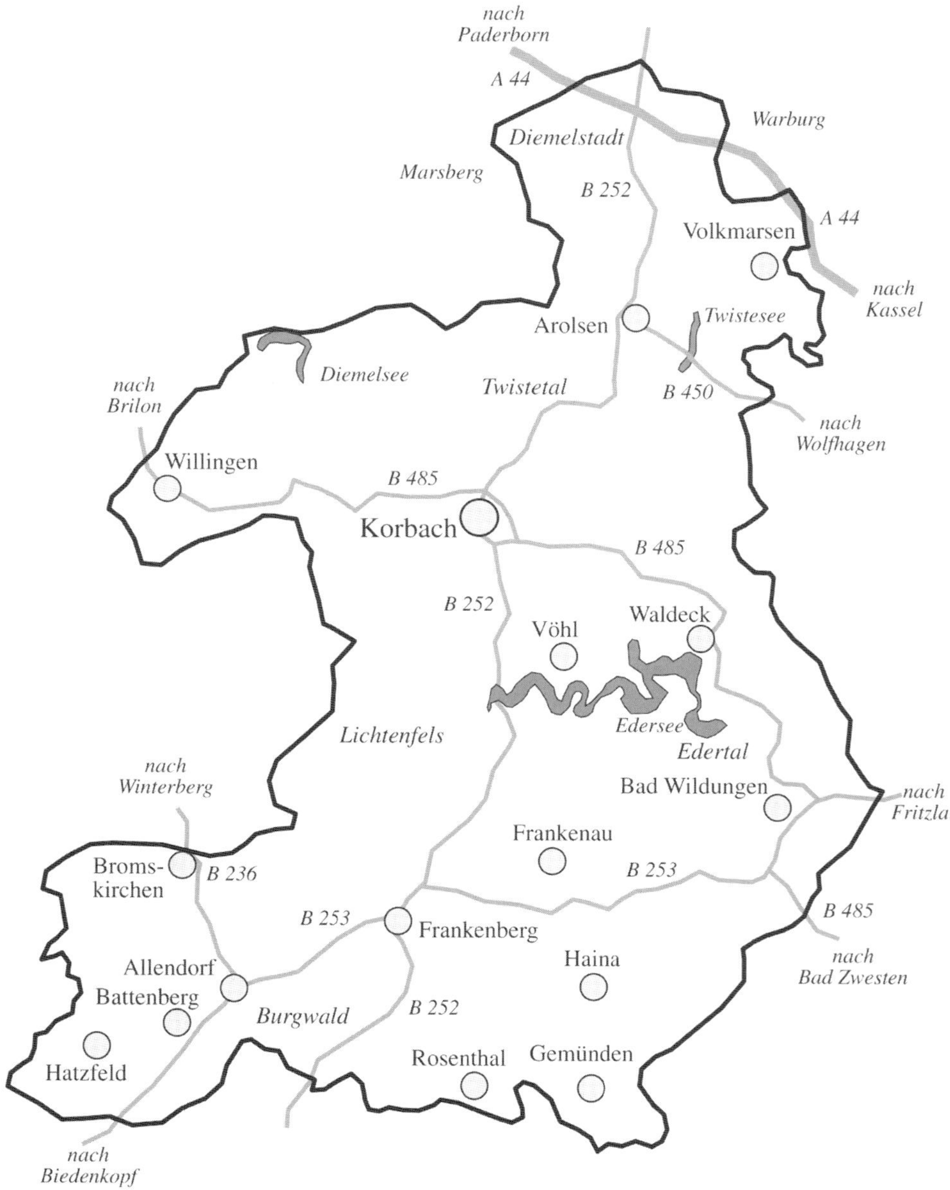

Übersichtskarte Landkreis Waldeck-Frankenberg

Übersichtskarte Werra-Meißner-Kreis